BOWUGUAN
MIANFEIKAIFANGCANGUANZHINAN

博物馆 免费开放参观指南

国家文物局 编

文物出版社

封面设计	袁心得
责任编辑	张广然
责任印制	陆　联

图书在版编目（CIP）数据

博物馆免费开放参观指南/国家文物局编. —北京：文物出版社，2008.6
ISBN 978-7-5010-2496-4

Ⅰ.博… Ⅱ.国… Ⅲ.博物馆-简介-中国 Ⅳ.G269.26

中国版本图书馆CIP数据核字（2008）第078074号

博物馆免费开放参观指南
国家文物局 编

*

文 物 出 版 社 出 版 发 行
（北京东直门内北小街2号楼）
http://www.wenwu.com
E-mail:web@wenwu.com
北京文博利奥印刷有限公司制版
文 物 出 版 社 印 刷 厂 印 刷
新 华 书 店 经 销
889×1194　1/32　印张：14.25
2008年6月第1版　2008年6月第1次印刷
ISBN 978-7-5010-2496-4　定价：70.00元

目 录

前 言 1

北京

首都博物馆 3
北京鲁迅博物馆 5
中国人民抗日战争纪念馆 6
梅兰芳纪念馆 7

天津

天津博物馆 8
平津战役纪念馆 10
周恩来邓颖超纪念馆 11

河北

河北省博物馆 12
西柏坡纪念馆 14
献县马本斋纪念馆 15
中国人民抗日军事政治大学陈列馆 16
潘家峪惨案纪念馆 17
乐亭李大钊纪念馆 18
涉县八路军129师陈列馆 19
冉庄地道战纪念馆 20
阜平晋察冀边区革命纪念馆 21
唐县白求恩柯棣华纪念馆 22
潘家戴庄惨案纪念馆 23

目录

山西

- 山西博物院 24
- 八路军太行纪念馆 26
- 平型关大捷纪念馆（平型关战役遗址）......... 27
- 山西国民师范旧址革命活动纪念馆 28
- 左权麻田八路军总部纪念馆 29
- 晋绥边区革命纪念馆 30

内蒙古

- 内蒙古博物院 31

辽宁

- 辽宁省博物馆 33
- 沈阳市"九·一八"历史博物馆 35
- 抚顺平顶山惨案遗址纪念馆 36
- 抗美援朝纪念馆 37
- 辽沈战役纪念馆 38
- 东北抗联史实陈列馆 39

吉林

- 吉林省博物院 40
- 四平战役纪念馆 42
- 日伪统治时期辽源煤矿死难矿工文物馆 43

黑龙江

- 黑龙江省博物馆 44
- 东北烈士纪念馆 46
- 侵华日军第七三一细菌部队罪证陈列馆 47
- 宁安市马骏纪念馆 48
- 爱辉历史陈列馆 49

侵华日军东宁要塞...50

上海

上海博物馆...51
中共"一大"会址纪念馆.......................................53
上海鲁迅纪念馆...54
陈云故居暨青浦革命历史纪念馆..........................55

江苏

南京博物院...56
侵华日军南京大屠杀遇难同胞纪念馆...................58
中国共产党代表团梅园新村纪念馆......................59
沙家浜革命历史纪念馆..60
赣榆抗日山烈士陵园..61
南京静海寺纪念馆（南京条约史料陈列馆）.........62
瞿秋白纪念馆...63
张太雷纪念馆...64
周恩来纪念馆...65
新四军纪念馆...66
茅山新四军纪念馆..67
新四军黄桥战役纪念馆..68

浙江

浙江省博物馆...69
中国丝绸博物馆...71
浙江自然博物馆...72
杭州历史博物馆...73
中国茶叶博物馆...74
杭州名人纪念馆...75
杭州西湖博物馆...76

目录

- 北仑博物馆 77
- 慈溪市博物馆 78
- 温州博物馆 79
- 嘉兴博物馆 80
- 嘉兴市蒲华美术馆 81
- 浙江省海宁市博物馆 82
- 平湖市博物馆 83
- 桐乡市博物馆 84
- 君匋艺术院 85
- 湖州市博物馆 86
- 德清县博物馆 87
- 长兴县博物馆 88
- 安吉县博物馆 89
- 绍兴博物馆 90
- 诸暨市博物馆 91
- 上虞博物馆 92
- 越剧博物馆 93
- 浦江博物馆 94
- 义乌市博物馆 95
- 衢州市博物馆 96
- 江山市博物馆 97
- 舟山博物馆 98
- 绍兴鲁迅纪念馆 99
- 中国灯塔博物馆 100
- 台州市黄岩区博物馆 101
- 三门县博物馆 102
- 天台博物馆 103
- 临海市博物馆 104
- 缙云县博物馆 105
- 庆元县香菇博物馆 106

龙泉市博物馆 107
平湖市吴一峰艺术馆 108
平湖市李叔同纪念馆 109
桐乡市丰子恺纪念馆 110
宁波市镇海口海防历史纪念馆 111
安吉县吴昌硕纪念馆 112
杭州京杭大运河博物馆 113
杭州俞曲园纪念馆 114
余杭区博物馆(江南水乡博物馆) 115
良渚文化博物馆 116
桐庐县博物馆 117
余姚博物馆 118
温州市龙湾区博物馆 119
乐清市文物馆 120
海宁市徐邦达艺术馆 121
平湖陆维钊书画院 122
绍兴县博物馆(越国文化博物馆) 123
永康市博物馆 124
东阳市博物馆 125
舟山市普陀区博物馆 126
杭州南宋官窑博物馆 127
余姚市河姆渡遗址博物馆 128

安徽

安徽省博物馆 129
繁昌县博物馆 131
蚌埠市博物馆 132
安庆市博物馆 133
黄山市徽州区潜口民宅博物馆 134
潜山县博物馆 135

馆名	页码
望江县博物馆	136
桐城市博物馆	137
黄山市博物馆	138
黄山市屯溪区博物馆	139
黄山市黄山区博物馆	140
歙县博物馆	141
祁门县博物馆	142
天长市博物馆	143
李鸿章故居陈列馆	144
渡江战役总前委旧址纪念馆	145
淮海战役总前委旧址纪念馆	146
新四军军部旧址纪念馆	147
全椒县吴敬梓纪念馆	148
阜阳市博物馆	149
临泉县博物馆	150
萧县博物馆	151
皖西博物馆	152
宣城市博物馆	153
绩溪三雕博物馆	154
巢湖市博物馆	155
青阳县博物馆	156
马鞍山市朱然家族墓地博物馆	157
淮南市博物馆	158
淮北市博物馆	159
铜陵市博物馆	160
休宁县状元博物馆	161
和县博物馆	162
寿县博物馆	163
霍山县博物馆	164
亳州市博物馆	165

江 西

江西省博物馆	166
新建县博物馆	168
景德镇陶瓷馆	169
景德镇陶瓷民俗博物馆	170
乐平市博物馆	171
江西省萍乡市博物馆	172
德安县博物馆	173
都昌县博物馆	174
新余市博物馆	175
鹰潭市博物馆	176
信丰县博物馆	177
石城县博物馆	178
东固革命根据地博物馆	179
吉水县博物馆	180
九江县陶渊明纪念馆	181
修水县黄庭坚纪念馆	182
寻乌县革命历史纪念馆	183
永新湘赣革命纪念馆	184
万载县湘鄂赣革命纪念馆	185
汤显祖纪念馆	186
王安石纪念馆	187
新干县博物馆	188
永丰县博物馆	189
泰和县博物馆	190
万安县博物馆	191
宜春市博物馆	192
上高县博物馆	193
樟树市博物馆	194
高安市博物馆	195

- 南城县博物馆 **196**
- 南丰县博物馆 **197**
- 乐安县博物馆 **198**
- 东乡县博物馆 **199**
- 广昌县博物馆 **200**
- 上饶市信州区博物馆 **201**
- 余干县博物馆 **202**
- 万年县博物馆 **203**
- 婺源博物馆 **204**
- 南昌八一起义纪念馆 **205**
- 瑞金中央革命根据地纪念馆（中华苏维埃共和国历史纪念馆） **206**
- 安源路矿工人运动纪念馆 **207**
- 井冈山革命博物馆 **208**
- 秋收起义修水纪念馆 **210**
- 兴国县革命纪念馆 **211**
- 秋收起义铜鼓纪念馆 **212**
- 南昌市博物馆 **213**
- 南昌市民俗博物馆 **215**
- 安义县博物馆 **216**
- 瑞昌市博物馆 **217**
- 宜丰县博物馆 **218**
- 吴有训科技教育馆 **219**
- 兴国县将军馆 **220**
- 大余县博物馆 **221**
- 于都县中央红军长征出发纪念馆 **222**
- 景德镇官窑博物馆 **223**
- 景德镇民窑博物馆 **224**

福建

福建博物院	225
福州市博物馆	227
罗源县博物馆	228
厦门市博物馆	229
厦门市同安区博物馆	230
尤溪县博物馆	231
沙县博物馆	232
泉州海外交通史博物馆	233
泉州市博物馆	234
郑和史迹陈列馆	235
闽西革命历史博物馆	236
漳浦县博物馆	237
长泰县博物馆	238
华安县博物馆	239
南平市博物馆	240
顺昌县博物馆	241
松溪县博物馆	242
武夷山市博物馆	243
永定县博物馆	244
漳平市博物馆	245
宁化县博物馆	246
明溪县博物馆	247
大田县博物馆	248
将乐县博物馆	249
晋江市博物馆	250
南靖县博物馆	251
宁德市蕉城区博物馆	252
古田县博物馆	253

山东

山东省博物馆 254
孔繁森同志纪念馆 256
台儿庄大战纪念馆 257
地雷战纪念馆 258
中国甲午战争博物馆 259
济南革命烈士陵园 260

河南

河南博物院 261
镇平彭雪枫纪念馆 263
鄂豫皖苏区首府革命博物馆 264
濮阳单拐革命旧址 265

湖北

湖北省博物馆 266
武汉市博物馆 268
武汉市江夏区博物馆 270
黄石市博物馆 271
大冶市博物馆 272
十堰市博物馆 273
宜昌博物馆 274
长阳土家族自治县博物馆 275
武汉国民政府旧址纪念馆 276
八路军武汉办事处旧址纪念馆 277
武昌中央农民运动讲习所旧址纪念馆
（武汉市革命博物馆） 278
八七会议会址纪念馆 279
秭归县屈原纪念馆 280
黄冈市李四光、陈潭秋纪念馆、黄州博物馆 281

蕲春县李时珍纪念馆	282
麻城市革命博物馆	283
宜都市博物馆	284
老河口市博物馆	285
鄂州市博物馆	286
孝昌县博物馆	287
枝江市博物馆	288
南漳县博物馆	289
荆门市博物馆	290
京山县博物馆	291
钟祥市博物馆	292
云梦县博物馆	293
荆州市博物馆	294
石首市博物馆	295
黄冈市博物馆	296
浠水县博物馆	297
黄梅县博物馆	298
武穴市博物馆	299
通山县博物馆	300
赤壁市博物馆	301
恩施州博物馆	302
鹤峰县博物馆	303
仙桃市博物馆	304
大悟县革命博物馆	305
监利县周老嘴湘鄂西革命根据地纪念馆	306
浠水县闻一多纪念馆	307
湖北省艺术博物馆	308
新四军军部旧址纪念馆	309
武汉市蔡甸区博物馆	310
武汉市黄陂区博物馆	311

目录

武汉市新洲区博物馆 312
阳新县博物馆 313
襄樊市博物馆 314
宜城市博物馆 315
孝感市博物馆 316
蕲春县博物馆 317

湖南

湖南省博物馆 318
韶山毛泽东纪念馆（故居） 320
刘少奇纪念馆 321
秋收起义文家市会师旧址纪念馆 322
罗荣桓纪念馆 323
彭德怀纪念馆 324
平江起义纪念馆 325
任弼时同志纪念馆 326
贺龙故居和纪念馆 327
湘南暴动指挥部旧址纪念馆 328
中国人民抗日战争胜利芷江洽降旧址纪念馆 329
湘鄂川黔革命根据地旧址纪念馆 330
《三大纪律、六项注意》颁布旧址纪念馆 331

广东

广东省博物馆 332
毛泽东同志主办农民运动讲习所旧址 334
三元里人民抗英斗争纪念馆 335
黄埔军校旧址纪念馆 336
海丰红宫红场旧址纪念馆 337
叶挺纪念馆 338
叶剑英元帅纪念馆 339

鸦片战争博物馆（虎门炮台）.................................340
孙中山故居纪念馆.................................341

广　西

广西壮族自治区博物馆.................................342
八路军桂林办事处旧址纪念馆.................................344
百色起义纪念馆.................................345
右江革命纪念馆.................................346
中国红军第八军革命纪念馆.................................347

海　南

海南省博物馆.................................348

重　庆

重庆中国三峡博物馆.................................350
重庆红岩革命纪念馆.................................351
重庆歌乐山革命烈士纪念馆.................................352
刘伯承同志纪念馆.................................353
聂荣臻元帅陈列馆.................................354
赵世炎故居.................................355

四　川

四川省博物馆.................................356
邓小平故居陈列馆.................................358
朱德同志故居纪念馆.................................359
朱德铜像纪念园管理处.................................360
宜宾市赵一曼纪念馆.................................361
黄继光纪念馆.................................362
万源保卫战战史陈列馆.................................363
陈毅纪念馆.................................364

红四方面军总指挥部旧址纪念馆..................365
红军飞夺泸定桥纪念馆..................366
苍溪红军渡纪念园..................367

贵 州

贵州省博物馆..................368
遵义会议纪念馆..................369
息烽集中营革命历史纪念馆..................370
王若飞故居..................371
黎平会议会址..................372
娄山关红军战斗遗址..................373

云 南

云南省博物馆..................374
云南陆军讲武堂旧址..................376
扎西会议纪念馆..................377
彝良县罗炳辉陈列馆..................378
滇西抗战纪念馆（腾冲县国殇墓园）..................379

西 藏

西藏博物馆..................380

陕 西

陕西历史博物馆..................382
西安事变纪念馆..................384
八路军西安办事处纪念馆..................385
延安革命纪念馆..................386
洛川会议纪念馆..................387

甘 肃

甘肃省博物馆	388
兰州市博物馆	390
永登县博物馆	391
榆中县博物馆	392
永昌县博物馆	393
天祝藏族自治县博物馆	394
肃南裕固族自治县民族博物馆	395
平凉市博物馆	396
灵台县博物馆	397
静宁县博物馆	398
酒泉市肃州区博物馆	399
瓜州县博物馆	400
庆阳市博物馆	401
庆城县博物馆	402
庆阳市陇东石刻艺术博物馆	403
通渭县博物馆	404
和政古动物化石博物馆	405
临夏回族自治州博物馆	406
八路军驻兰州办事处纪念馆	407
会宁红军长征胜利纪念馆	408
哈达铺红军长征纪念馆	409
西夏博物馆	410
华亭县博物馆	411
庆阳市陇东民俗博物馆	412
环县博物馆	413
华池县博物馆	414
广河县齐家文化博物馆	415
成县博物馆	416

目录

宁夏

宁夏博物馆 417

青海

青海省博物馆 419

新疆

新疆维吾尔自治区博物馆 421

吐鲁番地区博物馆 423

喀什地区博物馆 424

和田地区博物馆 425

木垒县民俗博物馆 426

伊犁州林则徐纪念馆 427

八路军驻新疆办事处纪念馆 428

中国工农红军西路军总支队纪念馆 429

毛泽民故居纪念馆 430

昌吉回族自治州博物馆 431

伊犁哈萨克自治州博物馆 432

塔城地区博物馆 433

阿勒泰地区博物馆 434

阿克苏地区博物馆 435

库车县龟兹博物馆 436

布尔津县博物馆 437

富蕴县博物馆 438

前　言

　　博物馆等公益性文化设施向社会免费开放，是当今国际社会的发展潮流。我国政府十分重视公益性文化设施建设和功能作用的发挥。2004年，国家文物局和文化部、发展改革委等十二个部门共同印发《关于公益性文化设施向未成年人免费开放的实施意见》，全国博物馆、纪念馆等公共文化设施陆续向公众，特别是未成年人、老年人、残疾人、军人等社会特殊群体实行优惠和免费参观制度，一些省、市的博物馆、纪念馆率先实现了向全社会的免费开放。为贯彻落实党的十七大精神，推动社会主义文化大发展大繁荣，2008年1月，根据党中央、国务院的部署，中宣部、财政部、文化部、国家文物局联合印发了《关于全国博物馆、纪念馆免费开放的通知》，正式启动了博物馆、纪念馆向全社会免费开放工作。各地博物馆积极响应，稳妥有序地推进免费开放工作，截至目前，全国已有约650家博物馆向社会免费开放。

　　为宣传和推介免费开放的博物馆，我们选录了2008年度免费开放的400余家博物馆，组织编辑了《博物馆免费开放参观指南》一书，主要介绍了各博物馆的基本陈列、珍贵藏品、面向观众的特色活动，以及开放时间、地址、交通、电话等基本信息，以方便广大公众对免费开放博物馆的参观，扩大博物馆的社会服务职能。

　　部分信息如有变化，请以各博物馆的最新公布信息为准。

编者

2008年6月

首都博物馆

基本陈列

《古都北京——历史文化篇》表现了古都北京从距今46万年前至新中国建立的历史,揭示了北京悠久灿烂的文化。《京城旧事——老北京民俗展》展现了老北京别具一格的民俗风情。《北京文物精品展》荟萃了首都博物馆最珍贵、最具代表性的各类文物精品。

珍贵藏品

景德镇窑青花凤首扁壶 高18.7厘米、口径4厘米。北京西城元代窖藏出土。扁壶构思别具匠心。以昂起的凤首为流,以卷起的凤尾为柄,凤身绘于壶体上部,双翅垂至两侧。凤首壶采用多种制作工艺,壶流为模制成型,壶柄以捏塑成型,再合为一体。器形小巧,纹饰舒朗。

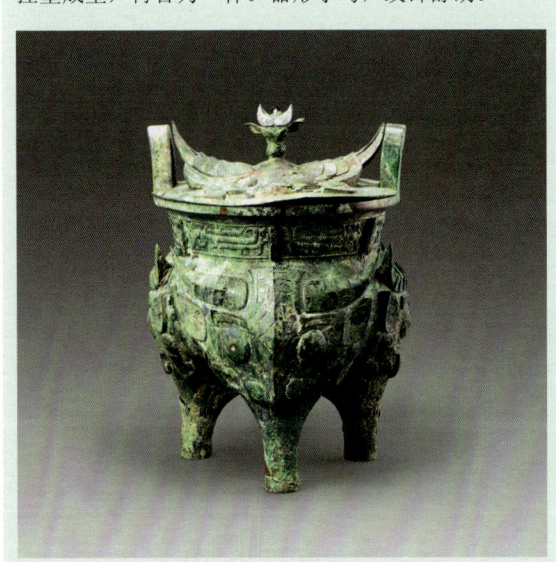

伯矩鬲 西周。通高33厘米、口径22.9厘米。北京房山区琉璃河251号墓出土。盖内及颈部内壁铸有相同的铭文"才(在)戊辰,匽侯赐伯矩贝,用作父戊尊彝",盖内4行15字,颈内壁5行15字。此鬲纹饰十分精美,各部均以牛头纹装饰,主体纹饰皆为高浮雕,给人雄奇威武之感。艺术设计和铸造工艺极为高超,是周初青铜器中的杰作。

青白玉"绵绵瓜瓞"御制诗洗　清乾隆。高4.5厘米、长15.2厘米、宽11.7厘米。洗为青白玉质，匀净无瑕，细润略透光。工匠巧依洗的花瓣形，阴刻填金清乾隆皇帝御笔五言诗一首及"乾隆甲午伸春月御题"款，字口内填金，器形华贵大方，是乾隆时期宫廷造办处仿痕都斯坦玉器中的珍品。"绵绵瓜瓞"谐子孙万代永无止尽之意。

景德镇窑青白釉水月观音菩萨像　元代。高67厘米。1955年出土于西城区。此尊观音菩萨像姿势自然优美，呈观水中月姿势，故称水月观音。水月观音的形象最早是唐代画家周昉根据玄奘大唐西域记中的观自在菩萨创作的造型，之后广泛流传，宋代较为流行并逐渐世俗化。

菩萨像通体施青白釉，釉色白中泛青，胎质洁白细腻。观音的制作采用了模印、琢、捏塑等多种装饰手法，将观音菩萨自在安详的宗教气质和内涵表现得淋漓尽致，体现了元代景德镇高超的瓷塑水平。

特色活动

首都博物馆根据不同观众的需求，提供了多元化的参与性活动，这些活动包括：七彩坊、陶艺坊动手活动，遗址遗迹参观活动，博物馆探秘活动，以及学术讲座、小小讲解员培训、冬夏令营等活动。

基本信息

地　　址：北京市西城区复兴门外大街16号

交通线路：地铁：1号线木樨地站；公交车：1路、4路、52路、728路至工会大楼站；26路、45路、114路、308路、319路、650路、937路至白云路

开放时间：9:00～17:00（16:00停止入馆）

闭 馆 日：星期一

邮　　编：100045

联系电话：010-63370491　63370492　63363388转2021（投诉）

传　　真：010-63363388转2154

邮　　箱：shoubokaifang@163.com

网　　址：www.capitalmuseum.org.cn

北京鲁迅博物馆

基本陈列

《鲁迅生平展》 全面地展示了鲁迅一生的业绩。序厅正中雕塑上刻鲁迅手书自传；展厅一层表现"什么是路"、"铁屋中的呐喊"、"麻木的看客"和"这样的战士"四个主题形象，为理解鲁迅精神提供启示；展览结尾为鲁迅葬礼盛况大幅照片。

北京鲁迅旧居 位于北京市西城区阜成门内大街宫门口二条19号的北京鲁迅博物馆院内，是鲁迅先生购买并亲自设计改建的一所普通的北京四合院。鲁迅先生在此居住期间，共写作、翻译了200多篇文章，后来分别收入他的《野草》、《朝花夕拾》、《彷徨》、《坟》、《华盖集》、《华盖集续编》等文集中。在此期间，他编印了《中国小说史略》（下卷）、《出了象牙之塔》等，同时还主编和指导编辑了《语丝》、《莽原》、《国民新报副刊》（乙刊）等刊物，为培养大批文学新人付出了辛勤的劳动。

珍贵藏品

该馆现有藏品、新旧图书资料等97602件（套、册）。其中，文物藏品17420件（套），包含鲁迅文物、鲁迅亲友文物、鲁迅旧居文物、特藏文物；及馆藏美术品、馆藏照片、部分文化名人的手稿、照片、生平史料、藏书、藏画等藏品；新、旧图书资料70539册，主要包含鲁迅著译版本、鲁迅研究著作、新旧期刊、社科图书等。

基本信息

地　　址：北京市西城区阜成门内大街宫门口二条19号
交通线路：地铁2号线至阜成门站B出口；乘13、42、61、101、102、103、121、409、423、456、490、603、604、685、714、814、823、850路至阜成门内；乘特4、19、21、44、50、387、618、691、743、800、939路至阜成门北，出地下道东、南出口
开放时间：9:00～16:00
闭 馆 日：星期一
邮　　编：100034
电　　话：010-66156548　66165654
传　　真：010-66165654
网　　址：http://www.luxunmuseum.com.cn

中国人民抗日战争纪念馆

基本陈列

《伟大胜利——纪念中国人民抗日战争暨世界反法西斯战争胜利60周年》大型主题展览，布景宏伟，设计精巧，以全景式手法，多角度地抒写了中国抗日战争的壮丽史诗。

珍贵藏品

戴安澜烈士抗战时期使用的铁汉款印章

29军官兵的钢盔　1985年出土，是中国国民革命军第29军官兵唯一存世的钢盔。

杨云峰使用过的大刀　第29军士兵杨云峰在卢沟桥事变中使用过的大刀。

佟麟阁使用过的墨盒　第29军副军长佟麟阁将军在指挥南苑战斗时壮烈牺牲。将军素有儒将之称，这是他使用过的墨盒。

特色活动

主要有"民族精神大讲堂"和"理想之歌——党课进校园专题演讲活动"。

基本信息

地　　址：北京市丰台区卢沟桥宛平城内街101号
交通线路：乘624、748、983支路、301、309、339、661、662、715、937（支3）路公交车车至抗战雕塑园站
开放时间：9:00～16:30（16:00停止入馆）
闭 馆 日：星期一
邮　　编：100072
电　　话：010-83892355
传　　真：010-83896220
邮　　箱：webmaster@1937china.com
网　　址：www.1937china.org.cn

梅兰芳纪念馆

基本陈列

梅兰芳纪念馆于1986年10月建立，坐落在北京西城护国寺街9号，是一座典型的北京四合院，占地1000余平方米。朱漆大门上悬挂着邓小平亲笔题写的匾额"梅兰芳纪念馆"。一进大门，迎面是青砖灰瓦的大影壁，影壁前安放着梅兰芳先生的汉白玉半身塑像。梅兰芳先生1961年逝世前，曾在这幽静、安适的小庭院内，度过了他生活的最后十年。

梅兰芳纪念馆现有两部分，正院保存故居原貌，会客厅、书房、卧室和起居室内的各项陈设均按梅兰芳生前生活起居原状陈列。外院展览室，以大量珍贵图片扼要的介绍梅兰芳一生的艺术生活和社会活动。另两展室用作专题展览，不定期更换内容。

基本信息

地　　址：北京市西城区护国寺街9号(Address:No.9,Huguosi Street, Beijing)

交通路线：乘22、38、47、409、626、690、808、810、826路至护国寺站，或13、42、55、107、111、118、701、823、850路至厂桥站

开放时间：9:00～16:00

闭 馆 日：星期一

邮　　编：100035

电　　话：010-66183598

邮　　箱：info@meilanfang.com.cn

网　　址：www.meilanfang.com.cn

天津博物馆

基本陈列

《百年集珍——馆藏文物精品陈列》 展示从馆藏20余万件文物藏品中精选的文物精华，涉及玉器、青铜器、书法、绘画、瓷器、玺印、甲骨、敦煌写经等多种类别。

《中华百年看天津》 展览采用三维空间的展示手法，将文物、文献、照片、模型、油画、景观等穿插其间，力图以史料还原历史、穿越时空，展示给观众一个真切、完整的天津城市发展历程。

《天津人文说由来》 首次集中展示天津地域以内出土的文物，通过展示天津地区考古发掘的300余件（套）文物，讲述天津人文的由来与古代城市形成的历程，以及多元文化相融合的过程。

珍贵藏品

清乾隆款珐琅彩芍药雉鸡纹玉壶春瓶 清代。瓶体上绘有两只对语的雉鸡、湖石、以及盛开的芍药，侧面还有题诗"青扶承露蕊，红妥出阑枝"。引首有朱文"春和"印，句尾有

朱文"翠铺"、"霞映"两方印，瓶底为黑褐彩楷书"乾隆年制"四字方框印。这款玉壶春瓶诗、书、画、印一应俱全，可谓天下无双。

太保鼎 西周康王时期重要的礼器，珍贵之处有三：第一，耳部有立体装饰，这是西周时期才开始出现的；第二，柱足上都有四个圆盘，具有此形制的鼎仅此一件；第三，在鼎的内壁刻有铭文"大（太）保鼎"，是传世三件中有"太保"铭文的青铜器，国内仅存的一件，被誉为国之瑰宝。

宋代范宽《雪景寒林图》 宋代。整幅画气势恢弘，层次丰富，真实地体现了秦陇山川初雪的景色。此画是范宽的巨作，也是宋代画家之中的杰作。宋代《宣和画谱》和清代安歧的《墨缘汇观》中均有著录，《墨缘汇观》中称赞它为"宋画中当为无上神品"。

唐摹王羲之草书寒切帖卷 为唐代钩填本，较完整地保存了王羲之的书法风貌。此卷墨色斑斓，笔意神采超逸，书风从容丰映，是研究王羲之书法及其各种刻本的宝贵资料。卷尾有明代董其昌、娄坚题记。曾经南宋绍兴内府、明代韩世能和王锡爵、清代王时敏等人鉴藏，是流传有绪的书法艺术珍品，国内稀有。

基本信息

地　　址：天津市河西区友谊路31号

交通线路：乘641、912、619、675路至天津博物馆；962、868、846、800、662、668、686、906、826、838、26路至友谊路、天津博物馆、宾馆南道；47、48路至天津宾馆

开放时间：9:00～16:30

闭 馆 日：星期一

邮　　编：300201

电　　话：022-58793000

传　　真：022-58793055

邮　　箱：tianjinmuseum@126.com

网　　址：www.tjbwg.com

平津战役纪念馆

基本陈列

平津战役基本陈列 包括：战役决策、战役实施、人民支前、伟大胜利、英烈业绩五个部分，展线总长740延长米，展出照片400余幅，文物2000多件，以及多媒体、电动沙盘、旧址复原、景观、雕塑、绘画等辅助展品。

珍贵藏品

苏静的签字笔 是苏静参加北平和谈并作会议记录的见证。

董其武的诗文手稿 反映了起义后董其武的激动心情及跟共产党走向光明的决心。

刘亚楼的皮大衣 这件大衣跟随刘亚楼经历了天津解放及平津战役胜利的全过程。

特色活动

爱国主义教育活动 在天津解放日、"五一"、"五四"、"七一"、"八一"、"十一"等重大节庆纪念日，组织和配合驻津部队、军事院校、大中小学校以及社会各界在馆举行入党、入团、入队、十八岁成人仪式、新兵入伍、授衔、老兵退役等各类主题教育活动。

平津战役宣讲活动 平津战役史宣讲团走进校园、军营和社区开展宣讲活动。

基本信息

地　　址：天津市红桥区平津道8号
交通线路：观光1路、校线7路、37、47、48、628、657、676、700、800、837、860、865、879、907、911、952、961、962路可达
开放时间：9:00～16:30
闭 馆 日：星期一
邮　　编：300131
电　　话：022-26535418
传　　真：022-26535408
邮　　箱：pjzyjng@sina.com

周恩来邓颖超纪念馆

基本陈列
　　以大量图片、文献、手稿、实物等,展示周恩来、邓颖超两位伟人的生平业绩。

珍贵藏品
　　骨灰盒　周恩来、邓颖超先后使用过。1976年1月周恩来逝世后,他的骨灰就藏放在这个楠木深雕松鹤图案的骨灰盒。遵照他的遗愿,骨灰撒入大海。1992年7月邓颖超逝世后,工作人员按照她的遗愿,用这个骨灰盒盛放她的骨灰并将骨灰撒入海河。

　　印刷机器　五四运动时期,天津学生联合会印刷《天津学生联合会报》时使用过的印刷机。周恩来曾任《会报》主编,并亲自撰写稿件,参与报纸的印刷工作。

　　艰难缔造旗　1945年8月1日南昌起义15周年之际,中共中央南方局部分工作人员用毛笔在红绸缎上写下了"艰难缔造"四个字并签名,送给周恩来作为他领导南昌起义的纪念。

　　铜笔架　1913年~1917年周恩来在南开中学读书时使用。

基本信息
　　地　　址：天津市南开区水上公园北路1号
　　交通线路：观光2路车及94、643、862、871、872、705、904路车均可到达
　　开放时间：9:00～16:30
　　闭 馆 日：星期一
　　邮　　编：300074
　　电　　话：022-23591821
　　传　　真：022-23591821
　　邮　　箱：z23591821@yahoo.com.cn
　　网　　址：www.mzhoudeng.com

河北省博物馆

基本陈列

《古代河北陈列》 比较系统地展示了河北有人类活动以来至清朝灭亡的100多万年间的沧桑历史。重点表现河北地域内的重大历史现象、重要历史人物和主要文明成果。

《近代河北陈列》 以翔实的资料展示了自1840年至1949年间河北大地的风云变幻。重点回顾了义和团运动的兴起,近代工业文明的产生,李大钊与马克思主义在河北的传播,再现了抗日战争和解放战争中河北人民不畏强敌、奋勇御侮的壮丽画卷。

《当代河北陈列》 以"浓缩河北精华,展示河北精品"为主旨,集中展示了全省上千种名、优、新、特产品,充分体现出河北经济建设和社会发展的巨大成就。形式设计具有强烈现代感。

《神秘王国——战国中山国陈列》 展示战国时期中山国的曲折历史和具有游牧民族风情的文物。精选文物260余件(套),青铜器奇巧瑰丽,玉器精雕细镂,黑陶器柔美典雅,车马仪仗雄武威严,武器装备独具特色。宫廷、猎帐、车马等复原景观和大型壁画再现了中山国豪华的宫廷生活和彪悍的民族风情。该陈列获全国首届"十大陈列展览精品"奖。

《金缕玉衣的故乡——满城汉墓陈列》 展出汉中山靖王刘胜夫妇墓出土的文物珍品250余件(套)。其中的金缕玉衣、长信宫灯、错金博山炉、白玉双龙高纽谷纹璧都是举世闻名的国宝。展览规模宏大,豪华富丽,充分体现出王侯生活的奢华和大汉盛世古朴雄浑的时代风貌。该陈列获国家"1999年十大陈列展览精品"奖。

珍贵藏品

刘胜金缕玉衣 国宝级文物。河北满城西汉中山靖王刘胜墓出土。是我国出土年代最早、等级最高、最完整的玉衣,用金丝编缀玉片而成。玉衣长1.88米,共用玉片2498片,金丝约1100克。

窦绾金缕玉衣 国宝级文物。河北满城西汉中山靖王刘胜之妻窦绾墓出土。整体结构大致与刘胜玉衣相同,共用玉片2160片,金丝700克。

长信宫灯 国宝级文物。窦绾墓出土。通高48厘米。造型为跪地执灯的年轻宫女,通体鎏金。灯上刻有"长信尚浴"等铭文共65字,故名"长信宫灯"。

中山王铁足大鼎 国宝级文物。是战国中山国王墓出土九鼎中的首鼎。鼎高51.1厘米,腹径65.8厘米,重达60公斤,铜身铁足。鼎的外壁刻有77行469字铭文,是我国目前发现的战国青铜器铭文中最长的一件。铭文记载了中山国讨伐燕国、开疆辟土的事件,具有重要的历史价值。

虎噬鹿器座 国宝级文物。战国中山王墓出土,长50厘米,高22厘米。造型为猛虎食鹿。虎身用大小不同的金片、银丝错出斑斓的花纹,使虎的形象更加凶猛逼真。虎颈和臀部上的长方型銎口用于插放屏风挡板。腹下刻有铭文,说明制作时间及工匠姓名。

四龙四凤方案座 国宝级文物。战国中山国王墓出土,通高36.2厘米,上框边长47.5厘米。案座的底部是四只跪卧的梅花鹿,四龙四凤组成案身。整体造型结构复杂,是罕见的艺术瑰宝。另外,四只龙头上各有一个一斗二升式斗拱,对古代建筑的研究极为重要。

基本信息

地　　址:	河北省石家庄市东大街4号
交通路线:	1、5、10、12、26、28、42、34、36、45、51、55、69、116路公交车
开放时间:	9:00～17:00
闭 馆 日:	星期一
邮　　编:	050011
电　　话:	0311-86045642
传　　真:	0311-86045642
邮　　箱:	hebeimuseu@sina.com
网　　址:	www.hebeimuseum.org

西柏坡纪念馆

基本陈列

《中共中央旧址》 占地面积16440平方米，充分反映了党中央、毛主席等老一辈无产阶级革命家在西柏坡工作和生活的情况。

《新中国从这里走来》 展示有文物、资料、图片、雕塑和半景画等。系统介绍了党中央在西柏坡为建立新中国而作出的卓越贡献。

珍贵藏品

毛泽东用过的办公桌 在这张办公桌上，毛泽东同志起草了三大战役期间的许多电报手稿，起草了1948年9月政治局扩大会议的决议，撰写了《在中国共产党第七届中央委员会第二次全体会议上的报告》等许多光辉著作。

刘少奇用过的文件箱 刘少奇同志在延安时就开始使用这个木箱，后来把它带到西柏坡，曾用它放过《论共产党员的修养》、《关于土地问题的指示》、《中国土地法大纲》等重要文件和手稿。

朱德用过的金属桌椅 这套金属桌椅是在孟良固战役中缴获敌七十四师师长张灵甫的物品，朱德到前线视察时，由陈毅同志送给朱德。七届二中全会期间，陈毅、彭德怀、贺龙、邓小平等军事组的同志们就围坐在这套金属桌椅旁，讨论军事战略和作战方针。

董必武用过的百寿杖 这根拐杖本来是国民党将领宋席儒送给岳父六十大寿的贺礼，淮海战役时被缴获。拐杖身部错银镶嵌篆书"寿"字四行，每行25字，共100字，字型各异，故称"百寿杖"。

基本信息

地　　址：河北省平山县西柏坡
交通路线：石家庄汽车北站长途车直达
开放时间：淡季8:30～17:30　旺季8:30～18:00
闭 馆 日：暂定星期日下午、星期一全天
邮　　编：050400
电　　话：0311-82851355　82851366
传　　真：0311-82851366

献县马本斋纪念馆

基本陈列

《再现马本斋同志光荣英勇的一生》 陈列展览分6部分,采取图片和实物结合的形式,配以光、电效果,利用投影、电视、贮光屏等展示手段,再现了马本斋同志光荣英勇的一生。

珍贵藏品

马本斋瓷盘立像 为全国现存唯一的马本斋立体照片。这张照片为1932年马本斋在江西时拍摄,并在景德镇烤制。

大刀 此刀为当年民族英雄马本斋亲用,至少杀过7个日本鬼子,后来赠给了警卫员,保存至今。

手迹训令 为1943年冀中回民支队转战到冀鲁豫军区第三军分区时的训令。其中有马本斋手迹及印章,内容广泛,涉及战事、民事、生活、生产、后勤保障等多方面,十分珍贵。

木制小推车 1941年日本鬼子抓捕马本斋母亲时,用此车将马母推至河间日本宪兵队。后马母大义绝食殉国,此车为当时的唯一见证。

基本信息

地　　址：河北省沧州市献县本斋乡本斋西村
交通线路：献县汽车站转乘本斋村方向公交车
开放时间：9:00～17:00
闭 馆 日：星期一、春节
邮　　编：062250
电　　话：0317-4668419
邮　　箱：thank1226@sina.com
网　　址：www.benzhai.net

中国人民抗日军事政治大学陈列馆

基本陈列

共有序厅、主题厅、辅厅三个部分。

主题厅展陈分为"抗大在陕北创建"、"挺进华北敌后"、"抗大在浆水"、"革命熔炉育英才"四个部分,叙述了中国人民抗日军事政治大学在中国国内革命战争向抗日战争转变的紧要关头创建,担负起为民族解放战争培养大批军事政治干部的光荣历史使命,并在抗日烽火中迅猛发展壮大的历史。

珍贵藏品

抗大五周年纪念章 1941年6月1日抗大建校五周年之际,抗大总校在校部驻地前南峪村举行了历时七天的隆重的校庆活动,全面总结了自创建以来的办学经验,扩大了抗大在国内外的政治影响。

抗大第七期毕业证章 1941年1月28日,抗大第七期于浆水镇正式开学。共培养抗日军政干部2551人,于1941年12月毕业。

抗大副校长何长工用过的文件箱 抗大在浆水期间,何长工曾任总校教育长、副校长。该文件箱陪伴何长工经过长征岁月、抗日战争,直到新中国成立。

抗大文工团演出时用的汽灯 抗大文工团1938年12月成立于延安,用多种文艺形式演出了大量富有战斗性、艺术性的好节目,也培养了一批优秀的文艺工作者。

基本信息

地　　址:河北省邢台县浆水镇前南峪村
交通线路:由邢台市邢西汽车站乘坐邢台至浆水的客车
开放时间:淡季9:00～17:00　旺季8:30～18:00
闭 馆 日:星期五
邮　　编:054013
电　　话:0319-2782477
传　　真:0319-2782477
邮　　箱:hbxtkd@sina.com

潘家峪惨案纪念馆

基本陈列

《潘家峪惨难史基本陈列》 一层展厅展示了1941年1月25日潘家峪惨案的过程。展厅顶部均涂为灰色,展厅内全部采用人工照明,采用声、光、电等展示手段,让观众感到气氛恐怖、压抑。二层展厅表现惨案后潘家峪人民及复仇团不屈不挠的反抗斗争,直至取得最后的胜利的内容。尾厅展示了今日潘家峪人民幸福美好的新生活。展厅顶部涂为红色,形成与一层主展厅空间强烈的明暗对比,喻示由黑暗走向光明。在二层平台,观众可凭栏远眺惨案发生地"潘家大院"的全貌,凭吊死难的同胞。

珍贵藏品

日寇支机枪用的高桌 惨案发生时,日军在这张八仙桌上架起了机枪,潘家峪父老乡亲几百人死在机枪扫射之下。这张桌子成了日本侵略者屠杀中国人民的铁证。

村民抵抗日寇时使用的杆秤 纵156.5厘米,重2500克,木质结构。1941年发生惨案时,有19名乡亲躲藏在东粮房内,用土坯封堵窗户,用杆秤顶住房门,外面火焰没有进入到粮房内,19名乡亲得以幸免。

日寇压死儿童的锤布石 惨案发生时,日军用此锤布石压死了许多儿童,至今锤布石上仍留有红色的血迹。

潘家峪兵工厂制造的手榴弹 1937年~1941年间,冀东军分区在潘家峪设立了兵工厂,制造手榴弹和地雷等武器。

基本信息

地　　址: 河北省唐山市丰润区火石营镇潘家峪村
交通线路: 从唐山(丰润)乘坐开往潘家峪方向的公交车至终点站
开放时间: 淡季9:00~11:30,14:00~16:00
　　　　　旺季9:00~12:00,13:30~16:00
邮　　编: 064008
电　　话: 0315-5592560

乐亭李大钊纪念馆

基本陈列

《李大钊生平事迹陈列展览》 包括瞻仰厅和东西两个展厅。瞻仰厅正面矗立着李大钊的汉白玉立像,像背后是中共中央为李大钊撰写的碑文。展览以图片文字介绍为主,集中介绍了李大钊的伟大一生和光辉业绩。

李大钊纪念碑林 展出碑刻60多块,有党和国家领导人题词、李大钊部分手书、国内著名艺术家缅怀和颂扬李大钊的有关书法作品、部分纪念李大钊的复制碑刻。

李大钊故居 始建于清光绪七年,为典型的冀东农村庄户。是李大钊诞生和幼年成长、与赵纫兰成婚安家的地方。

珍贵藏品

毛毯 1924年李大钊赴莫斯科出席共产国际"五大"时使用的。

樟木箱 1924年,李大钊参加国民党一大时购买,用来存放珍贵资料及书籍。

北洋法政学校风景照 照片上有李大钊亲笔题字。

《豫科法学通论》、《正科刑法讲义》 李大钊在天津北洋法政专门学堂读书时用过的两本讲义,上有他的亲笔批注。

基本信息

地　　址:纪念馆:河北省乐亭县觅园街1号;故居:河北省乐亭县大黑坨村

交通线路:纪念馆:位于县城新城区大钊路与金融街交叉口;故居:由县城沿抚昌乐路东行约15公里至大黑坨村

开放时间:淡季9:00~17:00　旺季8:30~18:00

闭 馆 日:星期一(法定节假日除外)

邮　　编:063600

电　　话:0315-4622549(纪念馆)　4832155(故居)

传　　真:0315-4622056(纪念馆)　4832099(故居)

邮　　箱:hbldzjng@126.com

网　　址:www.lidazhao.com.cn

涉县八路军129师陈列馆

基本陈列

《我们在太行山上》 陈列馆由序厅、五个展室和半景画馆组成。围绕"我们在太行山上"这一主题，共分为四大部分，集中反映了八路军129师转战太行、创建晋冀鲁豫抗日根据地、千里跃进大别山，为中华民族的解放事业作出历史性贡献的光辉历程。

珍贵藏品

朱德头像 抗日战争时期朱德将军木刻头像。
左权头像 抗日战争时期左权将军木刻头像。
杀敌英雄奖状 抗日战争时期边区英雄模范姚相立功奖状。
印刷机 抗日战争时期《人民日报》前身《新华日报》使用的印刷机。

特色活动

当一天八路军活动 本活动以"当一天八路军，做一回老区人"为主题，推出穿八路军衣、吃八路军饭、唱八路军歌、行八路军路、体验当年八路军艰苦朴素的生活等系列活动，寓教于游。

基本信息

地　　址　河北省邯郸市涉县赤岸村
交通路线　公交环线终点站
开放时间　淡季8:30～12:00，14:00～17:00
　　　　　旺季8:30～12:00，13:30～17:30
闭 馆 日　星期一
邮　　编　056400
电　　话　0310-3868129
传　　真　0310-3868129
邮　　箱　shexian129@163.com
网　　址　www.shxlyw.com

冉庄地道战纪念馆

基本陈列

《冉庄地道战》 以大量革命文物、照片、图片等展品,结合声光电等陈列手段,向观众展示冉庄及冀中人民不畏强暴、奋起抗日的战争史,警示后人不忘历史、珍爱和平。

珍贵藏品

奖旗 1945年5月清苑县人民武装委员会为冉庄召开庆功大会,会上将冉庄公布为"抗日模范村",发给奖旗一面。

《从戎赋》 是张森林烈士1938年春参加抗战时所写。

《就义辞》 1943年张森林烈士牺牲后,从他的内衣袋中发现的诗稿。

榆木大炮 抗日战争时期,冉庄民兵在地下土兵工厂以榆木为原料,自制的大炮。曾在攻打张登炮楼时使用,威震敌胆。

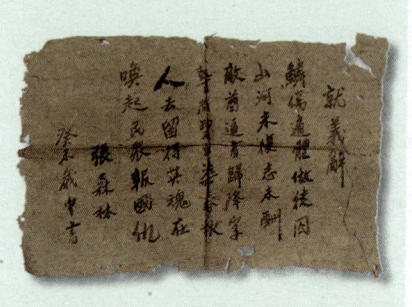

特色活动

老民兵讲解 老民兵讲解地道战故事。
播放电影 播放《地道战》等爱国主义教育题材影片。

基本信息

地　　址：河北省清苑县冉庄镇
交通线路：保定市汽车站乘冉庄至阳城班车至冉庄
开放时间：淡季9:00～16:30　旺季8:30～17:30
闭 馆 日：除夕、春节
邮　　编：071102
电　　话：0312-8036158
传　　真：0312-8036558
邮　　箱：rzddz1959@163.com
网　　址：www.rzddz.com

阜平晋察冀边区革命纪念馆

基本陈列

《模范抗日根据地——晋察冀边区》 1937年，聂荣臻在阜平创建了晋察冀抗日根据地，这是我党我军创建的第一块敌后抗日根据地。晋察冀边区被称为"新民主主义社会的雏形"、"新中国的雏形"，被毛泽东亲笔授予"模范抗日根据地"的光荣称号。1948年4月，毛主席率领中央机关从陕北来到晋察冀边区阜平县城南庄，居住工作了46天。期间，召开中共中央书记处扩大会议，为三大战役的胜利奠定了坚实的基础。展览馆通过丰富的展览手段，展示了晋察冀边区军民可歌可泣的英雄事迹和为中华民族解放事业建立的不朽功勋。

珍贵藏品

判决书 中国人民解放军华北军区政治部军法处对叛徒孟建德、刘从文、刘进昌的判决书。

入党批准书 国际友人付莱的入党批准书。

止血钳、拉钩 白求恩遗物。

毕业证书 抗大二分校毕业证书纸质、布质两份。

《关于晋察冀边区目前施政纲领》 即《双十纲领》，1940年晋察冀边区政府颁布。

《毛泽东选集》 1944年黄华同志在阜平搞土改试点时使用的《毛泽东选集》。

基本信息

地　　址：河北省保定市阜平县城南庄镇
交通线路：从阜平至城南庄
开放时间：9:00～17:00
闭 馆 日：星期一
邮　　编：073204
电　　话：0312-7888372
传　　真：0312-7888372
邮　　箱：jinchaji1937@yahoo.com.cn
网　　址：www.jinchaji.com

唐县白求恩柯棣华纪念馆

基本陈列

《伟大的国际主义战士——加拿大医生白求恩》 诺尔曼·白求恩的名字，在中华大地上家喻户晓。本馆所展示的资料，生动地记述了白求恩大夫的感人事迹，形象地再现了白求恩大夫的高尚品质。

《国际主义的楷模——印度医生柯棣华》 1938年9月柯棣华志愿参加印度援华医疗队。1939年2月到达延安，在八路军军医院工作。1940年6月来到晋察冀边区，担任白求恩学校外科教员和白求恩医院第一任院长。1942年7月加入中国共产党。1942年12月9日在唐县葛公村逝世，年仅32岁。

珍贵藏品

白求恩使用过的子弹钳

白求恩为医疗器械消毒用的铁锅 1939年9月白求恩随晋察冀军区卫生学校进驻唐县牛眼沟村。他借了这口带双耳的小铁锅，为医疗器械消毒。

瓦罐 1941年11月柯棣华和白求恩学校教员郭庆兰结婚后，住进了唐县葛公村民赵秋珍家中。一次，不小心碰碎了房东家一个瓦罐。第二天，柯棣华用自己的津贴买了这个瓦罐赔偿给房东。

柯棣华用过的碗筷 1941年11月柯棣华和夫人郭庆兰住在村民赵秋珍家期间，曾借用房东的碗筷吃饭。

基本信息

地　　址：河北省唐县向阳北大街66号
交通线路：距保阜公路唐县山南庄路口1公里
开放时间：淡季8:00～16:00　旺季8:00～17:00
闭 馆 日：星期一
邮　　编：072350
电　　话：0312-6415074
传　　真：0312-6423883
邮　　箱：txbdjn@yahoo.com.cn
网　　址：www.txbaiqiuen.org.cn

潘家戴庄惨案纪念馆

基本陈列

潘家戴庄惨案遗址 此陈列为原址原状陈列,是抗日战争时期侵华日军在冀东地区制造"千人坑"大惨案的真实写照。惨案遗址长45.9米,宽5.7至6.2米不等,局部发掘面积103平米。埋人长坑内实景陈列着21例形态各异的尸骨。其中成年人9例,未成年人12例,有的身首异处,有的被钝器类击打致死,有的被刀斧砍断肢骨,有的被火烧活埋,挣扎呼喊之状可见,有的依偎重叠一起,惨不忍睹。坑内原物陈列着银手镯、戒指、耳环、纽扣等遇难者遗物及日军残杀和平居民用的铁凶器等30余件。

珍贵藏品

潘家戴庄惨案时日伪军摔小孩的石头碌碡(Ⅰ、Ⅱ) 为1942年12月5日潘家戴庄惨案发生时日伪军摔小孩的碌碡原件,有19名婴儿曾摔死在这两个石头碌碡上。其一高56厘米,口径32厘米,重80千克,惨案后经村民保护起来,2000年重新建馆时移至馆内展览;其二为1998年6月28日考古发掘出土纳入本馆。高52厘米,口径38厘米,重60千克。

基本信息

地　　址：河北省唐山市滦南县潘家戴庄村
交通线路：京唐高速公路转唐港高速公路滦南出口至潘家戴庄村
开放时间：9:00～16:00
邮　　编：063500
电　　话：0315-4164352
传　　真：0315-4120526

山西博物院

基本陈列

《晋魂》　　山西博物院基本陈列以"晋魂"为主题，由《文明摇篮》、《夏商踪迹》、《晋国霸业》、《民族熔炉》、《佛风遗韵》、《戏曲故乡》、《明清晋商》等7个历史专题和《土木华章》、《山川精英》、《翰墨丹青》、《方圆世界》、《瓷苑艺葩》等5个艺术专题构成，集中诠释了三晋文化在华夏文明历史中最辉煌的片段，十余件国宝级文物更是散发出夺目的光彩。展厅以丰富的现代展示思维和传统的陈列方式相结合。古代文明之光通过高科技手段，引领每一位游客穿梭于古今之间，与古人进行跨越时空的交流。

2007年，《晋魂》陈列入选"2005-2006年度全国十大精品陈列"。

珍贵藏品

鸟尊　鸟尊以凤鸟回眸为主体造型，在凤鸟的腹背上一只小鸟静静相依，并且成为鸟尊器盖上的捉手。凤鸟的尾部，一只可爱的大象探出了脑袋，长长的鼻子恰到好处地与凤鸟的双足形成三足鼎立之势，保证了鸟尊的稳定性。器盖内铸有铭文"晋侯作向太室宝尊彝"，表明这是晋侯宗庙祭祀的礼器。

龙形觥　前端龙首昂翘，瞠目张角，龇牙咧嘴并以此处为流。盖面中央有一蘑菇形纽。器身两侧各有一对耳可以用来悬挂。腹两侧饰鳄鱼、夔龙纹。龙形觥遍饰华丽精美的图案，花纹线条流畅明快。

木板漆画　1965年发现于山西大同市石家寨北魏琅琊王司马金龙墓，为墓室屏风的一部分，画面内容取材于《列女传》。木板漆画笔法熟练，面容生动，衣纹流畅。画面的间隙还有大片题

记和榜题文字，似隶非隶，似楷非楷，是难得一见的北魏墨迹。

虞弘墓石椁 上等汉白玉质地。石椁造型为仿木结构的三开间歇山顶建筑，外壁布满了局部描金的精美的浮雕装饰。虞弘是中西亚地区鱼国人。石椁浮雕上是深目高鼻的胡人在举行宴饮、观看乐舞、户外射猎以及家居和行旅的场面。

特色活动

皮影戏 皮影戏是我国古老的、流传区域相当广阔的民间戏曲艺术。为了能让观众真正走近皮影艺术，我们经常邀请皮影表演艺术家在展厅的皮影戏台进行现场表演，再现皮影艺术的魅力，并且允许有兴趣爱好的观众亲身参与表演，体验皮影戏的乐趣。

石器打制 石器是人类使用时间最长的生产工具，是一种看似简单、但历史内涵最为丰富的文物。石器打制活动通过考古专家的现场表演，让观众近距离观看，或亲自参加石器的制造过程，了解石器的辨识基本知识。

基本信息

地　　址：山西省太原市滨河西路北段13号
交通线路：1. 乘6、602、803、807、831、845、866路公交车至漪汾桥西站，顺望景路南行约300米。2. 乘865路公交车至望景路站，南行约150米。3. 乘1、38、611、618、809、813、822、818、848、855、859、863、308路公交车至迎泽桥西站，顺滨河西路北行约500米
开放时间：9:00～17:00（16:00停止入馆）
闭 馆 日：星期一、除夕和初一
邮　　编：030024
电　　话：0351-8789222
传　　真：0351-8789221
邮　　箱：www.sxbwybgs@yahoo.com.cn
网　　址：www.sxmuseum.com.cn

八路军太行纪念馆

基本陈列

《八路军抗战史陈列》 该陈列是国内唯一全面系统、专门展示八路军抗战史最新研究成果的大型陈列展览。序厅设计别具一格，有创意；100米文化墙辅展线，为国内首创。主辅展线呼应，展示空间利用效果极佳，得到业内人士和参观者的普遍好评。

珍贵藏品

行军锅 1939年10月八路军总部驻扎山西省武乡县王家峪村时曾经使用。据考证是红军长征时曾使用过的。

日军望远镜 1940年8月八路军在百团大战中缴获。

反法西斯联盟国国旗 1943年在山西省武乡县胡峦岭战斗中，反法西斯联盟志愿军空投物资时投下。

外文打字机 1939年8月到1940年11月，在武乡县砖壁村八路军总部驻扎的英国记者何克使用过。

特色活动

青少年德育培训营地是为培训大、中、小学生而专门设立的爱国主义教育场所。结合学习、训练、食宿等周边环境，营造战争气氛，住八路军兵营、穿八路军服装、吃抗战饭，进行打靶、投弹、射击和"攻克凤凰山"演练。

基本信息

地　　址：山西省武乡县太行西街363号

交通线路：太（原）长（治）高速武乡站出口

开放时间：淡季8:00～18:00　旺季8:00～18:30

邮　　编：046300

电　　话：0355-6438666

传　　真：0355-6438666

邮　　箱：weiguoying0711@163.com

网　　址：www.balujun.org

平型关大捷纪念馆（平型关战役遗址）

基本陈列

平型关大捷纪念馆由序厅、三个独立单元的主展厅、一个实物陈列厅和半景画馆组成。二楼设有缅怀厅。

半景画馆是平型关大捷纪念馆的重要组成部分，面积约450平方米，由半景油画、地面塑形、六台电脑和六台投影组成；通过声、光、电等技术手段再现平型关大捷战斗的整个过程。

珍贵藏品

杨勇将军用过的毛毯 该军毯系八路军在平型关大捷战斗中缴获的战利品。大捷后686团副团长杨勇分得一块，并把它作为八路军首战大捷的纪念品珍藏。

张文松的公文包 1937年9月23日，115师独立团第1营教导员张文松将文件包暂托房东、下寨南村村民孟德海母亲保管。张文松在战斗中壮烈牺牲后，该文件包一直在孟家珍藏。

日军九二式步兵炮 1937年9月25日平型关战斗中缴获日军九二式步兵炮一门，1970年9月25日平型关大捷纪念馆落成后开始展出。

特色活动

平型关大捷纪念馆建成以来，每五年举行一次大型的纪念活动，每年纪念日各有关单位举行小型的纪念活动。

基本信息

地　　址：山西省灵丘县白崖台乡乔沟东南1华里
交通线路：火车：灵丘火车站至平型关站；乡村公交车：灵县城乘车至平型关
开放时间：淡季9:30～16:00　旺季9:00～17:00
闭 馆 日：星期一
邮　　编：34400
电　　话：0352-3338540
传　　真：0352-3338540
邮　　箱：lqxpxg@126.com

山西国民师范旧址革命活动纪念馆

基本陈列

　　山西牺牲救国同盟会(简称牺盟会)于1936年9月18日在太原成立。牺盟会在国民师范举办各种抗日训练班，并成立了山西新军的第一支部队——山西青年抗敌决死队。牺盟会和山西新军迅速发展壮大，在山西以至华北的抗日斗争中创造了光荣的业绩。

　　薄一波办公室　1936年～1937年，薄一波在国民师范办公楼二层东办公、居住。原状陈列。

　　牺盟会军政训练科办公室　1936年～1937年，在国民师范学校办公楼二层西的办公室。原状陈列。

　　薄一波生平业绩展　展览分三篇三十三章。反映了薄一波从青少年时代投身革命直至晚年壮心不已继续为党为国家作贡献的光辉历程。

珍贵藏品

　　毛呢大衣　是毛主席亲自赠给赵宗复的一件藏青色粗呢毛呢大衣。它是陕甘宁边区抗日革命根据地进入最困难阶段由延安生产的。

　　牺盟会会章　圆形，直径3厘米，地球底呈蓝色，中国地图版图在画面正中呈绿色，其中东三省呈红色，在中国地图上有牺牲救国4个黑体字，背面有编号。

　　袖珍中国地图册　我国各省地图册，山西新军所用。

特色活动

　　《牺盟战歌》大合唱　山西国民师范纪念馆合唱团成立于2005年，主要演唱红色经典歌曲。《牺盟战歌》是人民音乐家冼星海于1940年春创作的声乐合唱套曲，由牺盟会员傅东岱作词。

基本信息

　　地　　址：山西省太原市五一路276号
　　开放时间：淡季8:30～12:00，14:30～17:30
　　　　　　　旺季8:00～12:00，14:00～17:30
　　邮　　编：030009
　　电　　话：0351-2678563
　　传　　真：0351-2678566

左权麻田八路军总部纪念馆

基本陈列

纪念馆所依托的麻田八路军总部旧址,抗战时期曾是中共中央北方局、八路军总部、129师师部等党、政、军首脑机关驻地。纪念馆**基本陈列**以旧址复原陈列为主,辅以革命文物和图片展示,把讲述革命故事作为爱国主义教育的主要内容。

珍贵藏品

皮箱 邓小平警卫人员当年用过的实物。
毛毡 邓小平当年用过的实物。
金笔和怀表 彭德怀当年用过的实物。
马鞍 左权当年用过的实物。

特色活动

红色节目演出 2003年成立了麻田八路军总部纪念馆红色艺术团,以在纪念馆为游人演出为主,外出巡回演出为辅。五年来,红色艺术团先后赴上海、北京和湖南、江西革命老区,下农村,进校园共计演出800余场,受到了广大观众和游人的高度评价,收到了良好的社会效应,使我馆的革命传统教育更为生动化,更加深入化。

基本信息

地　　址：山西省左权县麻田镇麻田村
交通线路：左权—麻田
开放时间：8:00～16:00
邮　　编：032600
电　　话：0354-8855870
传　　真：0354-8855870

晋绥边区革命纪念馆

基本陈列

分为原状陈列和辅助陈列。**原状陈列**有：毛泽东、周恩来、任弼时、贺龙等同志的路居、旧居、晋绥干部会议会址、六柳亭等。**辅助陈列**有：晋绥边区革命斗争史陈列室（1~6）、毛主席在蔡家崖革命活动纪念展览、刘少奇同志纪念展室、贺元帅生平事迹展览、党和国家领导人视察题词展室、贺龙元帅汉白玉塑像等。

珍贵藏品

炮衣、机枪套 当年八路军行军过程中，为保护枪械设备不受损坏而制作的武器保护外套。

八路军军服 呈浅灰色，材料为当时做工粗制的棉麻布。

缴获的日军炮车车轮 当年缴获的日军炮车车轮，是日军进犯晋绥边区铁的罪证。

兵工厂机械制造工具 当年八路军120师兵工厂制造枪支弹药时用过的部分工具。

特色活动

红色旅游推介文艺晚会 为塑造红色旅游经典景区，扩大晋绥边区革命纪念馆在社会上的知名度、影响力，倾力打造全国文博系统亮点景区、品牌形象，我馆举办丰富多彩、形式多样的推介文艺晚会，极大地推动了红色旅游的爱国主义教育基地职能作用。

基本信息

地　　址：山西省吕梁市兴县蔡家崖村
交通线路：太原—兴县
开放时间：淡季8:00~18:00　旺季8:00~19:00
邮　　编：033600
电　　话：0358-6330009
传　　真：0358-6330038
邮　　箱：zjm1116@126.com

内蒙古博物院

基本陈列

立足于自治区丰厚的古生物化石、现生生物、历史文物、民族文物等资源优势,以"草原文化"为主题思想贯穿全部基本陈列和专题陈列,形成"草原文化系列展览",分布于博物院14个陈列。《远古世界》、《高原壮阔》、《地下宝藏》、《飞天神舟》四个基本陈列介绍恐龙等古生物化石、现代动物、矿产和航天事业;《草原雄风》、《草原天骄》、《草原风情》、《草原烽火》四个基本陈列以板块串珠形式展示草原文化从古代到近代再到现代的纵向发展线条,简明、生动、通俗易懂;《草原日出》、《风云骑士》、《草原服饰》、《苍穹旋律》、《草原华章》、《古道遗珍》六个专题陈列以亮点聚焦方式呈现草原文化六大精彩之处,清新庄重,雅俗共赏。陈列多方位,多角度,纵横交错,点面结合,系统描述了内蒙古的完整形象。

珍贵藏品

查干诺尔龙 身长26米,高

达12米,体重逾60吨,是亚洲白垩纪最大的恐龙,以其发现地查干诺尔碱矿而被命名为"查干诺尔龙"。

匈奴王冠 国宝级文物。黄金制成,重1394克,是迄今发现的唯一一件匈奴单于金冠。金冠由金鹰和冠带两部分组成,上面浮雕有羊和狼的图案,雄鹰站在半球形金冠顶上,俯视着冠带上狼与羊搏斗的情景。

钧窑香炉 高42.7厘米,改变了"钧不过尺"的传统认识。香炉腹颈之间有一块方形题记"己酉年九月十五日小宋自造香炉一个"。流釉重叠如涕,釉色纯正浓郁,釉纹深沉多变,釉质乳浊莹润;花纹秀丽,别具豪迈的风格和雄浑的气魄,堪称"国之瑰宝"。

辽代珍贵文物 契丹民族将草原文化发展到一个新的高峰。伴随着辽代重大考古发现,出土了大量珍贵的文物,有金银器、玻璃器、玛瑙器、漆器等,成为内蒙古博物院大量文物中浓墨重彩的一笔。

特色活动

"欢乐大课堂"智力竞赛 是以陈列讲解内容为主、针对大中小学生的互动活动。活动以参与互动为主,知识问答为辅。竞赛有化石鉴定,现场纺线,蒙古式摔跤比赛,民族服装制作等一系列让学生们亲身参与的环节。

"学生综合实践课" 是旨在依托博物院文物资源优势,弥补传统课堂教育不足,提高学生动手操作能力及综合素质而开辟的"第二课堂",包括化石形成与发掘包装,陶瓷制作,纺线织布,蒙古包搭建,奶制品制作等。

小讲解员培训班 是针对中小学生开展的学生实践活动。小讲解员可以利用课余时间,通过对自己感兴趣的展厅的参观、学习,提高综合素质。

民族礼俗演示 内容包括:敬献哈达,演示蒙古族长调,表演马头琴等,使观众以更近距离更直观的方式,感受草原文化的魅力与风采。

基本信息

地　　址:内蒙古自治区呼和浩特市东二环与新华东街交汇处西北侧
开放时间:淡季9:30~17:00　旺季9:00~17:30
邮　　编:010050
电　　话:0471-4614000　4614333　4612626
传　　真:0471-4614333

辽宁省博物馆

基本陈列

《辽河文明展》 汇集了从28万年前的营口金牛山人骨化石直到清前期的满族文物遗存在内的近1500余件文物，是辽宁文博界50余年来考古发掘成果和学术研究成果的集中展现。展览分为"文明曙光"、"商周北土"、"华夏一统"、"契丹王朝"、"满族崛起"五个专题，系统、生动、形象地展示辽河流域文明的起源与发展演变过程，以及在中华文明形成与发展过程中所占的重要地位。展品数量丰富，体系完整，大量展品为首次公开展出。

珍贵藏品

赵佶《瑞鹤图》 赵佶（1082～1135年），即宋徽宗。他在诗、书、画方面表现出卓越的才能。在位25年间，广罗历代法书名画进入内府，著录于《宣和画谱》、《宣和书谱》中。政和二年（1112年），汴京（今开封）宫城端门上空突现群鹤云集。宋徽宗有感于祥和，随即将这绮丽的景象画了出来，以他独具一格的"瘦金体"楷书记叙了当时的情景，并书即兴诗。此卷将诗文、书法、绘画结为一体，构成完美的艺术境界。

张萱《虢国夫人游春图》 张萱是盛唐时代的人物画家，真迹现已无存。这幅作品是北宋徽宗时期画院画家临摹原作而成，因而有较多盛唐时代的气息，又有精微而雅逸的北宋绘画风格，画面充满了唐代大诗人杜甫在《丽人行》中所描述的意境。

耀州窑青瓷飞鱼形水盂 辽代。该器物造型独特、烧制技术一流，堪称中国陶瓷中的精品。胎体纯白，胎质细致坚硬，器内外均施青釉，釉色晶莹素洁。通体作龙鱼形，龙首鱼身。

周昉《簪花仕女图》 唐代。绢本。《簪花仕女图》是中国古代书画中的璀璨明珠，虽历经1200余年的兵燹浩劫，至今保存完好，是辽宁省博物馆的"镇馆之宝"。

特色活动

本馆利用场地优势和人才优势,围绕地方历史文化、馆藏文物和各种专题展览,定期举办历史文物知识公益讲座。

基本信息

地　　址：辽宁省沈阳市市府大路363号（市政府广场东侧）

交通路线：乘115路、140路、214路、215路、216路、221路、228路、230路、243路、244路、248路、257路、260路、291路、265路、293路、800路公交车至市政府广场站（或沈阳市中级法院站）

开放时间：9:00～17:00（16:00停止入馆）

闭 馆 日：星期一（法定假日除外）

邮　　编：467002

电　　话：024-22741193　82721166转6551

传　　真：024-22722170

邮　　箱：lbywb_6801@163.com

沈阳市"九·一八"历史博物馆

基本陈列

"九·一八"历史博物馆是国内唯一全面反映"九·一八"事变史的大型纪念性历史博物馆。基本陈列《"九·一八"历史陈列》以"九·一八"事变和东北人民的抗日斗争为主线，综合运用历史文物、历史照片、文献史料与声光电等高科技陈列手段，真实再现了1931年日本军国主义发动"九·一八"事变后，东北人民惨遭日本军国主义侵略，继而奋起抗争并最终取得胜利的历史画卷。

珍贵藏品

藏品4000余件，以近现代文物，尤其是涉及"九·一八"事变历史的相关实物、资料为主，如东北抗日军民使用过的武器及生活用品，侵华日军使用的武器军品，日本军国主义武装侵略、移民侵略及经济侵略的实物及资料等等，具有较高的史料价值、研究价值和收藏价值。

特色活动

1999年改扩建后的博物馆在残历碑前设置一口"警世钟"，此后每年9月18日夜，都会在此举行撞钟鸣警仪式，警示世人勿忘国耻。2006年起，在"九·一八"事变发生纪念日，辽宁省14个城市同步拉响防空警报，共同铭记那段历史。

基本信息

地　　址：辽宁省沈阳市大东区望花南街46号
交通线路：126、212、253、298、299、325、328等路公交车
开放时间：冬季9:00～16:30　夏季8:30～17:00（闭馆前一个小时停止入馆）
闭 馆 日：星期一
邮　　编：110044
电　　话：024-88331017
传　　真：024-88331017
邮　　箱：918-museum@163.com
网　　址：www.918museum.org.cn

抚顺平顶山惨案遗址纪念馆

基本陈列

抚顺平顶山惨案纪念馆由主题雕塑"毁灭"、平顶山惨案陈列馆、平顶山殉难同胞纪念碑、平顶山惨案遗址和幸存者证词碑苑五部分构成。

基本陈列由序厅和"东北沦陷 辽东抗战"、"日军暴行 惨绝人寰"、"铁证如山 正义审判"、"以史为鉴 警钟常鸣"四个部分组成。其展品主要分三大部分,一是在屠杀现场(平顶山惨案遗址)发掘出土的遇难者遗物和日军屠杀用的子弹头、子弹壳和子弹夹等;二是历年来征集的有关日本关东军轻武器、军服、日伪时期画报、书刊、资料,"满铁"抚顺炭矿实物资料、抚顺日伪时期老照片、日伪档案复制品等;三是中外观众、学者参观资料,日本友人赠品,介绍、研究平顶山惨案的书刊资料等。

平顶山惨案遗址,是我国目前保存较完好的日军大屠杀的现场遗址,是日本侵略者屠杀中国平民的铁证。"遗址馆"陈列的800多具遇难者遗骸是1970年在屠杀现场发掘出土并就地进行陈列的。死难者中有男女老幼,尸骨纵横叠压,分布在南北长约80米,东西宽约6米的范围之内。从发掘出的尸骨可以看出当年中国平民被屠杀时的惨状。

珍贵藏品

日军屠杀时留下的弹头、弹壳、弹夹、炭化的月饼、果壳饭团、儿童佩戴的长命锁,死难者留下的怀表、矿工用的饭票及首饰、耳环、戒指等一些日常生活用品。

基本信息

地　　址：辽宁省抚顺市东洲区南昌路平山街17号
交通线路：乘6路、502路环路公交车至平山街站
开放时间：9:00～16:00
邮　　编：113008
电　　话：0413-4250072
传　　真：0413-4256780

抗美援朝纪念馆

基本陈列

作为全国唯一的全面反映抗美援朝战争历史的专题纪念馆，**基本陈列**突出"抗美援朝　保家卫国"的主题，通过翔实的历史资料和学术研究的最新成果，精选600余幅珍贵的抗美援朝历史照片，1000多件文物，综合运用版面、景观、沙盘、模型、复原陈列等先进的展示手段，真实、准确、全面地反映了抗美援朝战争的辉煌历史和志愿军的丰功伟绩。

珍贵藏品

一级自由独立勋章　朝鲜民主主义人民共和国授予中国人民志愿军副司令员兼后勤司令员洪学智的一级自由独立勋章。

照相机　是原中国人民志愿军参谋长解方在朝鲜停战谈判中使用的。为苏制基辅牌照相机。

一级国旗勋章　中国人民志愿军副司令员邓华荣获的一级国旗勋章。

特色活动

作为抗美援朝纪念馆外环境设施之一的国防教育园，是集教育、娱乐、休闲于一体的大型多功能综合园，内设有多种军事娱乐项目。

基本信息

地　　址：辽宁省丹东市振兴区山上街7号
交通线路：乘1路、3路、24路公交车至制药厂站，乘22路公交车至抗美援朝纪念馆站
开放时间：9:00～16:00
闭 馆 日：星期一
邮　　编：118000
电　　话：0415-3876326　3876319（投诉）
传　　真：0415-2152784
邮　　箱：kmycjng@126.com
网　　址：http://www.kmyc.china5000.cn

辽沈战役纪念馆

基本陈列

辽沈战役纪念馆基本陈列设有序厅和战史馆、支前馆、英烈馆、全景画馆四个专题馆。序厅主题雕塑《决战决胜》体现了整个陈列主题；战史馆陈列分"东北战局"、"辽沈战役"两大部分，共八个单元；支前馆陈列分"加强组织领导 支援解放战争"、"发展生产 保障供给"、"保家保田 参军参战"、"执行战勤 拥军优属"4个部分；英烈馆陈列分"领导人题词"、"英模风范 彪炳千秋"、"英烈风采 永垂青史"、"缅怀先烈 继承遗志"四个部分；全景画馆则通过绘画、塑形、灯光、音响等多种艺术手段，以及利用幻影成像、多媒体投影技术等高科技展示手段，形象地展示了辽沈战役的关键性战役——攻克锦州的宏大战争场景，成为陈列中的一大亮点。

珍贵藏品

辽沈战役纪念馆现有国家一级革命文物25件，均系东北三年解放战争时期保存下来的，其中包括陈云在1947年坚持南满斗争时，辽东军区后勤部长唐凯送给他的棉背心；东北野战军政委罗荣桓在抗日战争、解放战争时期使用的望远镜；东北野战军参谋长刘亚楼在解放战争时期使用的望远镜；东北局书记彭真1945年介绍于克去长春附近工作时签署的党员证明书，由伍修权翻译成俄文，以便通过苏联红军驻地时使用。

基本信息

地　　址：辽宁省锦州市凌河区北京路五段1号
交通线路：乘111、环路、121、112路公交车至辽沈战役纪念馆站
开放时间：9:00～13:30
闭 馆 日：星期一
邮　　编：121001
电　　话：0416-3839788　3839705　3839610（投诉）
传　　真：0416-3839801
邮　　箱：liaoshenzhanyi@163.com
网　　址：www.jzlszy.com

东北抗联史实陈列馆

基本陈列

东北抗联史实陈列馆总占地面积6.9公顷，建筑面积5040平方米，陈列面积3000平方米，为国内规模最大、内容最广、史料最全的抗联题材展馆。

展览以"林海雪原 抗联英雄"为主题，通过大量的历史照片、图表、文物，以及主题雕塑、场景复原等陈列形式，全面系统地反映了东北抗日联军14年的艰苦斗争历史，生动再现了抗联将士惊天地、泣鬼神的英雄壮举。

珍贵藏品

东北抗联史实陈列馆珍藏大量的抗联文物，其中包括杨靖宇、周保中、宋铁岩、邓铁梅等将领使用过的珍贵物品。

靖宇马刀 杨靖宇将军当年在"外三堡"（本溪、桓仁、新宾三县交界处）一带活动时，指挥马队作战时使用过的马刀。

神龟砚台 九·一八事变后周保中来到东北后使用过的砚台。龟盖内侧刻有"九一八，33年保中留念"字样。

四川币 1931年周保中被派到北满省委工作，此币为周保中到哈尔滨与罗登贤接头时的信物。

特色活动

革命传统教育活动 利用"清明节"、"七一"、"八一"、"十一"、"东北光复"等节日，开展形式多样的爱党、爱国及"弘扬抗联精神 振兴中华伟业"主题教育活动。

基本信息

地　　址：辽宁省本溪满族自治县
交通线路：本溪县－小市镇
开放时间：冬季9:00～15:30　夏季8:30～16:30
闭 馆 日：星期一
邮　　编：117100
电　　话：0414-6854706（传真）　6853010（接待部）　6854706（投诉）
邮　　箱：dbklbgs@163.com

吉林省博物院

基本陈列

《旗装雅韵》 清代是中国古代服饰文化发展的繁荣时期,是服饰历史上继"胡服骑射"、"开放唐装"之后的第三次突变。无论款式品种、衣着特点都直接影响了我国近现代服饰文化的演变和发展,是中国服饰发展的一个重要历史阶段。展览遴选吉林省博物院藏清代服饰一百多件,展示了清代满族服饰的独特风景。

《走进契丹·女真人的生活》 契丹和女真是历史上活跃在我国东北地区的两个重要的少数民族。她们分别于907年和1115年建立政权,先后与五代、北宋和南宋对峙,统治我国北方大部分地区长达三个世纪。今天吉林省的行政辖区,是当年这两个民族活动的腹心区域,地上地下遗留下了丰富的遗物。陈列的展品是近年来考古发掘出土的部分文物,采用通俗文化学的手法将其展示。

珍贵藏品

苏轼《二赋》 北宋。纵28.3厘米、横306.3厘米。纸本。苏轼(1037～1101年),北宋著名文学家、诗人和书画家,为"唐朱八大家"之一。其行、楷书得力于李邕、颜真卿和杨凝式而自成一家。用笔丰腴跌宕,有天真烂漫之趣。后人称他与黄庭坚、米芾、蔡襄为"北宋四大家"。著作丰富,有《东坡全集》等传世。

青花云龙纹高足碗 元代。高11.4厘米、口径13厘米。青花色泽青翠浓艳,线条流畅有力,堪称元代青花瓷器中的珍品。

汉白玉耳杯 高句丽(汉)。高3.2、口长13、口宽9.5厘米。在古代,耳杯用于盛酒或羹,亦称"羽觞"。实用耳杯多为漆器,亦有陶质的,玉制耳杯为数甚少。此耳杯玉质光润晶莹，富丽端庄，系用新疆和田玉磨制而成。其形制与满城汉墓出土的料耳杯相似，当为汉代畿内工匠的杰作。可能是中央王朝馈赠之物。

错金银"丙午神钩" 东汉。长15.7厘米。首部似鹰，钩身作鸟喙神人，尾部作飞鸟。背面中部有一凸起的圆钮。上部腹面错金铭文"丙午神钩，君必高迁"八字。下部饰飞凤。造型优美，铸工精巧。加之通体错金银，镶嵌宝石，是一件十分罕见的珍贵工艺品。

特色活动

志愿者多语种讲解和多媒体互动。

基本信息

地　　址：吉林省长春市人民大街3188号
交通线路：乘6路、306路、9路、13路、16路、17路、254路、283路公交车至网通大厦站
开放时间：9:00～16:00（15:30停止入馆）
闭 馆 日：星期一
邮　　编：130041
电　　话：0431-88911462
传　　真：0431-88911464
邮　　箱：bwy@jlmuseum.org
网　　址：Http://www.jlmuseum.org

四平战役纪念馆

基本陈列

《四战四平历史陈列》分为序厅、战史厅、支前厅、英烈厅、半景画馆五大部分,展陈面积2700平方米,共展出文物、史料、图片近2000件,展示了四战四平的恢宏历史画卷。

珍贵藏品

马仁兴工作手册 为东北民主联军辽吉纵队独立一师师长马仁兴烈士的工作日记。日记记录了1945~1947年间部队作战情况等诸多事项,是四平战役的珍贵历史资料。

"四平突击队"奖旗 东北民主联军一纵三师八团五连因在四平攻坚战中战功卓著而获得的奖旗。奖旗上有"四平突击队"五个字。

"功臣之家"牌匾 是1948年2月哈尔滨太平区政府赠给在四平收复战中荣立大功的战斗英雄秦福海家的。它是东北解放战争时期根据地人民拥军优属的重要历史见证。

毛泽东奖章 为东北民主联军特级战斗英雄赵文才荣获的。他在1947年四平攻坚战中一人俘敌11人,并连续多次完成爆破任务,后壮烈牺牲。部队党委追认他为特级战斗英雄,并追授此奖章。

基本信息

地　　址：吉林省四平市公园北街英雄广场内
交通线路：21、22、23、25、28路小公交车
开放时间：淡季8:30~16:00(15:30停止入馆)
　　　　　旺季8:30~17:00(16:00停止入馆)
邮　　编：136000
电　　话：0434-5016927　5010555
传　　真：0434-5010555
邮　　箱：spzyjng2008@163.com

日伪统治时期辽源煤矿死难矿工文物馆

基本陈列

辽源矿工墓,是东北沦陷时期日本帝国主义在辽源煤矿建立的东城采炭所方家柜埋葬死难矿工的墓地。此处墓地遗址现有七处尸骨展馆和一处"炼人炉"遗址,比较完好地保存着197具死难矿工的遗骨。

1055平方米的"日伪统治时期辽源矿工墓陈列馆",利用现代化的展示手法,以真实详尽的历史资料和照片、实物,再现了日本帝国主义疯狂掠夺我国煤炭资源,残害我国同胞的历史。

珍贵藏品

第四尸骨展馆 此馆为矿工墓七处尸骨陈列馆中最大的一处,名为"排排尸骨"。在墓地的东南坡,仅296平方米的范围内,竟挖掘出三排死难矿工遗骨,共计179具。尸骨肩靠肩,腿挨腿。经专家鉴定,有30多具是童工的遗骨。此处遗址具有极强的视觉震撼力,令人触目惊心。

牛世清的工票 国家一级文物。这张工票是1963年祭扫时发现的。工票记载了主人的名字叫牛世清。这张欠账的工票从一个侧面真实记录了当时日本侵略者及汉奸把头怎样敲骨吸髓地剥削中国的矿工。

特色活动

请老矿工讲家史 在特殊的日子,请老矿工讲家史,唤醒人们对美好生活的渴望与珍惜。

基本信息

地　　址:吉林省辽源市西安区安家街安仁路36号
交通线路:乘18路公交车至终点站
开放时间:8:30～16:30
闭 馆 日:星期一
邮　　编:136200
电话传真:0437-3184246
邮　　箱:kuanggongmu2005@yahoo.com.cn

黑龙江省博物馆

基本陈列

　　黑龙江省博物馆建筑面积7000多平方米。主体建筑是1904年修建的一幢古典俄罗斯式楼房,耸立着塔式尖顶。陈列面积包括临时展览为3000平方米,库房面积近3000平方米。馆设有自然部、历史部、保管部、群众工作部、陈列制作部、办公室、业务技术室、集体企业科,附设一个文博服务社。

　　基本陈列有《黑龙江古代历史文物陈列》、《动物陈列》和《古动物陈列》。

　　《黑龙江古代历史文物陈列》　展出面积450平方米,分为《黑龙江的原始文化》、《唐代渤海时期的黑龙江》、《辽、金时期的黑龙江》、《元、明、清时期的黑龙江》4部分。以900多件文物为主,辅以图、表、照片、文录,揭示黑龙江历史的发展概况。省内各遗址出土的大量细石器,印证了公元前12世纪居住在白山黑水间的肃慎族向当时中原地区的周王朝"贡楛矢、石砮"的文献记载。从渤海遗址出土的文物,证明1000多年前,这里的地方政权隶属于唐。几十件铜镜和铜印上面或刻汉字的作坊号、官府签押文,或有汉字九叠篆书的印文,都是中国历代王朝对黑龙江流域行使管辖权的证据。

　　《动物陈列》　面积750平方米,陈列标本重点突出该省特产动物,也有少量世界珍稀动物，如丹顶鹤、东北虎。对重点展品多用生态景箱展出，使观众有身临其境之感。

《**古动物陈列**》　面积480平方米，重点展品中有黑龙江平头鸭嘴龙（见图）、披毛犀和松花江猛犸象大型骨骼化石，它们都是该馆在中华人民共和国建立后发掘的。富拉尔基出土的披毛犀，高1.82米，长3.67米，出土时十分完整，脚上的小指（趾）骨都保存齐全，在国内同类标本中是较大、较完整的个体，被定为一级标本。松花江边肇源县出土的猛犸象化石骨架，全长5.45米，高3.33米，是中国第一具较完整的猛犸象化石。

珍贵藏品

黑龙江省博物馆收藏文物标本107400多件，其中一级藏品84件，一级标本1件。此外有图书4万册。馆藏自然标本较多。岩石、矿物、土壤、动植物和古生物化石标本共7万多件。历史文物、少数民族文物及绘画等共有3万多件。金代文物和赫哲族文物较为丰富。字画以现代画为重点，著名艺术大师潘天寿的作品收藏较多。"北大荒"版画早期的代表作也是馆藏特点。

基本信息

地　　址：黑龙江省哈尔滨市南岗区红军街64号

交通线路：位于市中心，交通非常便利

开放时间：淡季9:00～16:00（15:00停止入馆）

　　　　　旺季9:00～16:30（15:00停止入馆）

邮　　编：150001

电　　话：0451-53644151

传　　真：0451-53622745

邮　　箱：kevintong2001@163.com

网　　址：www.hljmuseum.cn

东北烈士纪念馆

基本陈列

《黑土英魂——东北抗日战争时期烈士事迹陈列》 展览分为序厅和五个部分。展示了在东北14年艰苦卓绝的抗日战争中,为中华民族的独立和解放英勇不屈、浴血奋战、前仆后继的抗日英烈的事迹。

《伪满哈尔滨警察厅遗址及罪恶展》通过展示伪满哈尔滨警察厅在政治、经济、思想、文化等方面对哈尔滨地区人民的残暴统治,来揭露日本侵略者在政治上残酷镇压东北人民,在经济上不择手段掠夺财富,在思想文化上进行专制统治的殖民统治罪行。

珍贵藏品

馆藏的反映东北抗联斗争生活的文物,包含了抗联军事斗争、密营生活、文化学习、群众支援等各个方面,包括有杨靖宇穿过的大衫、赵尚志用过的手枪、赵一曼用过的大碗及写给宁儿的信、李兆麟牺牲时穿过的血衣等珍贵革命文物。侵华日军"七三一部队"的细菌弹弹壳,是侵华日军暴行的罪证。

基本信息

地　　址：黑龙江省哈尔滨市南岗区一曼街241号
交通线路：2路、8路、89路、105路、107路、108路、109路、115路、201路公交车
开放时间：9:00～16:30（16:00停止入馆）
闭 馆 日：星期一
邮　　编：150001
电　　话：0451-53643712
传　　真：0451-53627135
邮　　箱：dl1948@163.com
网　　址：dl1948.com.cn

侵华日军第七三一细菌部队罪证陈列馆

基本陈列

以原七三一部队"本部大楼"作为基本陈列厅对外开放，总面积1500平方米、15个展厅；室外为遗址参观区。这里以大量的图证、物证、实证，控诉了七三一部队的血腥罪行，揭露了七三一部队的建立、扩张和灭亡史。

陈列以铁的事实揭露侵华日军惨无人道的暴行。七三一遗址是二战时期最大规模的以健康人为试验对象，进行生物武器研究、试验和生产的的历史见证地，是迄今为止世界上进行最大规模生物战的指挥中心。现存的生物武器研制中心"四方楼"遗址、"动力班"、"冻伤试验室"、"小动物地下饲养室"、"黄鼠饲养室"等遗址，以铁的事实向世人揭露了侵华日军的残酷暴行。

珍贵藏品

七三一陈列馆现展出藏品100余件，最为珍贵的展品有细菌弹、地界碑、细菌实验用具等，这些展品揭露了七三一部队从建立到灭亡惨无人道的罪行。

基本信息

地　　址：黑龙江省哈尔滨市平房区新疆大街25号
交通线路：乘338路、343路至新疆大街站
开放时间：9:00～11:30（11:00停止入馆）
　　　　　13:00～16:00（15:00停止入馆）
邮　　编：150060
电　　话：0451-86801556（投诉）
传　　真：0451-86811852
邮　　箱：museum731@yahoo.com.cn
网　　址：www.731museum.org

宁安市马骏纪念馆

基本陈列

《马骏烈士生平事迹陈列》 以马骏三次被捕入狱的经历事件为重点展现马骏在宁安、吉林、天津、北京的革命活动，突出马骏及其所领导的天津学生联合会，在"五·四运动"中的先锋作用，和对中国革命胜利产生的历史意义。展陈设置了8个单元，着重体现了马骏爱国、爱党、爱民的精神内涵。运用创作画、沙盘、模型，模拟场景、突出亮点、增强可看性。通过话剧播放，增强感染力和宣传效果。

《宁安历史文物陈列》 采用编年体与专题相结合的方式，设置了"多样的资源"、"悠久的历史"、"传奇的人物"、"辉煌的成就"四部分。以满族发展过程为主线，展示多民族的民俗文化。

珍贵藏品

马骏纪念馆现展出739件展品。最为珍贵的有："五·四运动"中留日同学会赠给马骏的留日纪念章，马骏设计并使用的书柜、书桌，开展地下革命活动的接头标志物茶瓶、念珠。这些文物从不同侧面，介绍了革命先烈为中华民族解放、唤醒民众，奔走呼号，英勇献身的光辉业绩。

基本信息

地　　址：黑龙江省宁安市宁安镇马骏街
交通线路：1、2路公交车
开放时间：淡季9:00～16:30（16:00停止入馆）
　　　　　旺季8:30～17:30（16:30停止入馆）
邮　　编：157400
电　　话：0453-7625474
传　　真：0453-7625474
邮　　箱：mj1895@163.com

爱辉历史陈列馆

基本陈列

展示的是黑龙江流域从有人类出现直到今天的历史，重点是17世纪中叶到20世纪初的中俄东部关系史。主要核心是1689年中俄《尼布楚条约》、1858年中俄《瑷珲条约》签订前后两国领土演变的历史。陈列以遗址、建筑、陈列三位一体，互补强化，交相辉映为鲜明特色，充分体现出强烈的爱国主义主题。整体陈列，特别是其中的"桂古达尔城大屠杀"景箱，签订《尼布楚条约》、《瑷珲条约》两组大型超写实雕塑场景，"海兰泡惨案"半景画，以及"瑷珲被毁"大型开放式场景等，艺术水平高，科技含量大，视觉冲击力强，给观众以强烈震撼。

珍贵藏品

爱辉历史陈列馆共有藏品三万余件，主要展示的有：黑龙江流域原住民族生产、生活及历史发展的系列文物，如：神偶、萨满服、织绣品、皮袍、帽子、古生物化石、新石器等，有力地证明了黑龙江流域原住民族及其文化与中国中原民族及文化千丝万缕、密不可分的联系。

反映中俄领土演变的系列文物则明确了沙俄侵占黑龙江流域领土的事实和我国军民捍卫国家主权和领土完整的历史，如：我国军民抗击沙俄使用过的"吉林制造"子弹、大刀、长矛等。

《尼布楚条约》、《瑷珲条约》、"海兰泡惨案"、"六十四屯屠杀"的佐证文物对中俄东部关系史上的重大事件均有明晰的阐释，如：文书、图片、回忆录等。

中俄友好的证章、文件、文献等文物又见证了健康发展的中俄关系。

基本信息

地　　址：黑龙江省黑河市爱辉镇
交通线路：黑河至爱辉班车
开放时间：淡季8:30～16:30(16:00停止入馆)
　　　　　旺季8:00～17:00(16:30停止入馆)
邮　　编：164312
电　　话：0456-8211007　8211007-8006（投诉）
传　　真：0456-8201906
网　　址：www.aihui1858.com

侵华日军东宁要塞

基本陈列

以日本帝国主义在中国犯下的滔天罪行和中苏人民共同抗敌为重点，采用编年体与专题相结合的展陈方式，充分吸纳了对日本帝国主义侵略中国，以及对要塞劳工、"慰安妇"和日本关东军遗留的炸弹伤害中国平民的研究成果等，着重体现了和平与发展两大主题和内涵。

紧扣展陈内容突出单元主题。一是每个单元都紧扣各自主题，在表现手法上有创意；二是结合各单元的内容，精选文物，精心组合，以文物突出主题；三是各单元都设置必要的场景，烘托主题，增强感染力和宣传效果。

珍贵藏品

东宁县要塞博物馆共有馆藏文物5000多件，现展出819件，最为珍贵的有东夏天泰年"祥州节度使印"，日本关东军使用的93式火焰喷射器等等。这些文物从不同的侧面介绍了东宁各个时期的历史，以及东宁要塞作为第二次世界大战最后战场的历史地位和在抗日战争、世界反法西斯战争中的重要作用。

基本信息

地　　址：黑龙江省东宁县三岔口镇南山村
交通线路：8路公交车
开放时间：淡季8:30～16:30　旺季8:00～17:30
邮　　编：157200
电　　话：0453-3631630
传　　真：0453-3636043
邮　　箱：dongningyaosai1@163.com

上海博物馆

基本陈列

上海博物馆现设中国古代青铜馆、中国古代雕塑馆、中国古代陶瓷馆、暂得楼陶瓷馆、中国历代绘画馆、中国历代书法馆、中国历代玺印馆、中国古代玉器馆、中国明清家具馆、中国少数民族工艺馆、中国历代钱币馆等共11个陈列专馆。其中青铜馆陈列的文物上自夏代二里头文化，下迄战国，形成完整体系，有许多是流传有序、著称于世的重器，如西周大克鼎、春秋晚期牺尊；陶瓷陈列从新石器时代的彩陶与灰陶，至魏晋南北朝青瓷、宋代五大名窑瓷器，最后到集大成的景德镇官窑瓷器，完整展示了中国陶瓷艺术的发展历程；绘画馆陈列历代绘画精品，反映了中国绘画的悠久传统和深厚底蕴；书法馆作为独立专馆，是上海博物馆陈列的新成果，重点突出唐宋以降各个时代的名家手迹。

珍贵藏品

大克鼎 西周。1890年出土。腹内壁铸有长篇铭文28行290字，是少见的金文书法杰作，同时又是研究西周社会政治经济状况的宝贵资料，具有极高的历史文献价值。

哥窑五足洗 哥窑是宋代五大名窑之一。此洗古雅质朴，内外施釉，大开片呈黑褐色，小开片呈米黄色，两种纹片犹似"金丝铁线"纵横交织在一起。器心有6个支钉痕。圈足内施酱色釉，制作规整，是传世哥窑的典型器。

怀素《苦笋帖》 唐代。纵25.1厘米，横12厘

米，绢本，为以草书著称的杰出书家怀素的传世著名墨迹。《苦笋帖》锋正字圆，神采飞动，同时还有"一笔书"的特点，连笔成字，一挥而就，有奔流直下、一气呵成之势。

特色活动

公众讲座 上海博物馆新馆建成开放后始终致力于举办多种类型的社会讲座。这些讲座主要按照文物讲座、文物与文化讲座、专题讲座和展览讲座等几大板块来组织，通过年度教育活动手册、年度讲座单片、上海博物馆网站、大堂海报、东方讲坛网站、96968686等多种渠道进行宣传，并且注意突出讲座的系列性，在实践中形成了一定的集群效应，由此拥有了一批稳定的听众群，取得了良好的社会效应。

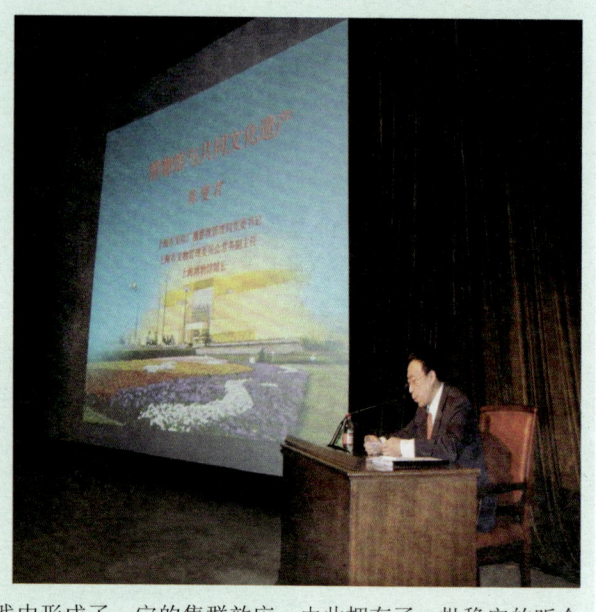

基本信息

地　　址：上海市人民大道201号
交通线路：地铁一号线、二号线、八号线，公交车46、71、112、123、145、925、936、952路，隧道六线等至人民广场站
开放时间：9:00～17:00（16:00停止入馆）
邮　　编：200003
电　　话：021-63723500
传　　真：021-63728522
邮　　箱：webmaster@shanghaimuseum.net
网　　址：www.shanghaimuseum.net

中共"一大"会址纪念馆

基本陈列

　　由原状陈列和辅助陈列两部分组成。以**原状陈列**为主体，房间面积18平方米，内部布置也按当年原状恢复。辅助陈列为《中国共产党创建历史文物陈列》。展览厅面积450平方米，文物原件117件。陈列由三部分内容组成：第一部分介绍中国共产党成立的历史背景，第二部分介绍中国共产党早期组织的成立及其活动，第三部分介绍中国共产党第一次全国代表大会。

珍贵藏品

　　公共租界工部局万国商团队徽玻璃框　万国商团，最初建立于1853年4月8日，当时称"上海义勇队"或称"上海商团"，是独立于中国行政系统和法律制度之外的非法武装团体。图案由英、法、美、俄、意大利、丹麦、葡萄牙、奥地利、瑞典、荷兰、西班牙等十二国国旗共同组成。是外国殖民者霸占中国国土和实行殖民统治目的的见证物。

　　《共产党宣言》　1920年8月，中国第一个共产党早期组织建立后，小组成员陈望道根据英、日文版的《共产党宣言》，译出第一个中文全译本，以社会主义研究社的名义出版。《共产党宣言》的出版，有力地推动了中国共产党的创建工作。陈列中展示的是1920年9月出版的《共产党宣言》的再版本。

基本信息

地　　址：上海市黄陂南路374号
交通路线：乘24、109、926路公交车，轨道交通一号线至黄陂南路站
开放时间：9:00～17:00（16:00停止入馆）
邮　　编：200021
电　　话：021-53832171
传　　真：021-63110136
邮　　箱：yidahuizhi@yahoo.com.cn
网　　站：www.zgyd1921.com

上海鲁迅纪念馆

基本陈列

《民族魂》是鲁迅先生的生平陈列。内容分为"新文学开山"、"新人造就者"、"文化播火人"、"精神界战士"、"华夏民族魂"五个专题，分别展现鲁迅在文学创作、培养青年、中外文化交流、社会政治活动等方面的历史功绩以及对中国社会产生的深远影响。在形式设计上强调氛围的营造、内容的表现和互动的强化。如在陈列中特辟135度放映室，通过影视手法多侧面地表现鲁迅作品《野草》的意境和内涵。同时，设置了多处互动点，如三味书屋电动模型、花园庄场景等都可由观众动手操作演示。

珍贵藏品

馆藏文物主要由历年征集以及鲁迅夫人许广平、鲁迅生前友好捐赠组成。现有馆藏文物78000余件，其中包括有《故事新编》全书手稿、《赠邬其山》诗稿、《毁灭》译稿，瞿秋白、丁玲、柔石等的手稿，《共产党宣言》初译本，以及中国现代早期创作的木刻6000余幅等。

特色活动

2007年上海鲁迅纪念馆获得"东方讲座"举办权，每年举办六次以上面向社会公众的讲座活动，并被评为东方讲坛2007年度十大特色项目之一。

基本信息

地　　址：上海市虹口区甜爱路200号（鲁迅公园内）
交通线路：21路、47路、52路、70路、97路、597路、939路公交车，轨道3号线、8号线、旅游10号线、川虹线
开放时间：9:00～17:00（16:00停止入馆）
邮　　编：200081
电　　话：021-65402288转115、210
传　　真：021-56962093

陈云故居暨青浦革命历史纪念馆

基本陈列

陈云故居暨青浦革命历史纪念馆由陈云铜像广场、主馆、陈云故居、长春园、碑廊和附属设施等组成，其基本陈列为主馆内的《陈云生平业绩展览》。

《陈云生平业绩展览》共四个展厅，基本按时间顺序表现陈云伟大、光辉的一生。分为"店员出身的工运领导人"、"在历史转折关头"、"党的组织工作的杰出领导者"、"参加领导东北解放战争"、"社会主义经济建设的开创者和奠基人之一"、"在逆境之中"、"推动拨乱反正"、"参与开创有中国特色的社会主义伟大事业"八个部分。

珍贵藏品

主馆内专设的陈云文物展示室遴选了开馆以来征集的与陈云同志有关的珍贵实物、照片和文献共计61件。有在党的十一届三中全会期间陈云一直使用的，被邓小平称为"能买菜的袋子"的公文提包；伴随陈云走完人生最后一刻的旧手表；1995年4月10日陈云弥留之际向党组织交纳的最后一次党费的收据等等。这些展品从不同侧面再现了陈云同志当年工作、学习、生活的片段。

基本信息

地　　址：上海市青浦区练塘镇朱枫公路3516号
交通路线：由普安路（人民广场）或成都北路（大沽路口）乘沪青专线至青浦城区，转乘青蒸线、青石线或青枫线至练塘镇
开放时间：9:00～16:30（16:00停止入馆）
邮　　编：201715
电　　话：021-59255052　59257178
传　　真：021-59255704
网　　址：http://www.shcrm.com/shcrm/chenyun

南京博物院

基本陈列

有古代珍宝、古代玉器、明清瓷器、古代青铜器、古代陶艺、古代漆艺、云锦等常设专题陈列。古代珍宝馆展示了南京博物院藏金、银、玉、铜、瓷等不同质地的60余件国家一级文物;玉器馆复原了武进寺墩3号墓和昆山赵陵山遗址77号墓的考古发掘现场,再现了以玉器陪葬的新石器时代玉敛葬的概貌;明清官窑瓷器是南京博物院的收藏特色之一。陈列展示了从明洪武至清乾隆历代官窑珍品,其中不乏举世罕见的孤品,如洪武釉里红岁寒三友带盖梅瓶,是现存世界上唯一一件带盖且完整的洪武釉里红梅瓶。

珍贵藏品

南京博物院有各类藏品40余万件,藏品上起旧石器时代,下迄当代,包括石器、陶器、玉器、青铜器、瓷器、书画、织绣、竹木牙雕、民俗和当代艺术品等,其中国家一级以上文物1062件。藏品中,考古发掘品具有很高的历史、艺术和科学价值,其中新石器时代的"玉串饰"、战国时期的"错金银铜壶"、"郢爰",西汉的"金兽",东汉的"广陵王玺"、"错银饰青铜牛灯",东汉的"鎏金镶嵌神兽铜砚盒",西晋的"青瓷神兽尊",南朝的"竹林七贤与荣启期"模印砖画,明代的"釉里红岁寒三友纹梅瓶"等10件藏品为国宝级文物。

错金银重络铜壶 高24厘米,外层通体装饰镂空的缠枝花卉,集错金、错银、镶嵌绿松石等多种精湛工艺于一体。在壶的内口沿、圈足内侧和外侧均刻有铭文,内容为齐宣王五年齐兵伐燕时,齐将陈璋攻下燕都的历史事件,因此也称为"陈璋壶"。

"竹林七贤及荣启期"模印砖画 是迄今为止所发现的最早一幅魏晋人物画的实物,也是现存最早的竹林七贤人物组图。画面中的八人,形神兼备,线条飘逸生动。此砖画是同类砖画中规格最大、内涵最为丰富、保存最为完好的一件。

宣德青花寿山福海纹大瓷炉 胎体厚重,器型高大。外壁绘寿山福海纹,集人文意蕴与高超的制瓷技术于一体,表现出撼人心魄的艺术张力。

特色活动

云锦织机表演 在云锦馆放置一架云锦织机,两个女织工常年现场表演云锦织造工艺。

瓷器釉上彩 参与者在烧好的白瓷上现场绘彩,南博工作人员负责烧制绘好的瓷器。

基本信息

地　　址:江苏省南京市中山东路321号
交通线路:乘公交车5路、9路、36路、51路、55路,游1、游2路至中山门站
开放时间:9:00~16:30
邮　　编:210016
电　　话:025-84802119/2320
传　　真:025-84800448
邮　　箱:njbwy@njmuseum.com
网　　址:www.njmuseum.com

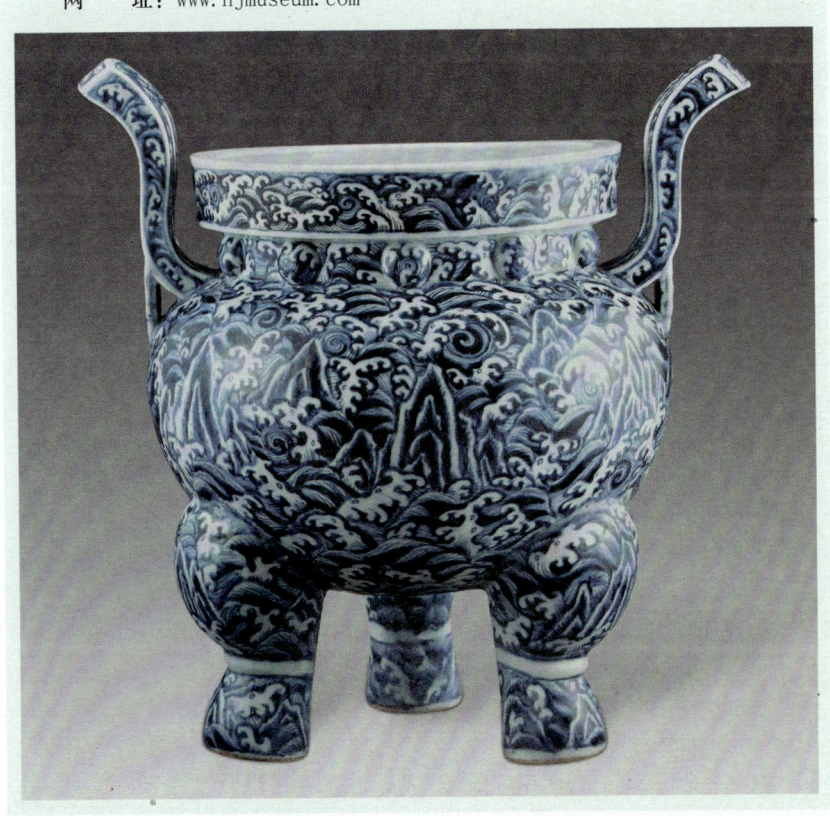

侵华日军南京大屠杀遇难同胞纪念馆

基本陈列

《人类的浩劫——侵华日军南京大屠杀史展览》、《胜利1945》 纪念馆展厅负一层为本馆基本陈列《人类的浩劫——侵华日军南京大屠杀史展览》，有南京沦陷前的中国形势、日军在南京的大屠杀、南京大屠杀的历史见证等11个部分。展厅一层为基本陈列《胜利1945》，展示了日本侵华70年史、日本在华主要暴行、14年抗战史、抗战胜利和对日本的正义审判、前事不忘后事之师等内容。展览共展示照片3500余幅，文物3300余件，影视片130余部，场景复原13处，沙盘1处。表现历史人物130位，反映历史事件45件。

珍贵藏品

《东史郎日记》 共10卷2000多页，记述了原侵华日军士兵东史郎1937年9月至1939年7月在中国的战事。其中，前五卷为战时手稿原件，后五卷是1940年回国时抄写整理而成。

《屠·生·佛——南京大屠杀》油画 是一幅震撼人心的油画，展现了1937年日军在南京大屠杀的暴行。

特色活动

从1994年起，每年12月13日社会各界代表及外国友好人士都要在本馆举行和平集会，通过多种方式悼念南京大屠杀30万遇难同胞。

基本信息

地　　址：江苏省南京市水西门大街418号
交通线路：公交车3路、37路、63路、61路、游4路
开放时间：8:30～17:30
闭 馆 日：星期一
邮　　编：210017
电　　话：025-86612230
传　　真：025-86501033
邮　　箱：chsh001@sohu.com
网　　址：www.nj1937.org

中国共产党代表团梅园新村纪念馆

基本陈列

《梅园风范》 分为"梅园风云"、"梅园风范"两大部分。该陈列以国共南京谈判为线索,以弘扬梅园风范为主题,以专题陈列为构架,突出反映了以周恩来同志为首的中共代表团,在南京与国民党政府进行针锋相对的谈判斗争的革命业绩,生动表现了老一辈无产阶级革命家为真民主、真和平奋斗到底的崇高精神和革命风范。

珍贵藏品

周恩来等乘坐的别尔克小轿车 国共南京谈判期间,周恩来、董必武等人就是乘坐这辆汽车和国民党进行谈判的。

周恩来赠给司徒雷登的五彩人物敞口瓶 腹部主纹饰为八仙图,为民国初年江西景德镇窑仿明代成化五彩瓷器。南京谈判结束后,周恩来将此瓶赠给美国驻华大使司徒雷登。

基本信息

地　　址：江苏省南京市汉府街18-1号（南京市城东梅园新村）
交通线路：1路、2路、5路、9路、29路、31路、65路、304路、游1路公交车
开放时间：8:30～16:30
闭 馆 日：星期一
邮　　编：210018
电　　话：025-84504828
传　　真：025-84542535
邮　　箱：myxc1946@sohu.com
网　　址：www.myxc.com.cn

沙家浜革命历史纪念馆

基本陈列

《沙家浜革命历史基本陈列》 为纪念和弘扬沙家浜军民光荣传统而建立的教育展览馆，占地67万平方米。抗日战争时期，位于阳澄湖畔的沙家浜成为苏、常、太游击根据地。依靠当地人民群众的支持，利用阳澄湖地区天然地理条件，我军开展了艰苦卓绝的抗日武装斗争。血战沙家浜、激战阳沟娄、伏击八字桥、夜袭浒墅关、奇袭虹桥飞机场等历史事件至今仍广为传颂。该馆再现了当年沙家浜抗日军民鱼水情深，共同抗敌的感人事迹。

特色活动

瞻仰广场 占地1.33万平方米，以"郭建光"、"阿庆嫂"等原型设计的军民鱼水情深大型群雕巍然屹立于广场中央，象征新四军伤病员的18根柱雕整齐地排列在两侧。

基本信息

地　　址：江苏省常熟市沙家浜镇沙家浜风景区内
开放时间：8:00～16:00
邮　　编：215500
电　　话：0512-52501411　52504205

赣榆抗日山烈士陵园

基本陈列

　　共分三个展厅。第一展厅的主题是："奋起抗日，共产党是中流砥柱"。展示了刘少奇主席、符竹庭将军和爱国县长朱爱周等的图文资料；第二展厅的主题是："抗战烽火，八路军新四军是雄狮劲旅"。展示了青口战役、十八勇士、小沙东海战和彭雄烈士的遗物等内容；第三展厅的主题是："军民团结，兵民是抗战之本"。展示了群众积极参加抗战，国际友人希伯与金野博和支前模范董力生的事迹以及大吴山战役、赣榆战役等内容。此外，馆内还陈列着杨得志、石一宸、肖华、杨思德等老将军为符竹庭、朱爱周题写的挽词、书信等珍贵文物。

珍贵藏品

　　董力生支前小推车（复制品）　抗日战争中，董力生大姐响应"一手拿枪、一手拿锄"的号召，用木轮小车，日夜不停转运物资，历时99天，被评为"支前模范"，她的小车被中国军事博物馆收藏陈列。

　　彭雄烈士遗物　有烈士生前使用过的干粮袋、马褡，及遗腹子彭小雄小时候坐过的筐篮等珍贵革命历史文物。

　　缴获的日军战利品　在著名的赣榆战役中缴获了大量日军物品，馆内陈列了指挥刀、头盔、照相机等。

基本信息

　地　　址：江苏省赣榆县班庄镇抗日山烈士陵园
　交通线路：赣榆县汽车客运北站至抗日山公交线路
　开放时间：常年开放
　邮　　编：222132
　电　　话：0518-86558000
　传　　真：0518-86553809
　邮　　箱：kangrishan@163.com
　网　　址：www.kangrishan.cn

南京静海寺纪念馆（南京条约史料陈列馆）

基本陈列

展览区域分为两部分。一部分是《南京条约》展区，主要展出静海寺与《南京条约》历史相关的史料以及复原的《南京条约》议约场景；另一部分是郑和史料展区，主要展出郑和航海及郑和与静海寺的关系。

珍贵藏品

纪念章 1842年，英国女皇颁发给来华作战士兵的银质勋章。
木构件 是古静海寺被毁前遗存的建筑构件，木雕文饰精美。
三宿岩 古金陵四十八景之一。
天妃宫碑 是国内最大的郑和下西洋记事石刻，是天妃宫碑中的精品，也是研究郑和航海和妈祖文化的珍贵资料，具有重要的历史与文物价值。

特色活动

郑和宣讲团 静海寺纪念馆"走近郑和宣讲团"成立于2003年，先后几十次到南京市各大、中、小学和街道，向学生、市民宣讲郑和下西洋的伟大航海事迹、鸦片战争的过程及当时的社会状况、静海寺的沧桑故事。

八·二九撞钟活动 《南京条约》是1842年8月29日签订的。静海寺作为《南京条约》的议约地，每年都举行撞钟活动，以此警示后人牢记这段历史。

基本信息

地　　址：江苏省南京市下关区建宁路288号
交通线路：乘10、12、16、18、39路至南京西站；21、54、150路至建宁路
开放时间：8:30～17:00
闭 馆 日：星期一
邮　　编：210011
电　　话：025-58800255
传　　真：025-58800255
邮　　箱：jinghaisi1405@yahoo.com.cn
网　　址：http://njjhs.longhoo.net

瞿秋白纪念馆

基本陈列

《故居原状陈列》、《瞿秋白生平陈列》 瞿秋白故居为清朝光绪年间建造，距今已有100多年历史，为全国重点文物保护单位。陈列展示了瞿秋白生前一家生活场景的全貌。纪念馆内的《生平陈列展》集中体现了瞿秋白光辉灿烂的一生。

珍贵藏品

皮箱 瞿秋白送给鲁迅的箱子。

《赤都心史》《饿乡纪程》 瞿秋白在赴苏联期间写的两本散文式的报告文学集。

《红色中华》 瞿秋白主编的中央政府机关报。

基本信息

地　　址：江苏省常州市延陵西路188号

交通线路：乘1、12、39路公交车至江南场

开放时间：9:00～11:30，14:00～16:10

闭 馆 日：星期一

邮　　编：213003

电　　话：0519-86683373　86636909（投诉）

传　　真：0519-86636909

邮　　箱：czfengx@163.com

张太雷纪念馆

基本陈列

《张太雷生平事迹展》 主要展出有关张太雷生平与事迹的照片、文字、报刊以及生前使用过的物品复制件等。该馆是我国目前唯一一家以纪念张太雷同志为专题的纪念馆，是集缅怀、纪念、宣传、研究张太雷同志事迹与精神的重要场所。

《共青团史陈列展》 通过详实的文字资料、历史文献和珍贵图片，以新中国成立和党的十一届三中全会召开为分界点，分"战斗的青春"、"建设的青春"、"改革的青春"三大篇章，较为全面地反映了共青团英勇奋斗的光辉历程和蓬勃向上的时代风貌，同时扼要体现了常州市共青团工作的光辉足迹。

基本信息

地　　址：江苏省常州市清凉路子和里3号
交通线路：乘2、14、16、18、20、28、38、220路等公交可达
开放时间：8:30～16:30
闭 馆 日：星期日
邮　　编：213004
电　　话：0519-88813757　88873919
传　　真：0519-88813757
邮　　箱：ztljng@126.com
网　　址：http://www.ztljng.com

周恩来纪念馆

基本陈列

《周恩来生平业绩展》 介绍伟人周恩来一生的光辉业绩、他在各个历史时期的重要活动及人民群众的纪念活动等。

长期展览有：《党和国家及军队领导人来馆瞻仰参观》、《省部级领导及知名人士来馆瞻仰参观》、《周恩来邓颖超和战友们》、《周恩来邓颖超和工作人员》、《周恩来的邓颖超》、《周恩来邓颖超与亲属及烈士子女》，从不同侧面展现周恩来、邓颖超的风采、风范和来馆参观各级领导人对他们的高度评价。

《仿中南海西花厅复原陈列》 为纪念周恩来诞辰110周年，2007年建成新的陈列馆，展厅面积为2500平方米。新建西花厅碑园和原仿西花厅一起，完整再现周恩来工作生活26年的北京西花厅前、后客厅等建筑及内部陈设原貌。

珍贵藏品

周恩来中山装 为周恩来出席四届人大等重要活动时所穿。

军大衣 为"文革"时期周恩来鼓励侄女到内蒙做知青时所赠。

《为目前形势告全体队员书》 1934年5月，周恩来和少年先锋队总队长张爱萍联名公布。

党和国家领导人题词 江泽民等党和国家领导人参观周恩来纪念馆后的题词。

基本信息

地　　址：江苏省淮安市楚州区永怀路
交通线路：8路、69路、10路公交车
开放时间：淡季8:00～17:30　旺季8:00～18:00
邮　　编：223200
电　　话：0517-85913032　85912365（投诉）
传　　真：0517-85932801
邮　　箱：zeljng@163.com
网　　址：http://www.crt.com.cn/zel/jng.html

新四军纪念馆

基本陈列

　　全面系统反映新四军抗战斗争史,以新四军抗战史为经,以华中抗日根据地的各项建设为纬,展示新四军与人民群众共同抗日的历史过程。

珍贵藏品

　　"满"字自行车　这是一件有传奇色彩的战利品。

　　新四军将领遗物　刘少奇、陈毅、邓子恢、谭震林、粟裕等新四军高层人物在抗战时期遗存的实物。

基本信息

地　　　址：江苏省盐城市建军东路159号

交通线路：5路、22路、19路、3路、11路公交车

开放时间：8:30～17:00

邮　　编：224002

电　　话：0515-88335706

传　　真：0515-88335706

邮　　箱：xinsijuny@126.com

网　　址：http://www.n4a.org.cn

茅山新四军纪念馆

基本陈列

《新四军苏南抗日斗争史基本陈列》 展览分为五个部分,展出文物史料3000多件,采用声、光、电、多媒体等陈列手段,真实、形象、生动地再现陈毅、粟裕等无产阶级革命家的光辉业绩和抗日军民浴血奋战的历程。

《茅山新四军将帅陈列展》 展览分为七大部分,展出陈毅、粟裕等101名将帅,以及张鼎丞、谭震林等领导干部生平业绩、珍贵照片和文物史料。

《苏南抗战英烈事迹陈列展》 展览分为"血染疆场"、"英勇就义"、"同门忠烈"、"巾帼英杰"、"开明士绅"等九大部分,选取八十多名典型烈士事迹和文物史料展出。

珍贵藏品

中共七大代表证 这两张代表证,是段焕竞将军和李珊突破敌军重重封锁,历经千难万险才得以到达延安参加中共七大会议时使用的。

巫恒通烈士生前使用的毛毯 巫恒通在新四军代军长陈毅的影响下,投笔从戎参加了新四军,曾任苏南第五行政区专员公署专员兼句容县县长。在日军"大扫荡"中不幸负伤被捕,壮烈殉国。这件毛毯是其留下的一件重要遗物。

烈士血染的方巾 某新四军烈士牺牲前赠送给战友的纪念品。

基本信息

地　　址:江苏省句容市茅山镇
交通线路:南京、镇江、常州、句容均有直达本馆的汽车
开放时间:淡季7:30～17:00　旺季7:30～18:00
邮　　编:212446
电　　话:0511-87828207
传　　真:0511-87828206
邮　　箱:msjng@163.com

新四军黄桥战役纪念馆

基本陈列

《黄桥战役纪念展览》

系统介绍黄桥战役的历史背景,和打开华中抗日新局面的五次战斗经过(郭村保卫战、东进黄桥、营溪反击、攻打姜堰、黄桥决战)。

珍贵藏品

陈毅办公时坐过转椅 1940年陈毅在新四军通如靖泰临时行政委员会——原丁家花园内使用过的转椅。

新四军使用过的印刷工具(石滚、石印和印盒) 曾在黄桥决战时期印刷过陈毅起草的《黄桥决战告指战员同志书》。

山炮 三门,系黄桥决战中缴获顽军的战利品。

日军的行军锅 系黄桥决战中缴获顽军的战利品。

特色活动

专题报告 每年定期与德育基地举行关于黄桥战役的专题报告两场以上。

征文竞赛 每年清明前后,组织中、小学校来馆接受革命传统教育;并举行征文竞赛活动。

基本信息

地　　址:江苏省泰兴市黄桥镇米巷10号
交通线路:南京方向可由宁通高速公路到达,上海方向可由宁靖盐高速公路到达
开放时间:8:00～17:00
邮　　编:225411
电　　话:0523-87211543
传　　真:0523-87112543
邮　　箱:liguoxiang3000@163.com
网　　址:www.hqb.org.cn

浙江省博物馆

基本陈列

《浙江七千年》 是浙江省博物馆的重点陈列，2000年被评为全国十大精品陈列之一。陈列着重突出浙江七千年历史上的闪光点，反映浙江先民在历史上的诸多光耀千秋的伟大创造和文明足迹，以及浙江仁人志士前赴后继的革命英雄事迹。内容有：（1）浙江史前河姆渡和良渚文化；（2）"越国"、"吴越"、"两宋"时期的浙江历史文化；（3）浙江从1840年鸦片战争到1949年解放这期间几个重要时期的历史文化。

珍贵藏品

河姆渡文化双鸟舁日纹象牙蝶形器 新石器时代。长16.6厘米、宽5.9厘米、厚1.2厘米。其上刻画了一幅精美的图画，两只神鸟正奋力托起一个光芒四射的太阳，整个画面主题鲜明，手法夸张，构思充满想像，应该是原始先民在精神活动与形式美感碰撞下着意创作的成果。它透露出河姆渡人的一种神圣的原始信仰。

良渚文化玉琮 新石器时代。高8.8厘米、孔径4.9厘米、外径17.6厘米。器表呈黄白色，有不规则紫红色瑕斑。器体为扁矮方柱体，宽阔硕大，内圆外方，中有对钻圆孔，俯视如玉璧形，重量约6500克，为良渚文化玉琮之首，堪称"琮王"。该器物在直槽内用浅浮雕和阴刻线两种技法琢刻八个神人兽面像，图案精细繁练。

越王者旨于赐剑 战国。为越王勾践的儿子者旨于赐生前佩剑，通长52.4厘米。历经

2400余年，剑体依然完整无损，剑身没有绿锈腐蚀，寒光凛凛，锋利异常，而且保留了完整的丝缑，在出土的越王剑中，缠有丝缑的仅此一件。

瓯窑青瓷点彩鸡首壶　东晋。通高22.5厘米、腹径19厘米。高冠、突睛，嘴与壶体相通，两侧各有一个方形系，施青釉泛黄，周身布满褐色点彩。鸡作为德禽，被认为能御死辟恶，故与人们的生活结下不解之缘。

特色活动

文博大讲堂　"文博大讲堂"旨在免费向人民群众普及文物收藏、保护知识。讲座内容主要分为历史文物，古今名人书画鉴赏，以及浙江古陶瓷、民俗工艺研究这三块。活动时间基本定于一个月举行一次，也可配合特殊节日组织活动，主要安排在双休日。活动地点主要安排在浙江省博物馆报告厅，也可根据活动需要可以走进社区、走进学校等，采用较为灵活的方式。活动预告详见浙江省博物馆网站。

"5·18国际博物馆日"鉴宝活动　地点安排在浙江省博物馆，浙江省文博专家将现场为广大文物收藏爱好者提供藏品鉴定及咨询服务，鉴定内容包括书画、钱币、玉器、瓷器、铜器和杂项等。

基本信息

地　　址：浙江省杭州市孤山路25号
交通线路：乘850路至浙江省博物馆，乘7路至断桥
开放时间：9:00～17:00
闭 馆 日：星期一上午
邮　　编：310007
电　　话：0571-87971177　87980281
传　　真：0571-87989650
邮　　箱：zjmu@zjmuseum.com.cn
网　　址：www.zhejiangmuseum.com

中国丝绸博物馆

基本陈列

《中国丝绸文化展》 主要有"丝绸故事"和"丝绸工艺"两方面内容。"丝绸故事陈列"展示从新石器时代至明清的古代织绣文物,全方位讲述了丝绸的起源与发展、丝绸的主要种类、丝绸之路及丝绸在古代社会生活中的作用。"丝绸工艺陈列"揭示蚕的生活习性、染织的来龙去脉及纬锦机等古老织机的展示和操作表演。该陈列被评为第六届全国博物馆十大陈列精品奖。

珍贵藏品

战国对龙对凤纹锦 为1:1平纹经重组织,绛红色、棕色、白色分区交替显花,经向循环为4.6厘米,纬向循环通幅。图案主题为对龙对凤,中间穿插各种小型几何纹、杯纹和象征太阳的星纹等。

汉晋"长葆子孙"锦 出自楼兰,为1:3平纹经重组织,绛红色做地,蓝、黄、绿、白四色显花,绿色和白色两色分区交替。在云气和动物纹间,织有隶书汉字铭文"延年益寿长葆子孙"八字。

北朝绞缬绢衣 褐色,交领,喇叭形大袖。面料是平纹绢,用绞缬(又称扎染)的工艺染出黄色小点纹。

特色活动

手工参与活动 通过挖掘传统丝绸文化,开设了丝绸扎染、丝绸手绘、学做中国结、刺绣等手工参与 项目。

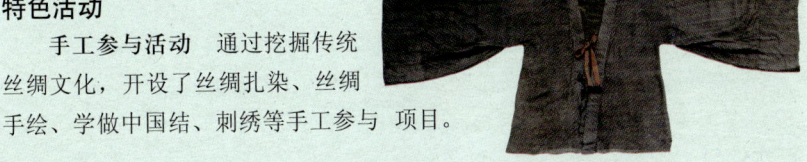

基本信息

地　　址:浙江省杭州市玉皇山路73-1号
交通线路:12路、809路、游3路公交车
开放时间:8:30～16:30
邮　　编:310002
电　　话:0571-87032060
传　　真:0571-87068136
邮　　箱:chinasb@chinasilkmuseum.com
网　　址:www.chinasilkmuseum.com

浙江自然博物馆

基本陈列

海洋馆 分设"哺乳动物区"、"热带雨林淡水区"、"海底世界区"、"珊瑚礁展区"、"科普展示区",使其成为一个综合海洋体验乐园。

《地球生命故事》 以地球的形成和地球上生命的诞生与进化为主线,采用复原场景,展示地球生命故事。

《丰富奇异的生物世界》 通过大量栩栩如生的标本和形象逼真的情景再现,展示丰富奇异的生物世界。

珍贵藏品

白暨豚 为我国特有的稀有珍贵动物,是和大熊猫齐名的"国宝"。

华南虎 是世界上现存5个亚种中最濒危的一个亚种,国内目前已基本绝迹。我馆展出的华南虎标本是20世纪50年代初保存下来的唯一野生个体标本。

毛氏峨嵋龙骨架 侏罗纪。1999年四川井研出土。复原全长17.2米。为了纪念毛昭晰先生我馆特命名此标本为毛氏峨眉龙。属大型蜥脚类。

礼贤江山龙 白垩纪早期。1977年浙江省江山礼贤出土。复原全长20多米,这是我国首次发现的巨龙科化石,为新属新种。江山龙属大型植食性恐龙。

特色活动

爱鸟周举办"万名儿童画百鸟"、"杭州市小学生观鸟赛"活动。

举办展品猜谜活动,提高观众参观博物馆的积极性和兴趣。

基本信息

地　　址：浙江省杭州市西湖文化广场
交通线路：乘38路、44路、58路、57路、19路至西湖文化广场东
开放时间：8:45～16:30
闭 馆 日：星期一
邮　　编：310012
电　　话：0571-88050941
传　　真：0571-88840700
邮　　箱：Lanlanjing28@yahoo.com.cn
网　　址：http://www.zmnh.com

杭州历史博物馆

基本陈列

《杭州历史文物陈列》 由原始社会至南北朝、隋唐五代、两宋、元明清4个展厅组成,文物陈列和遗迹复原布局合理,静态展示和动态模拟相得益彰,全方位呈现杭州历史沿革、文化底蕴。

珍贵藏品

水晶杯 战国。1990年10月出土。素面无纹,造型简洁,是迄今为止我国出土的早期水晶制品中最大的一件。

青铜几何纹平脊剑 战国。色泽黑中泛青,有光泽。格两面各铸阴阳简易兽面纹,剑首饰几何纹。

修内司官窑青瓷盏托 南宋。黑胎,胎体较薄。通体施青釉,光泽莹润。造型精巧别致。

青花观音像 元代。1978年至元丙子(1336)纪年墓出土。通体青花褐彩并用,显出了元初青花的端倪,对元代青花瓷器研究有重要意义。

特色活动

社区博物馆 举办"触摸杭州五千年 社区博物馆系列活动",以增强居民文物保护意识,体现博物馆弘扬文化、贴近市民、贴近社会需求的亲和力。

基本信息

地　　址：浙江省杭州市粮道山18号
交通线路：乘8、25、38、Y8、34、3540、59、85、210、850路等公交车至吴山广场站,从清河坊古街牌坊边上粮道山
开放时间：9:30～16:30
闭 馆 日：星期一(法定节假日除外)
邮　　编：310002
电　　话：0571-87802660
传　　真：0571-87802660
邮　　箱：Jenney1977@163.com
网　　址：www.hzmuseum.com

中国茶叶博物馆

基本陈列

《中华茶文化展》 设有茶史、茶萃、茶事、茶具、茶俗、茶缘等6个展厅，以"茶史钩沉"、"名茶荟萃"、"茶具艺术"、"饮茶习俗"、"茶与人体健康"等为专题，形象勾勒了中国数千年茶叶文明的发展轨迹。2003年荣获第五届"全国十大陈列展览精品奖"。

珍贵藏品

建窑兔毫盏 宋代崇尚白茶，以黑釉盏来衬托白色的茶汤，视觉效果最好，因此当时黑釉盏特别流行，建窑生产的黑釉盏还曾是给皇室的贡品。

金钱如意紫砂壶 明代。整体造型规整、敦厚，壶嘴弯曲有致，壶盖为典型明式如意纹图案，纽作颇具匠心的镂空金钱如意纹装饰。制作年代应为1637年。

粉彩"雀桥相会"盖碗 清代。由盖和碗两部分组成。盖直口，外壁以粉彩绘"鹊桥相会"。碗花口，弧腹，矮圈足，外壁绘粉彩通景式七仙女与董永相会的画面。

银胎珐琅缠枝花纹小碗 清代。借鉴铜胎錾刻珐琅的工艺制作而成。以银为胎，其上利用金属錾刻技法，刻出缠枝花纹，其上填珐琅彩。

特色活动

举办茶艺表演和少儿茶文化体验活动。

基本信息

地　　址：	浙江省杭州市龙井路88号
交通线路：	乘K27路、游3公交车至双峰站
开放时间：	8:30～16:30
邮　　编：	310013
电　　话：	0571-87964221
传　　真：	0571-87982096
邮　　箱：	service@teamuseum.cn
网　　址：	http://www.teamuseum.cn

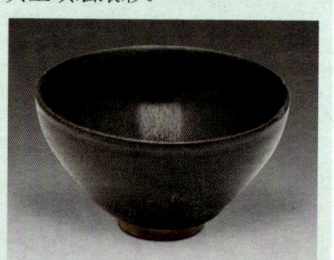

杭州名人纪念馆

基本陈列

《章太炎生平展览》 采用专题式陈列，分设"革命先驱"、"国学泰斗"两个专题，表现章太炎爱国、斗争、博学的一生。

《苏东坡纪念馆陈列》 采用水墨动画、动态灯箱、配乐诗朗诵等动态陈列方式，展示苏东坡生平事迹和在杭期间的文学艺术创作成就。

《唐云艺术馆藏品展》 展出唐云家属捐赠的包括明清书画在内的藏品、唐云本人的书画作品，以及开馆以来征集的书画作品。

珍贵藏品

《流血革命》原稿 作者邹容，由章太炎作序。该书体现了鲜明的民主主义精神。为海内外孤本。

《膏兰室札记》手稿 今存三卷，为1891年至1893年章太炎在杭州诂经精舍肄业时的读书札记，为章太炎代表作之一。

曼生壶 清代。由陈曼生设计并铭文，杨彭年制，世称"曼生壶"，乃紫砂壶之极品。制作于清嘉庆年间。

特色活动

"相约西子湖"文化系列活动 以"相约西子湖"为主题，邀请国内外艺术名家以茶会友，泼墨挥毫。此主题活动自2002年起，至今已连续举办6届，已成为杭州知名文化品牌。

基本信息

地　　址：浙江省杭州市南山路2-1号
交通线路：乘K4、Y2、Y3、808、504路，假日3线公交车至苏堤或净寺站
开放时间：8:30～16:30
邮　　编：310007
电　　话：0571-87963684
传　　真：0571-87979245
邮　　箱：ywj.mrg@hz.gov.com

杭州西湖博物馆

基本陈列

《天堂明珠西湖山水暨历史文化陈列》 陈列自然、人文内容兼具，由序厅、"天开画图——西湖的山水"、"钟灵毓秀——西湖的人文"、"浚治之功——西湖的浚治"、"明珠璀璨——西湖的影响"五部分组成，把西湖历经千年的沧桑变迁生动地展示在观众面前。

珍贵藏品

佚名西湖十景册页 清代早期宫廷绘画。以写实的绘画手法描绘了西湖风光，图册中的每一幅均设色华丽、勾勒明显，无论山水还是建筑都刻画得工细精美。

佚名余杭胜迹册页 清代。以上等檀香木做封面和封底。设色绢本，对开十八页。每页分图、文两部分，图文并茂地描绘了西湖十八景点的旖旎风光。

近代申石伽西湖十景成扇 申石伽以西湖十景为题材的小品山水。整套成扇保存完好，构图用笔缜密细秀却又不乏沉雄苍郁的气势。

云雷纹青铜直内戈 商代。器形完整，制作精美，见证了西湖的历史和文化。

特色活动

快乐营活动 主要包括"寻宝探珍"、"走近西湖"及观看立体电影《西湖沧桑》和环幕电影《泛舟西湖》等。

周末亲子活动 安排蜜蜡制作等科普性、互动性的活动。普及科学常识。

基本信息

地　　址：浙江省杭州市南山路89号
交通线路：乘12路、K4路、K38路、K102路、K25路、观光8路公交车至钱王祠路口
开放时间：8:00～20:00
邮　　编：310002
电　　话：0571-87882333
传　　真：0571-87882288
邮　　箱：ywj.xbg@hz.gov.cn
网　　址：www.westlakemuseum.com

北仑博物馆

基本陈列

《北仑史迹陈列》 共分为四部分。"古代北仑"部分通过出土文物展现北仑区域悠久的历史文化;"近代北仑"部分以发生在北仑的抗倭、抗英、抗法等战争为线索,用历史文物反映北仑人民光荣的革命传统;"现代北仑"部分以"洋洋东方大港、改革开放前哨"为主题,展示北仑区域开发开放的伟大成就;"北仑民俗文物陈列厅"利用馆藏的民俗文物和其他实物资料,重现北仑人民的生产习俗和生活习俗。

珍贵藏品

四乳四螭铜镜 西汉。圆纽,柿蒂纹纽座。座外圆框,框外饰栉齿纹。栉齿纹外分内外两区。内区等距分布四乳钉,间饰螭纹。外区饰栉齿纹一周,边缘光素无纹。

越窑青瓷莲花纹粉盒 口径9.1厘米、底径6.5厘米、通高3.9厘米。五代。盒盖微微隆起,盖与盒以子母口扣合。盖面刻划莲花纹。通体施青釉。

景德镇窑影青执壶、温碗 北宋。口径4.4厘米、底径8.3厘米、通高18.2厘米。执壶直口圆唇,肩腹圆鼓,圈足。温碗仰莲状,十曲口,深腹,圈足。两器物均内外施青白釉。

铁炮 清代。镇海口金鸡山东麓靖远炮台出土。为1845年英国造阿姆斯特朗80磅前膛炮。口径6厘米、长277厘米。炮身上面正中间铸有皇冠图案。

基本信息

地　　址:浙江省宁波市北仑区新碶街道中河路37号
交通线路:乘270路、353路、378路、703路、783路、787路、788路公交车
　　　　　至中河路站;乘702路、706路至海晨园站
开放时间:淡季8:30～11:00,14:00～17:30
　　　　　旺季8:30～11:00,13:00～16:30
闭 馆 日:星期六
邮　　编:315800
电话传真:0574-86782011　86782012

慈溪市博物馆

基本陈列

《越瓷古韵——青瓷文化与实用艺术》 展览以越窑青瓷为主线,在对越窑青瓷功用进行分类的基础上,展示越瓷的发展过程和工艺特征,探求它所蕴涵的文化底蕴和折射出的社会风俗。展览分七部分:食具、酒具、茶具、卫生用具、化妆用具、文房用具、冥器。

珍贵藏品

青瓷三足蟾蜍水盂 北宋。水盂由蟾蜍和托盘两部分组成。蟾蜍昂首微张口,双目圆瞪,体形丰满。托盘薄胎,卧足,盘体作荷叶形。釉色青莹。

青瓷砚 北宋。圆形,面微斜,大半周有沿,直壁,稍内倾,壁面题刻"嘉佑捌年十月二十二日造此砚于东海记"17字。浅圈足,灰白胎,青釉,朝口沿开口一侧无釉。

青瓷格盘 西晋。格盘又称槅或多子盒。呈扁圆形,子母口,其内分置内外两区,内区分3格,外区分7格,出土时连带一小调匙。

青瓷粉盒 北宋。扁圆形,由盒盖和盒身两部分组成。盖微鼓,盖面刻划缠枝牡丹纹。盒身素,子母口,圈足外撇,釉色青绿滋润。

特色活动

每年举办文化遗产日暨世界博物馆日系列宣传庆祝活动。

基本信息

地　　址:浙江省慈溪市寺山路352号
交通线路:5、6、8路市内公交车可达
开放时间:淡季8:00~11:00,13:00~16:15
　　　　　旺季8:00~11:00,14:00~17:00
邮　　编:315300
电　　话:0574-63103679　63106729(传真)
邮　　箱:office@yueyao.com
网　　址:www.yueyao.com

温州博物馆

基本陈列

《温州人》 为温州地方史陈列，全面反映温州史前至改革开放后的历史，本展览获得第六届全国陈列展览"最佳内容设计奖"。

《白象塔的故事》 为温州白象塔出土的北宋时期精美的彩塑、木雕、漆器、印刷术、铜器等艺术品。

《走进大自然》 主要内容为恐龙世界、美丽的大自然、绿色家园。

珍贵藏品

版画《蚕母》 北宋。残高21厘米、残宽19厘米。据考证，彩版画《蚕母》是我国目前发现最早的彩版印刷品。这幅版画是当时温州农桑并重的真实写照。

瓯窑青釉褐彩蕨草纹执壶 北宋。通高26.4厘米。壶的盖面和腹部满饰褐彩蕨草纹。整体造型庄重挺拔，具有浓郁的西亚金银器风格。

佛说观无量寿佛经 北宋。早期活字本。纵19.5厘米、横17.5厘米。经文回旋排列为12行，可辨者计166字。该经的字迹、墨色、倒字等，具明显活字排版的特征。

特色活动

义务传授拓片技术 不定期举办，由博物馆专业人员教观众学拓片。

华侨子女寻根之旅 每年暑期，旅居海外华侨子女回温寻根，博物馆是活动场所之一。

基本信息

地　　址：浙江省温州市市府路世纪广场
交通线路：1路、8路、31路、33路、38路、58路、64路、68路、69路公交车
开放时间：9:00～17:00
闭 馆 日：星期一
邮　　编：325000
电　　话：0577-88939990　88939993
传　　真：0577-88938369
邮　　箱：wzmuseum@163.com
网　　址：www.wzmzseum.cn

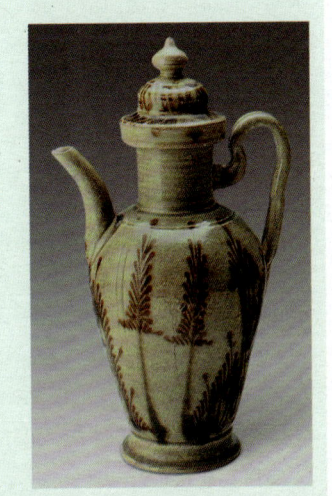

嘉兴博物馆

基本陈列

《禾源——嘉兴史前文物展》以马家浜遗址的发现作为嘉兴文化的源头，系统地展示马家浜文化、崧泽文化、良渚文化发展序列；《沃土嘉禾——历史时期的嘉兴》陈列分六个单元，围绕"禾"这一主线，较详细地记录了嘉兴从吴越时期开始历经唐宋元明清直到近现代各时代的发展变化过程。另有《馆藏珍贵文物展》和《馆藏书画展》基本陈列。

珍贵藏品

崧泽文化人首陶瓶 新石器时代。泥质灰陶，为人首三节葫芦形瓶体。整个器物造型奇特、生动古朴。

素三彩瓷船 明代。通体施黄白绿三色彩釉，釉不及底。此三彩瓷船为研究明"空白期"彩瓷和民间葬俗等提供了极为珍贵的实物资料。

一滴壶 微型紫砂壶，明末大师惠孟臣制。梨形壶身。底有"惠"、"孟臣"篆书小印款。全器光素滋润，呈褐红色，造型简朴精妙。清代鉴藏家张廷济对此小壶珍爱备至，特配红木座，底刻"一滴壶值千金"。

彩绘木雕观音 辽代。通高113厘米。头顶梳高束发，前饰双层如意宝相花冠。两眼下视。神态安详。披长帛，腰系裙，下着裤，赤脚立于莲花宝座之上。彩绘已驳蚀，但仍可见痕迹。

基本信息

地　　址：浙江省嘉兴市海盐塘路
交通线路：8路、28路、81路公交车
开放时间：9:00～16:30
邮　　编：314050
电　　话：0573-82535080
传　　真：0573-82535087
邮　　箱：jiaboban@sina.com

嘉兴市蒲华美术馆

基本陈列

《蒲作英纪念馆》 陈列本馆收藏的关于蒲华的书籍、画册,以及仿蒲华真迹的书法作品。同时介绍了蒲华的生平与艺术成就,并陈列了弥足珍贵的由蒲华老友常熟沈汝瑾撰述、吴昌硕书写、赵古泥镌石的墓志铭。

珍贵藏品

《蒲华水墨竹石图》之一 此作用笔气味已趋醇厚但又不失峻利劲健,墨色变化有度,弛张之际画出了其"一竿通天"的"纵凌云去也无心"的气派,应为中年之笔。

《蒲华水墨竹石图》之二 此幅画给"锡堂仁兄大人"鉴之的条幅,法度谨严而境界开张,用笔劲健而锋颖腴润,婀娜、刚健、流美、劲利,当属精力饱满的中年之作。

《蒲华水墨竹石图》之《鸾凤清声》 此作画面浑厚、朴茂。兔起鹘落般的竹叶撇法依然劲健如故,但由于水分的滋润增多,就更令人感到生命活力的厚重,当是蒲华壮年时期的作品。

蒲华书法作品 此幅蒲华于69岁的"庚子重阳后七日"书写的长联,用笔讲究,如锥画沙,一反早中期浸淫帖学的流美景象,更多魏碑的意趣,更好地体现一生的艺术追求。

基本信息

地　　址:浙江省嘉兴市中和街36号
交通线路:9路、23路、6路、3路、28路、2路公交车
开放时间:8:30～11:30,13:30～17:00
邮　　编:314000
电　　话:0573-82071601
传　　真:0573-82085748
邮　　箱:jxphmsg@yeah.net

浙江省海宁市博物馆

基本陈列

硖石灯彩馆 展馆面积480平米，展现的是独具海宁地方特色的"三大文化"中的灯文化。硖石灯彩，始于唐盛于宋，是集针刺手工、诗词书画、金石篆刻等艺术门类之大成的地方民间文化。2006年6月，硖石灯彩与海宁皮影一起名列国家首批非物质文化遗产。

珍贵藏品

陈奕禧绢本草书五言诗轴 清代。纵278厘米、横52厘米。钤"陈奕禧印"白文印、"六兼"朱文印各一方。

查升草书七言诗轴 清代。纵115.8厘米、横41厘米。钤启首章"淡远堂图书印"白文长方印，落款章"海宁查声山名升印"白文方印、"太史之章"朱文方印，收藏章"海昌钱镜塘五十以后所得乡贤遗迹记"朱文长方印、"曾藏张昌伯处"朱文长方印。

良渚文化玉璧 新石器时代。1989年8月征集于海宁周王庙镇荷叶地遗址。直径25厘米、内孔直径5厘米、厚1.8厘米。碧绿，磨光，素面。完整。

景德镇湖田窑温碗注子 北宋。温碗为七片莲瓣式，略呈喇叭形。胎质洁白细腻，釉薄，色白中略青。注子为直口，直颈，斜肩，腹略收，圈足。有狮纽形盖。胎质洁白细腻，釉薄，色白中略青。

特色活动

每年元宵、中秋举办灯谜灯展活动。

基本信息

地　　址：浙江省海宁市西山路542号
交通线路：6路、9路公交车
开放时间：8:30～11:30，13:30～17:00
闭 馆 日：星期一
邮　　编：314400
电　　话：0573-87046717
传　　真：0573-87046717
邮　　箱：hnbw@yahoo.com.cn

平湖市博物馆

基本陈列

《平湖文物史迹陈列》 采用橱窗式陈列，分为史前文化、陶瓷器、玉器、铜器、工艺美术品及抗击外来侵略六个单元。遴选馆藏的部分精品，并配以图片、照片、历史文献等资料加以展示。

《馆藏书画精品陈列》 采用通柜式陈列，主要展示馆藏历代名家、海上画派、历代邑人书画家的书法、绘画、扇面、册页等精品力作。

珍贵藏品

良渚文化刻符折腹罐 新石器时代。泥质灰胎黑皮陶器。泥条盘筑法加慢轮修整制作而成，器形不规整。是一件反映原始农作、生活气息的作品。

雕松竹梅犀角杯 清代。高8.9厘米。用整只犀牛角雕成，仿商周青铜爵形状，酱红色，呈椭圆形，把部雕成松、竹、梅状，器物刻工精细，线条流畅、优美，造型独特。

良渚文化玉琮 新石器时代。高4厘米。浅青色，有透光性，晶莹润泽。矮柱体，内圆外方，转角处刻饰神人面纹。

文徵明行书七言诗轴 明代。纸本，纵156、横70厘米。拟黄山谷笔法，行书七言诗："风搅青桐叶半摧，时飘一片点苍苔。山僮不识林堂趣，却併松枝尽扫开。"

基本信息

地　　址：浙江省平湖市当湖街道新华南路372号
交通线路：1路、3路、6路公交车
开放时间：淡季8:00～11:00，14:30～17:00
　　　　　旺季8:00～11:00，13:30～17:00
邮　　编：314200
电　　话：0573-85125293　85136520
传　　真：0573-85132586
邮　　箱：bowuguan@pinghu.gov.cn
网　　址：www.phbwg.com

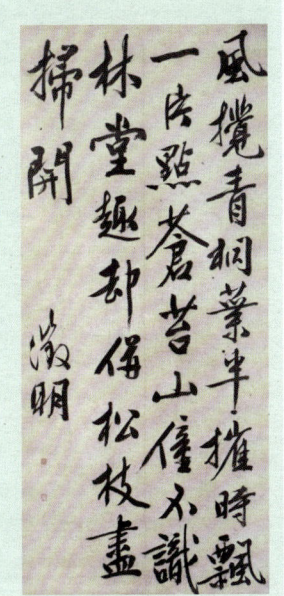

桐乡市博物馆

基本陈列

《桐乡史迹陈列》 展出各类珍贵文物400多件,通过距今七千多年前的罗家角遗址出土文物、精美的良渚文化玉器、质朴的商周硬纹陶器、典雅的青铜器和历代瓷器精品的展示,展现桐乡悠久灿烂的古代文明,追溯桐乡七千年文明之源。

珍贵藏品

良渚文化玉琮 新石器时代。高14厘米。墨绿色阳起石,分四节,四委角对称一致,以四条对角线为中心组成十六组相同的简化人面纹。

良渚文化玉璧 新石器时代。直径22.8厘米、孔径5.3厘米、厚1.5厘米。透闪石软玉,玉色青绿。扁平圆形,边缘与中央厚薄较均匀。器形圆整,无缺损。孔壁经打磨,较光润。

原始瓷提梁三足盉 战国。小口,有盖,广肩,鼓腹,圜底,下承三蹄足。肩前后设龙形提梁,流为曲状龙首。提梁与盖面有纽孔,可穿系。胎体坚致,呈灰白色,器身上部施釉,色泽青黄。

嘉靖明王彩绘像轴 明代。纸本,设色重彩,纵148厘米,横71.3厘米。内容为明王、孔雀座基和两侍者。上方为明王头戴冠帽,额佩花冠,袒胸,着红色袈裟,双手合十,半跏趺坐在莲花座上。莲花座位于孔雀身上。孔雀双脚直立,作开屏状,沿明王身后的光圈张开。在明王头部的左右侧,各有一愤怒相的明王。图下部中间绘莲花题名牌一,直书五行;题名牌右侧为方框款,直书六行。

基本信息

地　　址:浙江省桐乡市梧桐街道庆丰南路8号
交通线路:公交车4路庆丰小区站、6路审批中心站
开放时间:8:30～16:30
邮　　编:314500
电　　话:0573-88104125
传　　真:0573-88104125
邮　　箱:zjtxbwg@sins.com

君匋艺术院

基本陈列

《钱君匋生平事迹展》、《钱君匋书画印精品展》 钱君匋先生是中国新文艺书籍装帧艺术的开拓者之一，也是新中国人民音乐出版业的创始人之一。艺术院根据"珍品收藏之库，艺术研究之宫，讲学传授之室，书画创作之家，展览陈列之馆"建设模式，在展示内容上、形式上积极探索和大胆创新，成为文化教育和传播中心，成为公众流连忘返的文化园地。

珍贵藏品

徐渭《墨梅芭蕉图》轴 明代。泼墨，画左侧自题诗一首，有印章"佛寿"、"文长"、"天池山人"，起首章"漱仙"，均为白文方印。

文徵明《窗前鸣珮》手卷 明代。引首有文徵明"窗前鸣佩。徵明"四字行书，纸本。画心设色绢本，落款"辛卯七月，徵明。"拖尾有文徵明诗赋二首，有"停云"朱文圆印，"文徵明印"白文方印，"衡山"、"徵明"朱文方印和"一字楂子"等收藏印。另有钱君匋鉴赏印及八位名家的题跋。

华嵒《绶带松竹图》轴 清代。设色纸本，在笔法、用墨和敷色上都具有鲜明的个性特点，钩、勒、点、拂、晕、染、斡、扫诸法交施互用。用干笔枯墨皴擦技法画禽鸟的羽毛，增加了笔致的韵味。印章有"幽心入微"朱文长方印，"布衣生"朱文圆印，及"孙慧翼印"白文方印，"艳秋阁物"朱文方印收藏印。

赵之谦、黄士陵、吴昌硕印章 君匋艺术院以晚清治印三大巨子赵之谦、黄士陵和吴昌硕印章为收藏重点，共收藏赵之谦印章168枚，吴昌硕印章152枚，黄士陵（牧甫）印章104枚，其中赵之谦的部分印章，堪称绝品。

基本信息

地　　址：	浙江省桐乡市庆丰南路59号
交通线路：	乘2路、5路公交车至国际大酒店
开放时间：	淡季8:00～16:45　旺季8:00～17:15
邮　　编：	314500
电　　话：	0573-8103627　8110387
传　　真：	0573-8103627
邮　　箱：	jtysy-001@163.com

湖州市博物馆

基本陈列

《吴兴赋——湖州历史与人文陈列》 由"清远山水"、"历史概览"、"富庶湖州"、"儒雅人生"四个单元构成，展示湖州的富庶之美、人文之美。其中"历史概览"单元分人文初开和城市变迁两个小板块，概要介绍湖州数十万年历史和五千年文明的发展轨迹。

珍贵藏品

青瓷四系"茶"字罍 东汉末至三国。1990年出土。口径15.5、高33.7厘米。圆唇直口，厚肩鼓腹。肩饰两道弦纹并横置对称四系，肩上部刻隶书"茶"字。釉色黄褐，胎质较粗松。

龙泉窑鱼耳炉 南宋。1978年出土。口径8.5、高8.4厘米。器物通体施石灰碱釉，釉层凝厚晶莹，釉色粉青柔和。胎质坚硬致密，胎色灰白。足端露胎呈朱砂红，属圈足垫饼烧制。

青花菱口缠枝花卉盘 明宣德。1971年征集。口径33.6、高5.9厘米。器身内外分别饰青花缠枝番莲、折枝花卉。所用青料为"苏泥勃青"，发色浓艳，聚料浓重处形成黑斑。釉汁肥厚晶亮，胎质精致，细沙底，有火石红。是典型的宣德青花瓷。

金帔坠 南宋。1997年出土。长10.3、宽6.5厘米。呈鸡心形，由两片金片扣合而成、主体两面镂刻连理枝纹，边缘錾刻对叶纹。尖端有孔，穿有金质小系绳。

基本信息

地　　址：浙江省湖州市仁皇山新区吴兴路1号
交通线路：3路、6路公交车
开放时间：9:00～16:00
闭 馆 日：星期一
邮　　编：313000
电　　话：0572-2399830
传　　真：0572-2399818
网　　址：www.hzbwg.cn

德清县博物馆

基本陈列

《家住吴越山水间》 陈列分为"史海钩沉吴越撷英"、"梦里水乡民俗流芳"、"名人荟萃翰墨飘香"三部分。展示了德清从新石器时代至明清时期的文物200余件,运用声、光、电技术使文物的静态展示和场景的动态模拟相得益彰,勾勒了德清七千年历史发展的脉络。

珍贵藏品

良渚玉琮 出土于良渚文化晚期墓葬,距今4000多年。琮为长方形,内圆外方,共七级,色泽灰白,素面无纹,全器完整。

南宋青白瓷塑像 塑像束发戴冠,面相端庄,身披长衫至膝,内着长裙坠足,腰系宽带,脚蹬高靴,安坐在三足座上。右侧有一小鹿回首翘望。该像雕琢精工,线条流畅,应为当时江西景德镇窑青白瓷产品。

明曾鲸胡尔慥肖像轴 设色绢本立轴。用青山、溪水、碎石和苍松做衬,年近古稀的胡尔慥身着便装,端坐在苍松从中的峻石之上。身后有一顽皮的书僮躲在树后翘首窥视。画面生动自然,色彩艳丽,线条流畅。

清郑板桥行书轴 纸本行书立轴。直书5行共39字,为唐代诗人孟浩然之诗句:"故人具鸡黍,邀我至田家。绿树村边合,青山郭外斜。开轩面场圃,把酒话桑麻。待到重阳日,还来就菊花。"

基本信息

地　　址:浙江省德清县武康镇云岫南路7号
交通线路:3路、4路公交车
开放时间:9:00～16:00
闭 馆 日:星期一
邮　　编:313200
电　　话:0572-8289101
传　　真:0572-8289105
邮　　箱:dqbwg@sohu.com
网　　址:www.deqingmuseum.com

长兴县博物馆

基本陈列
《物阜长兴——长兴文物史迹展》 由"古人类生产生活工具"、"长兴青铜兵器与铁兵器"、"帝乡佛国及长兴名人"三大板块组成。300平方米展厅展出从旧石器时代石器至唐宋元清瓷器等各类珍贵文物350余件。

珍贵藏品
六朝褐釉羊注子 通高13.4厘米。灰白色胎,通体施青褐色釉,施釉均匀有光泽。羊作跪伏状,额间有一小圆孔可注水。体型肥壮,栩栩如生。

宋青白瓷镂空缠枝菊花香薰 通高9.6厘米。灰白色瓷胎,胎质坚密精细,通体施青白色釉,釉质细腻润泽。盖上镂空缠枝菊花。子母口,莲花瓣座,下饰三扁方形足。

宋建窑兔毫盏 高6.6厘米、口径12.5厘米。胎色灰白,釉色黑而发亮,晶莹凝厚,内壁黑釉中出现纤细如兔毫流纹,富有强烈的光彩感,可谓"巧夺天工"。

新石器时代刻画纹陶纺轮 直径6.1厘米、孔径0.5厘米、厚1.3厘米。属崧泽文化。泥质灰陶,呈扁圆体,中间钻一小孔。正面饰双钩线牛面图徽和绳结纹,反面素面。

特色活动
每年组织少年儿童参加"识宝、寻宝、护宝"活动,为文物保护从娃娃抓起开辟了新的途径。

基本信息
地　　址:浙江省长兴县雉城镇人民广场会展中心(雉城镇县前西街99号)
开放时间:8:00～11:30,13:30～17:00
邮　　编:313100
电　　话:0572-6050571　6023339
传　　真:0572-6050570
邮　　箱:lyjre@163.com

安吉县博物馆

基本陈列

《安吉文物史迹陈列》 以通史陈列的方式展出安吉自新石器时代至明清各个时期的出土文物,全面系统地介绍了安吉悠久的历史和灿烂的文化。

珍贵藏品

商代青铜鼎 侈口、平沿、立耳微外撇,鬲裆腹,三锥足,颈饰一周卷曲纹,腹部饰兽面纹,三条扉棱与足对应。

西汉漆木盒 子母口,腹壁微弧,圈足,钵式盖,盖顶置圆圈捉手,器表黑地朱漆,饰云邑纹,器型规整。

三国青瓷胡人骑羊插座 羊体身躯肥壮,呈卧伏状,背附插管和骑羊胡人,施釉呈青绿色,有冰裂纹,釉面匀净无瑕。

明代玉透雕饰组件 黄色,半透明,有桃型、圭型、叶型等,双层透雕,人物、花卉形象生动,工艺精细。

基本信息

地　　址：浙江省安吉县递铺东庄路2号
交通线路：乘2路公交车至胜利桥,步行300米
开放时间：8:00～17:00
邮　　编：313300
电　　话：0572-5024606
传　　真：0572-5024606

绍兴博物馆

基本陈列

《稽山毓秀 鉴水流芳——绍兴史迹陈列》 陈列分为"远古的绍兴"、"越国"、"会稽郡"、"越州"、"绍兴府"、"近代绍兴"六大部分。以328件珍贵文物,以及图表、模型、照片、雕塑等组成的陈列,系统地介绍了绍兴从新石器时代至辛亥革命时期的历史变迁。生动地再现了绍兴五千年悠久历史和灿烂文化。

珍贵藏品

大孔石钺 新石器时代良渚文化礼器。长22.4厘米、厚1厘米。体扁平,刃宽背窄,后部有一个双面对钻而成的大圆孔。通体精磨光滑,有玉质感。

配儿钩鑃 春秋。通高46厘米。体修长并下收,前后两半身作覆合状,两侧有合脊。体两侧的合脊左右分别阴刻大篆二行,因锈蚀仅存22字,其中有"配儿"和"钩鑃"铭文。据考释,器主为春秋时吴王阖闾之子、夫差之兄配儿。

越王不光剑 战国。通长59.5厘米、身宽4.7厘米。剑身扁平,中间起脊,双面开刃。剑格一面有错金银鸟篆文"越王越王"另一面有错银"不光不光"。剑首上环饰12个错金银鸟篆文。器主越王不光,是越王句践之世孙。

车马神人画像镜 东汉。直径22.5厘米、缘厚1.2厘米。镜区环布四枚乳钉,乳钉之间饰四组浮雕,其中两组为奔驰的驷马轿式篷车;另两组一组为东王公,一组为西王母。图案外围一周隶书铭文和一周芒纹。镜表呈黑漆古色。

基本信息

地　　址:浙江省绍兴市延安路481号
交通线路:公交11路、12路、30路、36路、88路、316路至绍兴图书馆站,
　　　　　7路至沈园站,10路、13路至鲁迅故里站
开放时间:8:30～17:00
邮　　编:312000
电　　话:0575-88050100　88066974(投诉)
传　　真:0575-88331270
邮　　箱:shaoxing museum@126.com
网　　址:www.shaoxing museum.com

诸暨市博物馆

基本陈列

主要设文物**史迹馆**、**珍珠馆**、**民俗馆**，再现了诸暨六千年的悠久历史和灿烂文化，浓缩了暨阳大地的民俗风情，展示了我市传统与现代民间工艺中的瑰宝奇珍。其中文物史迹馆是基本陈列的主要内容，分"古越旧都"、"浙东望县"、"人杰地灵"三大部分，以出土文物为主，配以图片资料，向观众展示一个历史悠久、农耕发达、名产荟萃、文风昌盛、名人辈出的诸暨。整个展馆采取以史为线、史物结合的陈列形式。

珍贵藏品

青铜炭炉 春秋时期。高16厘米、口径38厘米。扁圆形，平唇，弧腹，圜底。口沿饰蟠虺纹，腹壁遍饰云雷纹。上腹部铸对称铺首衔环一对，下腹部焊接连环形把手两个。内底中央为一个三角形镂孔，四周环列四个方形镂孔。底座环列兽面纹足九个，与圜底粘接。

文房四宝 有犀牛镇纸、石雕笔架、龟纽水注，制作精致，造型独特，堪称"镇馆之宝"。尤其是石雕笔架，共雕琢错落有序的山峰三十二座，中部峰峦拔地而起，边缘随势绵延起伏不断，显示出崇山峻岭逶迤连绵的雄姿。笔架色泽黝黑，细腻光滑。

基本信息

地　　址：浙江省诸暨市暨阳街道东一路18号
交通线路：5、6、11、12、13路公交车
开放时间：淡季8:00～11:30，13:30～17:00
　　　　　旺季8:00～12:00，14:00～17:00
闭 馆 日：星期一
邮　　编：311800
电　　话：0575-87282339　87376489
传　　真：0575-87376389
邮　　箱：zhujizlp@126.com

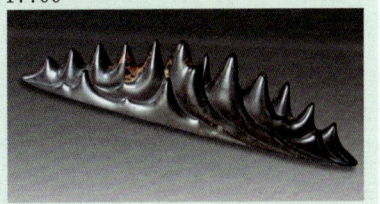

上虞博物馆

基本陈列

《上虞越瓷陈列》 展出上虞境内出土的历代陶瓷器,展品时间跨度长达六千多年,上起河姆渡文化时期的陶器,下迄北宋越窑衰落前的青瓷,以越窑青瓷器为主体,展览配有各式图表与龙窑模型,基本反映了越瓷烧制的历史面貌。

《天香楼藏帖碑刻陈列》 收录了清早期上虞名士王望霖集刻的明清著名书法家的墨宝真迹石碑120方,真、行、草、隶、篆各体俱全,其中,徐渭、董其昌、倪元璐、唐寅、祝允明、刘墉等名家书法为世所珍。

珍贵藏品

五代青瓷鸳鸯酒注 长16.5厘米、高11.5厘米。器形为蹲伏状鸣叫的鸳鸯。通体施青绿色釉。

唐青瓷蟠龙罂 贮盛器。口径20.7厘米、高41厘米。唐"乾符六年"纪年墓出土。盘口,器物的颈中部与肩部有四根双股耳,耳间堆塑一蟠龙,造型生动。器表施青黄色釉。

西晋青瓷香薰 日用品。底径12.5厘米、高15.4厘米。敛口、斜肩、圆筒形直腹、平底,器腹上镂有圆孔,肩上安"T"字形提梁,器表施青黄釉。

五代青瓷虎枕 生活用具。枕面残长15.6厘米、宽11.8厘米、高9厘米。枕面微微卷曲,上饰摩羯纹,枕下是对角相向的两虎,造型生动。椭圆形底足。通体施青绿色釉。

基本信息

地　　址：浙江省上虞市人民中路228号
交通线路：乘18路公交车至三江超市
开放时间：8:00～11:30,14:30～17:30
邮　　编：312300
电　　话：0575-82111846　82202520
传　　真：0575-82202520

越剧博物馆

基本陈列

《越剧发展史》 陈列详实而系统地反映了越剧发展的面貌,展示了越剧在形成、发展中所经历的风风雨雨,和不断改革创新走向繁荣的历程。有三个展厅和一个越剧艺术欣赏厅。第一展厅为落地唱书、小歌班、绍兴文戏男班三个时期;第二厅为绍兴文戏女班、女子越剧两个时期;第三厅为解放后繁荣发展时期。越剧艺术欣赏厅除了能欣赏到由本馆人员为观众准备的越剧艺术声像精品之外,爱好者还可以自娱自乐地互相切磋,进行艺术交流。

珍贵藏品

施银花深玫瑰红五彩鳞形光片龙纹蟒 制作于20世纪30年代。蟒上主题纹饰为光片绣单龙戏珠纹。共耗用258670多片光片。不但体现了那个时代越剧服装的特点,更是越剧舞台服饰之最。

袁雪芬黑柄缀花云帚 手柄处用黑色、白色细棕绳编成几何花纹,并缀白色、红色丝线缨。马尾毛连接手柄处有一黑色塑料网罩。此云帚跟随袁雪芬近50年。

特色活动

越剧表演唱 根据越剧博物馆的实际情况,不定期组织专业演员、业余爱好者举行演唱艺术切磋交流活动。

基本信息

地　　址:浙江省嵊州市百步阶8号
交通线路:乘7路公交车至城隍庙站
开放时间:淡季8:30~16:00　旺季8:00~16:30
邮　　编:312400
电　　话:0575-83022152　83038343(投诉)
传　　真:0575-83014253
邮　　箱:yj681212@msn.com

浦江博物馆

基本陈列

《上山文化陈列馆及民俗文物陈列》 展览由照片、图片、出土文物及雕塑、场景等组成，反映了上山文化的丰富内涵与魅力。

《民俗文物陈列》 通过日常生活用品、古老农具、竹编精品的展示，述说浦江人民长期以来的生活习俗、浦江农业的发展历程以及丰富而独特的民间工艺和民间艺术。

珍贵藏品

大口盆 上山遗址出土的典型器物。上山遗址因大量出土该类器形而被俗称为"大口盆文化"。该类器物器形独特，有的在腹部安装单侧横向桥形耳或舌形錾。同时，部分陶胎中保留有长江下游地区迄今发现的年代最早的栽培稻遗存。

石磨盘、石磨棒 上山遗址出土的典型石器。石磨盘表面被人为磨成宽大的凹弧面，磨面上特意琢打出麻点，与石磨棒组合成为稻谷脱壳的工具。该类石器在上山遗址大量出土，是上山文化时期水稻栽培与利用的又一珍贵实物资料。

清司马钟花鸟图轴 司马钟字子英，号秀谷，又号绣谷，别号紫金山樵，江苏南京人。善于写意花卉鸟兽，落笔豪放，气势俊逸。此画画面动静结合，张弛有力，具有极强的艺术感染力，为司马钟之精品。

银钵 1979年出土。通高5.3厘米，直径13厘米。内壁底部纹饰为錾刻团形海浪鱼化凤图案。图案精致典雅，给人以柔美祥和的感觉，为银器精品。

基本信息

地　　址：浙江省浦江县新华东路68号
交通线路：3路、8路环线公交车
开放时间：8:30～11:30，13:30～16:30
闭 馆 日：星期一
邮　　编：322200
电　　话：0579-84205518
传　　真：0579-84205518
邮　　箱：pjbwg@163.com
网　　址：http://www.pjmuseum.com

义乌市博物馆

基本陈列

《义乌史迹陈列》 按义乌历史发展顺序,展出从新石器时代至明清各个时期的出土文物和本地主要历史名人的史迹,其中以西周原始瓷、汉六朝婺州窑瓷器、宋代金银器及元代龙泉窑瓷器等最具特色。

珍贵藏品

原始青瓷瓿 短直口,平沿,斜广肩,扁圆腹,下腹内收,平底内凹。肩部有对称双耳,耳面以圆圈纹和三角纹做地,并模印一个面目狰狞,一手举剑,一手执盾的披甲武士。武士肩部粘贴佩璧,璧上有半身人像。肩部饰四组凹旋纹,间饰水波纹等。扁盖,缘内收作子母口,顶部堆塑三个羊形纽。

北宋青瓷盖罐 子母口微敞,圆唇,短直颈,鼓腹,圈足外撇。颈肩部有双泥条和单泥条各一对。腹部刻有仰莲瓣。圆形盖,上刻覆莲瓣。灰白胎,细密坚致,通体施青绿色釉,釉薄而光亮。

北宋铜佛像 通高26厘米。佛像顶束发髻,额发为螺旋式。双耳垂肩,双唇微闭,面带微笑,面容丰腴,眉清目秀。双手合于腹部,施禅定印。上身袒露,披通肩长袖衣;下身着长裙,光足立于覆莲座上。佛像背后有火焰纹头光和背光。

明金丝髮髻 由圈、檐、盖三部分组成。用极细金丝编结成网状,以三根较粗金丝穿连,左右两侧有外圆内方的钱纹图案各三个。薄如蝉翼,工艺精湛。

基本信息

地　　址:浙江省义乌市城中北路126号
交通线路:3路、11路公交车
开放时间:8:30～11:00,14:00～16:30
闭 馆 日:星期一
邮　　编:322000
电　　话:0579-85540405
传　　真:0579-85540405

衢州市博物馆

基本陈列

《婺州窑古瓷》 婺州窑历史悠久，商周时期就创造出了原始瓷器，在唐代被誉为全国六大青瓷名窑之一。陈列分为四个部分，介绍了婺州窑的萌芽、发展、鼎盛及兴旺发达几个阶段。

《衢州六千年》 从"葱洞先民·姑蔑古国"、"通衢古城·汉唐雄风"、"两浙翘楚·物华天成"、"东南铁城·民殷物富"等四个方面，展示衢州众多的史迹、文物、名人，和衢州六千年的文明历史。

珍贵藏品

南宋金娃娃 作匍匐状，右手执一环，左手执握莲枝负于背，举手凝视，神态生动。金娃娃就是宋代被奉为吉祥物的"摩睺罗"，较为罕见。

南宋"罗双双"银鞋 每只鞋由三片银片（鞋底一片、鞋面两片）焊接而成。鞋头上翘，口沿錾刻忍冬纹一周，鞋面錾刻宝相花，鞋底錾刻线纹及双钩"罗双双"字样。

南宋玉荷叶杯 白玉质。正面刻有二片荷叶，大片为杯身，小片为杯把顶饰，线刻叶脉。背面略同，并附浮雕莲花、莲叶，其茎卷曲成杯把，造型生动。此器为迄今所知同类作品中最早的一件。

南宋玉兔形镇 青白玉质。兔作伏卧状，以简练的手法阴刻眼、耳、须、腿、爪、尾。双目前视。四足间略饰毛发纹。

基本信息

地　　址：浙江省衢州市柯桥区新桥街98号

交通线路：309路公交车至城隍庙

开放时间：淡季9:00～16:30　旺季9:00～17:30

闭 馆 日：阴历除夕

邮　　编：324000

电　　话：0570-8586968

传　　真：0570-8586962

邮　　箱：qzmuseum@sina.com

网　　址：www.qzmuseum.com

江山市博物馆

基本陈列

《江山历史文物展》 分为四个部分展出：一是古代遗址部分，展出的是自新石器晚期至西周时期的石器、陶器共107件；二是古代窑址部分，展出的是唐、宋、元、明、清时的大量实物标本，这些窑址的产品有一定代表性；三是古墓葬区，展出的是2006年黄衢南高速公路抢救发掘出的一批两晋南北朝的文物，以及明代一座父子合葬墓的一些文物资料、信息等；四是流散文物部分，展出的是玉器、铜镜等73件文物珍品。《江山历史文物展》所展出的这批珍贵文物，既反映了江山悠久的历史，同时也充分展示了江山的丰厚文化内涵。

珍贵藏品

北宋京西北路提举保甲司印 铜质，纽一侧阴刻一"上"字，印文为九叠篆"京西北路提举保甲司印"。宋代地方政区分为路、府、县三级制，路相当于现在的省一级。此印为北宋熙宁、元丰时期王安石推行保甲法的印证物之一。

西周原始瓷尊 采集。它对于研究我国瓷器的起源具有重要价值。

南宋影青粉盒 影青瓷也叫映青瓷，是北宋中期景德镇所独创，南宋时大量生产。其釉色青白淡雅，釉面明澈丽洁，色泽温润如玉，故有"假玉器"之称。此件粉盒缺盖，外底印有"吴家合子记"五字，为盛放化妆用品所用。

唐代蓝彩青瓷碗 1978年出土。釉面呈冰裂状，易剥落。胎灰白微泛褐红色，胎骨粗松。玉环形圈足。内底心绘有一朵蓝色折枝花草，口沿以下内外对称各有六组蓝彩条纹，每组三条，呈色灰暗。此器属介于三彩和青花之间的高温釉上蓝彩，它对研究唐代陶瓷的装饰艺术，特别是青花瓷器的起源，具有一定的价值。

基本信息

地　　址：浙江省江山市江城北路17号
交通线路：102、103路公交车至江山康复医院
开放时间：9:00～11:30，14:00～17:00
邮　　编：314200
电　　话：0570-4380787　4380779　4378711
邮　　箱：jb4380779@163.com

舟山博物馆

基本陈列

《舟山古代史迹陈列》 由"史前生态"、"最初家园"、"文明曙光"、"千秋良港"和"海疆烽火"5个部分组成，展出各类文物200余件（组），展示了舟山上起2.19万年前，下至1840年鸦片战争的历史人文嬗变概况，重点突出舟山在中外经济文化交流史中的重要地位，以及近代抗击外来侵略的重大史实，是一本通俗易懂的"乡土历史教材"。

珍贵藏品

新石器时代玉玦 环状，厚0.6～0.8厘米、外径6.2厘米、内径4.4厘米。肉厚薄不均，横载面呈梯形，并有一宽为0.2厘米的缺口。淡菊黄色间杂深黄色瑕斑，不透明，玉质温润，有油脂光泽。

宋青瓷团花粉盒 盒与盖为子母扣。呈扁圆形，浅腹，圈足略外撇，盖顶平坦，刻划牡丹纹及卷叶纹，通体施青釉，釉层厚润光泽，造型规整精美。

明犀角雕荷叶螭虎纹杯 呈荷叶状，敞口，深腹，小底，口沿曲圈内翻。腹内以阴线刻叶脉，外以阳纹呈叶脉，底部浮雕漩涡形波浪纹，透雕螭虎作把柄。整体造型精美，构思精巧，线条流畅，雕刻精细，色泽滋润透彻。

清任立凡绘蔡荣庄像 纵69厘米、横37.5厘米。纸本，水墨设色，是任立凡为萧山著名竹刻家蔡荣庄所绘晚年写照。蔡荣庄着白色长袍，手端茶杯，神态安详地倚石而坐，身后立一手捧花瓶、素面淡妆的侍女，侍女身后有两棵枝繁叶茂的古树。构思巧妙，寓意深远。右上角有陈勋大段题词并记。

基本信息

地　　址：浙江省舟山市定海区环城南路453号
交通线路：公交游2路
开放时间：8:00～11:30，13:30～17:00
闭 馆 日：星期一
邮　　编：316000
电　　话：0580-2823220　2820993
传　　真：0580-2823220
邮　　箱：zsmuseum@126.com
网　　址：www.zsbwg.com

绍兴鲁迅纪念馆

基本陈列

《鲁迅生平事迹陈列》 以黑、白、灰作为设计中的基本色，形式设计着力体现以人为本的原则，将多媒体技术和其他高新技术手段加入到展示设计之中。内容设计则以编年体的形式，全面反映鲁迅一生的丰功伟绩，重点反映鲁迅与绍兴深厚的渊源关系，将鲜明的绍兴地域特色和鲁迅青少年时期作为纪念馆陈列的独特个性和亮点。

珍贵藏品

鲁迅手稿《〈古小说钩沉〉序》 宣纸质，宽34厘米、高28厘米。文章1912年2月发表在《越社丛刊》第一集上（署名周作人）。后收入《鲁迅全集补遗》。

《域外小说集》 一套二本。宽13.3厘米、高19厘米。该书系1909年2月和6月在日本东京神田印刷所印，由周树人发行，上海广昌隆绸庄寄售的初版，是鲁迅和周作人合译的短篇小说集。

鲁迅批校的《金石识别》 宽17厘米、高27.5厘米。竹纸质。共分6册12卷。此书是清同治十一年上海江南机器制造总局藏版，由美国矿物学家代那撰，为中国近代最具史料价值的一部矿物学译著。每册封面均有鲁迅"金石识别"题签及"会稽周树人"署名。

《鲁迅致许寿裳书信》 从书信中可以看出，1911年5月间，鲁迅在绍兴府中学堂工作时，曾乘隙再一次去日本。这也是鲁迅自日本留学回国后的最后一次赴日。

基本信息

地　　址：浙江省绍兴市鲁迅中路235号
交通线路：5路、7路、8路、9路、10路、11路、12路、18路、20路、21路、24路、32路、66路、77路、88路、106路等公交车
开放时间：淡季8:00～17:00　旺季8:00～17:30
邮　　编：312000
电　　话：0575-85117991　85132084
传　　真：0575-85117991
邮　　箱：luxunmuseum@163.com
网　　址：www.luxunhome.com

中国灯塔博物馆

基本陈列

《世界灯塔历史文化和中国灯塔发展史陈列》 整个建筑是仿美国著名的波特兰灯塔造型,以1:1的比例建筑而成。博物馆为二层建筑,一楼为展厅。陈列以图片和实物相结合,生动地为游客介绍了世界灯塔历史文化和中国灯塔发展史。

珍贵藏品

煤油灯 1899年英国人制造。保存完好,属于早期航标灯。曾使用于世界历史文物灯塔之一的花鸟山灯塔。

发电机 1929年由英国马可尼公司生产制造。保存完好,曾使用于花鸟山灯塔。

雾钟 公元880年一位僧人在经过舟山市岱山县长涂西鹤嘴时,发现西鹤嘴外经常有船只触王虎礁沉没,因此驻留此地,每逢雾天便敲击铜钟,警告过往船只。

特色活动

模拟驾船 采用先进的电脑技术控制,由3个投影仪投射形成一个三维立体的大屏幕,让观众亲身体验驾船。航线选择、天气变化以及风浪大小可以自由设置,真实感强,让人有身临其境之感,可以真正领略航海的乐趣。

基本信息

地　　址:浙江省舟山市岱山县高亭镇竹屿新村
交通线路:岱山县长途汽车站步行10分钟
开放时间:8:00～11:15,13:00～16:30
闭 馆 日:星期一
邮　　编:316200
电　　话:0580-4473066
传　　真:0580-4472972
邮　　箱:hry-2003@163.com
网　　址:http://www.dswg.com.cn

台州市黄岩区博物馆

基本陈列

书画陈列 博物馆为仿古式庭院建筑,北为大厅,陈列陈叔亮作品,西为厢房,陈列陈叔亮生平事迹;东厢房陈列名人往来信札和陈叔亮先生的文艺论著等珍贵资料。观众可以由西向东顺时针绕庭院参观。

珍贵藏品

陈叔亮书周恩来《春日偶成》绝句 "樱花红陌上,柳叶绿池边,燕子声声思,相思又一年。"此幅作品为陈75岁时所书,下笔凝重遒劲,有如铸铁,表现出自己的创新精神,时代精神和个人风格融合。

陈叔亮《线团与猫》国画 此作为陈志1973年所画,笔墨自然,富有情趣,下款为刘海粟84岁时题识。

特色活动

书法绘画笔会活动 近几年黄岩书协、画协在该馆举办各种形式的书画笔会,到会者有各界人士及书画家们,大家互动参与。

基本信息

地　　址:浙江省台州市黄岩区九峰公园内
开放时间:淡季9:00～11:00,15:00～17:30
　　　　　旺季8:00～11:30,13:30～17:30
邮　　编:813020
电　　话:0576-84112773
传　　真:0576-84233965

三门县博物馆

基本陈列

《近现代书画和出土文物陈列》 分批陈列馆藏书画珍品,其中重点展示有近现代书画家蒲华、章梫、黄宾虹、丰子恺、余任天、陆俨少、启功、沙孟海、沈鹏等著名书画家的力作。

《出土文物陈列》 主要展出陶、瓷、石、玉、青铜器等珍贵出土文物,反映三门县的历史文化风貌。

珍贵藏品

南朝青瓷鸡首壶 盘口,直颈,丰肩,弧腹,平底略内凹。肩部有鸡首,二桥形横系,及泥条形把手。釉色青偏黄。外壁施釉不及底,有流釉现象。

唐青瓷熏炉 平顶斜坡形盖,纽扣形圆盖纽,盖以子母口与盒身相合,圈足外撇,有三孔。釉呈青黄色,内外壁施全釉,胎质致密,呈青灰色。盖面镂刻叶状四孔,斜坡处镂刻四朵五瓣菊花,造型玲珑小巧。

陆俨少《乾坤一草亭》图轴 此画作于1984年,纸本设色,68×46厘米。画中有山水、白云、树木、草亭,亭内有人。画风缜密娟秀,灵气外露,勾云、勾水留白处理,山势、树石嶙峋峥嵘,自成奇崛之态。款题行书"乾坤一草亭 甲子冬陆俨少画",名章白文"陆俨少",白文"宛若"。

基本信息

地　　址　浙江省三门县海游镇玉城路8号
交通线路　乘3路公交车至海游大桥头,往北走500米
开放时间　淡季8:00～11:30,13:30～17:00
　　　　　旺季7:30～11:30,14:00～18:00
闭 馆 日　星期一
邮　　编　317100
电　　话　0576-83363268
传　　真　0576-83363974
邮　　箱　cctv1001@126.com

天台博物馆

基本陈列

《天台文物史迹陈列》 全面反映了天台深厚的文化底蕴，清晰再现了天台的历史脉络，展示前人留给天台的珍贵文化遗产。

《古生物标本陈列》 以天台出土的恐龙蛋、骨骼化石为主，辅以丰富多彩的史前生物标本，向人们展示了远古时期自然界生物的演化、兴衰过程。

珍贵藏品

恐龙蛋、骨化石 天台是晚白垩纪恐龙的乐园。堪称"恐龙之乡"。历年来，出土了大量的恐龙化石。

清"西湖全景"刻漆屏风 六曲十二扇大型屏风，通体髹漆为地，刻漆填彩，图案为杭州西湖著名风景和历史风貌，具有很高的艺术价值和历史价值。

宋传教寺石刻 传教寺是宋代佛教天台宗二次中兴中的一座重要寺院。宋代石刻造像于20世纪80年代初在传教寺遗址发现，共计13块，主要内容为佛教护法天神中的"十二诸天"及佛本生故事。

基本信息

地　　址：浙江省天台县国赤景区内
交通线路：5路、7路、9路公交车
开放时间：淡季8:00～11:30，15:00～17:30
　　　　　旺季8:00～11:30，14:00～16:30
邮　　编：317200
电　　话：0576-83958798
传　　真：0576-83958797
邮　　箱：ttbwg@163.com

临海市博物馆

基本陈列

《临海史迹展览》 较为全面地展示临海（包括古代台州）政治、社会、经济、文化发展脉络，以实物为主，辅以图文，力求图文并茂，通俗明了。

珍贵藏品

宋大晟应钟 大晟钟为宋政和年间"大晟"府所铸造之宫廷乐器，按音阶排列，此为"应钟"。钟通高28厘米，其中身高21.8厘米、纽高6.2厘米，断面呈杏核形，底部内径18.1×13.9厘米。纽作相对状龙纹，纹饰镂空。表面饰云雷纹及乳丁纹。钲部一面刻"大晟"，一面刻"应钟"，均篆书阴刻。

五代戏曲划线人物瓶 盘口四系，鼓腹下敛，高颈，假圈足，平底内凹。胎质灰黄，施青釉，釉色泛黄泛灰，少光泽，腹部有点彩。下腹有二划线人物，似为一主一侍，主大侍小，各仅有半身。主者面侧，侍者正面。推测很可能属戏曲人物。似为窑工在闲暇时随意刻划而成。

宋钱象祖相府家印 弓背形纽，印面正方形，5.2×5.2厘米、通高3.1厘米，印文为"太师钱左相府印信"，阳刻。

五代莲花盖果形粉盒 器作果形，盖饰莲花，莲花覆瓣三叠，花瓣浅浮雕，瓣刻细脉，盖顶有柄状纽，雕琢精美，通体施青釉，釉青中泛绿，晶莹清亮。

基本信息

地　　址：浙江省临海市城关东郭巷73号
交通线路：201路、202路、203路、204路、106路等公交车至东湖公园站
开放时间：8:00～17:00
闭 馆 日：农历除夕
邮　　编：317000
电　　话：0576-85115928
传　　真：0576-85115928
邮　　箱：xusanjian@tom.com

缙云县博物馆

基本陈列

《缙云历史陈列展》 以缙云历史为脉络，采用编年体方式，分早期文化、唐宋文化、元明清文化和近现代革命斗争等四个部分内容，图文并茂，生动直观地展示缙云悠久、灿烂的历史文化。

《李震坚艺术作品展》 以介绍李震坚生平、艺术成就的文字、图片及李震坚书房原样展示为主，并着重展出馆藏李震坚各个时期的书画精品，充分展示了李震坚艺术人生和艺术魅力。

珍贵藏品

唐云龙双鹊衔绶月宫镜 直径15.1厘米，铜镜表面黝黑发亮。镜背边缘光素突起呈八角宝相花形，主体纹饰为古代传统图案：上部为月宫玉兔捣药，神态逼真；左右为双喜鹊衔绶带展翅齐飞往月宫；下部为一腾龙在波涛中腾跃，腾龙两侧为两朵变形灵芝云纹。圆形镜纽，有孔可系带。

元青瓷水丞 8.5×5.5厘米，出土。小圆口，溜肩、斜腹，锥形底，中腹到底饰有六棱形足。器身一侧饰有一直立蛙形人，双手平放在器物肩部，形如拿鱼篓状，形象逼真。青釉匀净，釉层滋润。造型独特，线条流畅。

李震坚人物画《静》 纸本镜心。画心右侧为一印度少女，低首含情，面部肤色调色淡雅，发色连勾带染，衣纹以勾勒为主。用书法意味写出，墨色枯湿互见。镜心上部为款，横写。内容："静 写印度人生活意趣 辛未昔客新加坡震坚并识。"钤"震坚"二字白文印一方。

基本信息

地　　址：浙江省缙云县新区黄龙路140号
交通线路：乘1、2、3路公交车至缙云县人民法院站
开放时间：淡季8:30～11:30，15:00～17:30　旺季8:30～11:30，14:30～17:00
邮　　编：321400
电　　话：0578-3315107　3315120
传　　真：0578-3315103
邮　　箱：bwgwqy@163.com
网　　址：www.1smap.net/jybwg/news.asp

庆元县香菇博物馆

基本陈列

《香菇专题陈列》 馆内布置了以吴三公为代表的菇民，发明了"砍花法"和"惊蕈术"，栽培香菇的菇山场景及菇民生活的菇寮复原模型。

《历史和革命史陈列》 展示庆元社会发展史、陶瓷发展史、革命斗争史等三部分内容，展品丰富，其中又以龙泉窑代表——上垟窑址的瓷器标本及青瓷生产流程为主要特色，较好地表现了青瓷文化。

《走进廊桥展》 庆元县素有"廊桥天然博物馆"和"廊桥之乡"之美称。展厅陈列着四座风格迥异的木拱廊桥模型，有全国历史最悠久的如龙桥、单孔跨度最大的兰溪桥等。

珍贵藏品

西晋越窑谷仓 有三层堆塑装饰，上层、中层为重檐式四方屋顶，底层设六屋，其间有八俑、一狗。肩、腹间贴两周动物生肖图案。施青黄色釉，釉不及底。

宋龙泉窑六管盖瓶 花苞纽，盖作覆莲状。颈肩交接处有四耳，耳面浮雕菊花和枝叶。肩部刻划云纹六朵，并装六根多棱管。腹上部用双线直棱分成四格，内刻盛开的牡丹，下腹刻重瓣仰莲。施淡青色釉。

《三合堂碑》拓片 系庆元、龙泉、景宁三县菇民于清同治年间，在广东省韶关市设立的"三合堂公馆"房契刻石，全文812字，楷书阴文。

基本信息

地　　址：浙江省庆元县松源镇新建路138号
交通线路：工业园区专线车营林公司（站）
开放时间：淡季8:30～11:30，14:00～17:00
　　　　　旺季8:30～11:30，15:00～18:00
邮　　编：323800
电　　话：0578-6218647　6122690
传　　真：0578-6122824
邮　　箱：qybwg@163.com

龙泉市博物馆

基本陈列

《龙泉青瓷展》馆　共3个展厅，面积386平方米。第一展厅为龙泉窑青瓷简史厅，介绍龙泉窑发生、发展、鼎盛及衰落的全过程；第二展厅为龙泉青瓷专题展厅，展出青瓷器物瓷片、窑具；第三展厅为现代龙泉青瓷展厅。

《龙泉宝剑展》馆　面积125平方米。陈列以展示现代龙泉宝剑为主，设民国年间龙泉宝剑铺模拟场景一个。

《龙泉生态展》馆　面积125平方米，陈列展示龙泉境内，特别是凤阳山国家自然保护区内的动、植物标本，并设动、植物场景和凤阳山保护区模型各一座。

珍贵藏品

北宋龙泉窑五管瓶　釉色淡青，胎色灰白。以莲荷为主要装饰内容，运用刻划、堆贴等装饰手法，制作精致，纹饰生动。五管瓶俗称五端壶，属冥器，为龙泉窑典型器，常与盘口长颈瓶组成随葬品组合。

南宋龙泉窑粉青釉虎瓶　缺盖。肩颈部堆塑一只老虎，下部堆塑一只飞鸟。粉青釉，釉厚滋润，胎灰白。造型规整端庄。虎瓶与龙瓶组对称龙虎瓶，为龙泉窑常见明器，南宋开始替代五管瓶、盘口长颈瓶墓葬组合。

元代龙泉窑豆青釉观音像　高28.8厘米，头戴华冠，冠后为镂空火焰纹。观音面部丰满圆润，仪态端庄。右腿屈起，右手搁膝，旁塑一只鹦鹉；左手扶绶带，旁置净瓶一只，左下侧塑一只老虎。釉色豆青，釉层肥润，灰白胎。面、颈、胸、手、足均露胎，呈朱砂色。

基本信息

地　　址：浙江省龙泉市公园路1号
交通线路：2路、3路车至公园路口
开放时间：淡季8:00～12:00，15:00～16:00
　　　　　旺季8:00～12:00，14:00～17:30
闭 馆 日：星期一
邮　　编：323700
电　　话：0578-7124654　7123131
传　　真：0578-7111334
邮　　箱：lqsbwg@126.com

平湖市吴一峰艺术馆

基本陈列

吴一峰艺术陈列室 吴一峰，浙江平湖人，我国著名国画家、书法家、篆刻家、诗人。先生精研中国山水画，兼及书法、篆刻、诗词，在继承传统笔墨的基础上融入西法，独辟蹊径。作品构图充实，意境深邃、苍浑秀润、气韵生动，融诗书画于一炉，独具"一峰风格"。吴一峰先生终生游历，却始终情系故乡，生前决定将自己一生的艺术品无偿捐献给家乡，捐献给平湖人民。平湖市政府按照吴一峰先生在四川设计的"一峰草堂"样式，在风景秀丽的当湖公园内建造了"吴一峰艺术馆"，将其作品永久收藏、陈列。艺术馆通过对吴一峰书画作品、书籍、文房四宝和工作、生活照片的展示，详细介绍了吴先生的生平和艺术成就。

珍贵藏品

吴一峰《壮游图》 纸本，708×21厘米。上有朱天梵、郑午昌、谢公展、黄宾虹、刘海粟、张大千、钱叔涯等21位名家题跋。

陆俨少国画作品 纸本，52×96厘米。仿石涛山水，其画作于吴一峰四川一峰草堂内。

陆俨少对联书法作品 纸本，38×105厘米。旁有四行长款："三间茅屋几亩蔬畦知君心有田家乐，一别浮云廿年流水喜我来从十日游"。

基本信息

地　　址：浙江省平湖市当湖路61号（当湖公园内）
交通线路：公交1路至当湖公园站
开放时间：8:00～11:20, 13:30～16:30
邮　　编：314200
电　　话：0573-85562278　85562277
传　　真：0573-85127477
邮　　箱：phgaohong@126.com

平湖市李叔同纪念馆

基本陈列

《李叔同生平和成就展》 主要展示六个方面内容：一、介绍李叔同从豪门少年到佛门高僧的人生轨迹，展示李叔同各个时期的生活照，部分遗物和书法手迹等照片；二、展出李叔同各种美术作品，介绍李叔同从事戏剧活动的经历和成就以及创作歌曲；三、展出李叔同执教浙江一师美术课的图片、发表的文章，和李叔同弟子评李叔同艺术教育的文章；四、介绍李叔同弟子刘质平的音乐成就，教学生涯和刘质平怀念先生的文章；五、介绍李叔同出家经过，展示李叔同——弘一大师云游各地佛教名刹弘法等图片；六、介绍国内学者撰写的介绍、评论、研究李叔同的各种著作，展示各种纪念碑、塔等建筑，以及天津、杭州、泉州、台湾、平湖等地开展的纪念活动。

珍贵藏品

佛说阿弥陀经条幅 共16件，为我馆最大件的李叔同书法真迹。

信札、遗嘱 1931年，弘一法师李叔同病重期间写给学生刘质平的遗嘱。

格言横批 李叔同写给学生刘质平在日本留学时的格言横批。

基本信息

地　　址：浙江省平湖市叔同路29号
交通线路：乘1路、2路、10路公交车至东湖广场站
开放时间：8:00～16:45
邮　　编：314200
电　　话：0573-85011053　85012926
传　　真：0573-85012926
邮　　箱：phlst@126.com
网　　址：http://www.phlst.cn

桐乡市丰子恺纪念馆

基本陈列

丰子恺漫画馆 包括丰子恺艺术生涯陈列室、丰子恺书画精品陈列室和中国漫画名家陈列室。丰子恺艺术生涯陈列室，介绍丰子恺先生的生平及艺术历程；丰子恺书画精品陈列室，展示了丰子恺的书画作品12幅；中国漫画名家陈列室，介绍了在我国漫画发展史上有重要贡献和突出成就的著名漫画家华君武、丁聪、张仃、方成和已故的沈泊尘、叶浅予、张乐来、张光宇、廖冰兄生平简介及代表作品。

珍贵藏品

缘缘堂蕉门 为缘缘堂原物，1937年11月缘缘堂毁于日军炮火，蕉门由丰子恺堂兄丰嘉麟保存并捐赠。

二十五史 书上烫有"缘缘堂藏书"五个金字。

派克金笔 此物是缘缘堂原物，20世纪二三十年代丰子恺先生使用。

基本信息

地　　址：浙江省桐乡市石门镇西市街大井弄1号
开放时间：8:00～16:30
邮　　编：314512
电　　话：0573-88611275　88614475
传　　真：0573-88616150
邮　　箱：yuanyuantang001@163.com

宁波市镇海口海防历史纪念馆

基本陈列

《镇海口海防史迹陈列》 以传统陈列手段和现代科技相结合的方式,直观再现了镇海军民抗击倭寇和英国、法国、日本等侵略者的铁血史实。生动展示了中国人民不畏强暴、前赴后继、自强不息的民族精神。

珍贵藏品

前膛炮 1842年英国瓦瓦斯厂制造,炮身长2.5米,直径17.3厘米,重约2500公斤。膛口铸有准心、照六,射程约2000米。

陈德法将军公文包 陈德法(1900～1975年),诸暨人。曾率部参加"八·一三"淞沪抗战。1940年7月16日,日军进犯镇海,陈将军率部奋战,退敌。1949年9月,随陶峙岳将军率部起义。

侵华日军纪念章 钢质,直径54毫米,为日军侵华的罪证。

日军随军记者拍摄的入侵镇海的照片 照片取自日本侵略者出版的《支那事变画报》、《圣战纪念写真贴》等刊物,是日军侵华的罪证。

特色活动

东方少年梦想营 以"体验军营、军事训练、登舰瞭望、红色旅游、梦想校园、素质教育"等为活动内容,"拓展青少年综合素质"。

红领巾宣讲员 活动主要是利用节假日和寒暑假期间对小学生进行培训和讲解,在实践活动中提高学生的能力和素养。

基本信息

地　　址:浙江省宁波市镇海区沿江东路198号
交通线路:乘541、371路公交车至招宝山终点站
开放时间:8:00～16:30
邮　　编:315200
电　　话:0574-86255760
传　　真:0574-86254768
邮　　箱:jngwubo@yahoo.com.cn
网　　址:http://www.zhxww.net/zhnews405/aijiao

安吉县吴昌硕纪念馆

基本陈列

《吴昌硕生平陈列》 陈列分为"一耕夫来自田间"、"游寓江左访师友"、"酸寒一尉出无车"、"申江潮满月明时"四个部分,以精致的版面,翔实的史料,展示了一代宗师吴昌硕的生平轨迹。"小名乡阿姐""芜园岁月""一月安东令""誉满东瀛"等24个小标题设置,涵盖了吴昌硕艺术发展的各个阶段。安吉是吴昌硕成长的摇篮,吴昌硕与家乡的篇幅在展览中尤为浓重。展览最后将吴昌硕早中晚不同时期书、画、印作品作对比排列,配以文字说明,将大师艺术风格演变进程直观展示,方便观众对大师作品的解读。

珍贵藏品

吴昌硕泼墨荷花轴 是吴昌硕写意花卉的代表之作。通幅气势磅礴,水墨淋漓,轻重浓淡,富有层次,线条粗细徐疾,刚健圆润,虚实疏密,极见匠心,题画诗与画面和谐生动,相得宜彰。

吴昌硕山水图轴 为吴昌硕晚年山水精品。将篆籀之笔运用于山水,将线条与墨彩相互参差,点化出生动的山间意蕴,全图运笔飞动,结构精严,代表了吴昌硕山水所达到的艺术高度及内在张力。

基本信息

地　　址:浙江省安吉县递铺镇天目路572号
交通线路:2路、4路公交车直达
开放时间:淡季8:30～11:00, 13:30～16:30
　　　　　旺季8:30～11:00, 14:00～17:00
邮　　编:313300
电　　话:0572-5024258
传　　真:0572-5026877
邮　　箱:fanyian@wcsjng.com
网　　址:www.wcsjng.com

杭州京杭大运河博物馆

基本陈列

《大运河的历史与文化》 陈列共分五个展厅，全方位地反映京杭大运河开凿、变迁的历史和重要作用，沿运河主要城市的历史风貌，以及丰富多彩的运河文化。

珍贵藏品

清苏州府官斛 是当时官方制定的征收漕粮时的标准量器，一斛相当于五斗，大约合现在的75斤。此斛保存完整，是了解漕运制度的珍贵实物。

清顺风快利船票 印有"顺风快利"四字，表达了商家希望一帆风顺，早日获利的美好愿望。上面注明了一些收款项目，以及提醒顾客保管好随身所带行李的提示等。

民国十里红妆花轿 十里红妆是清末民国时期宁绍地区流行的红漆家具的统称。这顶朱金木雕大花轿，长、宽各98厘米，高265厘米。木雕彩绘，朱漆泥金，周身雕刻吉祥故事图案，金碧辉煌。

特色活动

两岸大学生运河牵手行系列活动 自2006年开馆以来，每年寒暑假负责承办来访的台湾大学生修学团系列活动，并举办《大运河的历史回顾及申遗前景展望》讲座。

大学生暑期大运河考察活动 每年寒暑假组织在杭高校大学生参加大运河考察社会实践活动。

基本信息

地　　址：浙江省杭州市拱墅区运河文化广场1号
交通线路：乘70路、43路公交车至台州路口
开放时间：9:00～17:00
闭 馆 日：星期一、二
邮　　编：310015
电　　话：0571-88162018　88162058
传　　真：0571-88162118
网　　址：www.canal-museum.cn

杭州俞曲园纪念馆

基本陈列

《俞曲园纪念馆陈列》 以珍贵实物和大量图片,全面介绍一代朴学大师俞樾的生平、成就、影响,以及他留迹西湖、对湖山风光与人文的卓识与贡献,既有深厚的文化内涵,又有浓郁的人情味与可看性,同时还突出了名人纪念馆与西湖山水名胜的内在联系,在西湖人文景观建设上作出了新的探索。

珍贵藏品

俞曲园元旦试笔横披卷 纸本,宽200厘米,高32厘米,行书,书法精练凝重。"元旦试笔"亦称"再入翰林"。

俞曲园剃头诗横披卷 俞曲园书,纸本,内芯为浅黄色毛边纸,宽40厘米,高36厘米,行书。前后有俞平伯题跋,宣纸,白色,直排5列。总宽100厘米。

《枫桥夜泊》诗碑拓 俞樾书,纸本,高140厘米,宽70厘米,行书。

基本信息

地　　址:浙江省杭州市孤山路32号
交通线路:K7路、K27路、K81路、K850路公交车
开放时间:8:00～17:00
邮　　编:310007
电　　话:0571-87968525
传　　真:0571-87979383

余杭区博物馆(江南水乡博物馆)

基本陈列

《余杭,我们的家园——余杭历史文化陈列》 重点地反映了自七千多年前马家浜文化至现代的余杭历史上发生的重大事件和各地名胜、自然资源等。

《文明曙光——馆藏良渚文化器物精品陈列》 展出良渚文化玉器和陶器等。

《江南水乡文化陈列》 介绍了江南水乡形成的原因、地理景观特征及对文化形成的意义,以及这一地区在中国文明构成中的地位。

珍贵藏品

良渚文化玉琮 黄白色,内圆外方。分为上下二节,上节四转角雕刻四组简化神人面纹,下节四转角精雕繁缛兽面图像。整器端庄凝重,抛光精细。

良渚文化玉镯形器 玉质牙白。器呈环状,表面光泽莹润。其外侧均匀分布五组扁方形面凸台,台面下部刻兽面纹,以重圈为圆眼,椭圆形眼睑,以桥形棱额相连,宽嘴部密刻卷云纹,神态怪异。此种装饰,为迄今所仅见。整器雕琢细腻,堪称微雕工艺之杰作。

谷仓 越窑青瓷。整器分上下两部分。下部为盘口深腹罐,盘口以上,正面塑出庑殿顶双重檐门楼,门楼旁有一组头戴尖帽的胡人杂耍和乐伎俑。通体施釉。

基本信息

地　　址:浙江省杭州市余杭区临平南大街95号(人民广场)
交通线路:509路、309路、观光3号线公交车
开放时间:淡季8:45～17:00 旺季9:00～16:30
邮　　编:311100
电　　话:0571-86245461
传　　真:0571-86222437
网　　址:www.jnsxm.com

良渚文化博物馆

基本陈列

《反山瑶山玉器精品展》 共展出玉器600余件（组）。这是反山、瑶山遗址考古发掘20余年来，大量精美玉器在博物馆的首次展出。展览内容分为四大单元，从不同的角度展示了良渚玉器的独特内涵和功能。

珍贵藏品

良渚文化玉钺 长14.1、刃部宽11厘米，最厚约0.9厘米。南瓜黄，局部沁蚀呈粉白色。玉钺由两块玉拼接而成，刃部锋利。

良渚文化玉琮 高8.8、射径7.8、孔径6.2厘米。呈外方内圆的中空柱状体。一横向凹槽将四角四个长方形凸面图纹分成上下两部分，成为相同的简化神兽图纹。

良渚文化玉璧 直径16厘米、厚0.8～1.1厘米，孔径3.8～4.2厘米。南瓜黄，夹米黄色透光晶体。一面较为平整，另一面保留切割痕迹，单面钻孔。

良渚文化玉冠形器 高5.8、宽7.7、厚0.35厘米。扁平体，整器微凹凸，凸面光素无纹。凹面有阴刻细线神兽图纹。

特色活动

博物馆之旅 不定期举办"探寻远古文明 走访革命圣地"、"探究反山、瑶山遗址"等博物馆之旅夏令营活动，激发学生爱祖国、爱家乡的情怀。

基本信息

地　　址：浙江省杭州市余杭区良渚镇良博路164号
交通线路：乘313路公交车、K348武林门～瓶窑大巴，至良渚人民政府站
开放时间：8:30～16:30
闭 馆 日：星期一（法定节假日例外）
邮　　编：311113
电　　话：0571-88778900
传　　真：0571-88770700
邮　　箱：lzcm@liangzhuculturemuseum.com
网　　址：http://www.liangzhuculturemuseum.com

桐庐县博物馆

基本陈列

展览区设有三个展厅,面积1000平方米。

《桐庐历史文物展》 陈列了新石器中、晚期以来四千年间的桐庐历史文物100余件;

《桐庐近现代史展》 展示了发生在桐庐的一些重大历史事件,着重展示浙东游击纵队金萧支队在桐庐县新合乡革命斗争的艰苦岁月;

《改革开放二十年成果展》 介绍了桐庐人民20年来在建设家乡、美化桐庐中所取得的各方面成绩。

珍贵藏品

南朝青釉龙柄鸡首壶 盘口,长颈,丰肩,深腹,平底。腹上部外鼓。施青黄釉,釉色润泽,釉层局部剥落。肩部一侧为鸡首流,另一侧为圆柱形龙头执柄,龙嘴咬住盘口,呈俯首汲水状,生动逼真。另两侧各有一桥形系。整器深厚古朴,富有神韵。

宋绞釉罐 直口,丰肩,深弧腹,圈足。釉色褐白相间,釉不及底,有垂釉现象。该器物为北方窑制品,较为稀少。

晚更新世人类头骨化石 2000年5月出土。共有5块。

清咸丰十一年紫铜火炮 炮管较长,前细后粗,炮身铸多道加固箍,中部有炮耳,炮尾装有照门。炮身铭汉文:"咸丰十一年八月 浙江巡抚部院王 匠人吴三宝造 重四百觔 配药十八两 弹三十六两"。

基本信息

地　　址:浙江省桐庐县桐君街道学圣路646号

交通线路:7路、11路、12路公交车

开放时间:淡季8:30~11:00,13:30~16:30

　　　　　旺季8:30~11:00,14:30~17:30

闭 馆 日:星期一

邮　　编:311500

电　　话:0571-64218566

传　　真:0571-64218567

余姚博物馆

基本陈列

《上下七千年》 以形象直观的方式，向人们展示了余姚历史文化的源远流长和博大精深。展厅由序厅、陶瓷厅和青铜玉杂厅组成，展出了自新石器时代至清明时期的各类文物近300件。其中，序厅对余姚历史文化作整体性、概括性反映，陈列有余姚双城沙盘模型、"四先贤"全身铜像、先贤手迹等；陶瓷厅集中展示了余姚悠久而底蕴深厚的陶瓷文化，从河姆渡新石器时代的夹炭、夹砂陶，到三代时期的印纹陶和原始瓷，直到六朝至五代、北宋时期的越窑青瓷，都有精品展出；青铜玉杂厅陈列展出了石器、青铜器、骨器、玉器、金银器、砖瓦、印章、墨砚等大量杂件精品。

珍贵藏品

青瓷蜥蜴把鸡头壶 西晋。造型紧凑而优美，显示出极高的艺术美感。

青瓷羊形水注 羊身施青釉，头部饰酱釉，山羊温顺的性格表现得惟妙惟肖。

青瓷人物楼阙罐 俗称谷仓，是了解和认识西晋青瓷烧造状况的重要物证。

青瓷墓志罐 唐会昌二年（842年）明器。直筒形，通体铭文250余字，盖似盛开的荷花，器形精美。

基本信息

地　　址：浙江省余姚市龙泉山西麓广场
交通线路：乘公交车101路至老西门站、203路至姚江桥站
开放时间：8:30～16:30
邮　　编：315400
电　　话：0574-62634038　62630428
传　　真：0574-62634038
邮　　箱：yybwg@163.com
网　　址：www.yywhyc.com

温州市龙湾区博物馆

基本陈列

《龙湾文物、标本展》 展览分为二个部分：通过动植物标本和恐龙骨架等的展示，反映生物进化；通过全区文物保护单位、历史文化名人介绍及本区域出土征集的历史文物、民俗文物等，展示龙湾区的历史文化概况。

珍贵藏品

青釉褐斑鸡首壶 小盘口，束颈，溜肩，球形腹，平底内凹。肩部一侧为高冠凸眼鸡首流，另一侧置为圆形把手，另外两侧横置对称桥形系。盆口、柄、流、腹等处均饰有褐色点彩。

王闿运书法 王闿运（1833～1916年），字壬秋，号湘绮。清咸丰举人，辛亥革命后任清史馆馆长，为清末今文学派主要领袖。其书初习欧阳通，后攻北碑，态劲有致，朴茂多姿。扇面纸本，25×50厘米，正文14行，计56字。行书竖排。

特色活动

每年春秋两季，组织学生到博物馆举行科普教育活动和成年仪式等活动。

基本信息

地　　址：浙江省温州市机场大道501号
交通线路：71路、快21路公交车
开放时间：淡季9:00～11:00，14:50～16:30
　　　　　旺季8:40～11:20，14:00～16:30
闭 馆 日：星期一
邮　　编：325024
电　　话：0577-86879492　86376530
传　　真：0577-86376530
邮　　箱：lwmuseum@163.com

乐清市文物馆

基本陈列

《乐清市民俗文物展》 展出清末、民国时期的生活用品（如雕刻精致的木床、绣花椅、汤兜、果盒等），海洋作业工具（如跳鱼钓、网兜），农业用具（如水车、畚斗等），家庭纺织类（如织布机、纺车等），展品丰富多彩，形象生动。

珍贵藏品

东晋青瓷褐彩卧羊 羊作昂首状，卷尾，四足弯曲，呈卧伏状。器身浑圆，头顶有一个圆孔。施青釉，釉彩匀净，有光泽，灰胎，厚重。

战国龙把鸟首青铜盉 敛口，圜底，三圆锥足；肩部一侧饰一鸟首，另一侧为一龙形把柄。

新石器时代双孔石刀 器体呈横长方形，扁平，双面刃稍弧，上施两个对钻孔，磨制精致，石色灰黑。

唐代青瓷唾壶 喇叭口，口沿内卷，束领，圆腹，圈足。通体施青黄釉。灰胎，质地疏松。

特色活动

中国古代四大发明展 本展览分四个部分，图文并茂地详细介绍了指南针、造纸术、印刷术和火药的发明过程，共有标准展板70块及部分实物，在展厅内设有互动区，使观看者可以动手参与，提高他们对展览的兴趣。

基本信息

地　　址：浙江省乐清市乐成镇乐湖路26号
交通线路：9路、12路、3路公交车
开放时间：淡季8:00～16:00　旺季8:00～17:00
闭 馆 日：星期一
邮　　编：325600
电　　话：0577-6253702
传　　真：0577-6253702
网　　址：www.yueqingww.com

海宁市徐邦达艺术馆

基本陈列

《徐邦达先生书法绘画作品展》 徐邦达先生集鉴定家、书画家、学者、诗人于一身。陈列的书法、绘画作品以及有关鉴定方面的著作,充分展示了徐邦达先生的成就。

珍贵藏品

徐邦达临华嵒《秋艳禽兔图》 华嵒真迹《秋艳禽兔图》原为徐邦达家中旧藏,现藏北京故宫博物院,该件画心长136厘米,宽63厘米。纸本,上画一只喜鹊,下画黑色兔子一只,以芙蓉花做衬。此件乃徐邦达自认最满意之作。

徐邦达临《芳林秋思图》 乃吴门黄丕烈故物,图画短小,为改琦所补画。题跋之人有黄丕烈、吴翌凤及吴县潘氏、孙星衍等。如今此卷原迹不知何在,唯赖徐临此件得窥有清儒林之雅事。

徐邦达《赠别秋甸图》 为两幅图合装而成的长卷。一图画《竹石清泉图》水墨,另一图画《层峦烟云图》。各图均配长歌一首。事关海上绿琦社,内容极为丰富,所涉人物极多,可借以考见近世海上艺林之盛况。

徐邦达临李升《维摩说法图》 山水临卷,纸本,此本盖徐邦达三十余岁所成。长卷,卷后拖尾有徐邦达小楷一跋,略叙中国绘画源流,极见功力。又有吴湖帆长跋一篇,陈巨来曾盛称此卷临摹之逼真。

特色活动

学术座谈会及讲座活动 每年积极配合临时展览举办各类学术座谈会以及讲座活动不少于15次,参加人员高达2万人次左右,深受广大市民的好评。

基本信息

地　　址：浙江省海宁市建设路122号
交通线路：2路、6路公交车到达
开放时间：8:30～11:30
邮　　编：314400
电　　话：0573-87041358
传　　真：0573-87041816
邮　　箱：sbdysg@126.com

平湖陆维钊书画院

基本陈列

陆维钊书画基本陈列 展出陆维钊先生书画真迹35件左右(不定期轮换),并展出陆维钊大事年表、生平照片、书籍、文房四宝等。

珍贵藏品

隶书对联 以篆书笔法写隶,用笔雄肆,整幅字真气弥漫,字字气象开阔,取横势,显古意,豪情满纸。笔画上的并合挪让,更见大师风范。落款取徐渭草书意味,笔势涤荡,左冲右突,上下贯畅,气势的磅礴,是其大字隶书的代表作。

蜾扁书王昌龄诗 本作书体非篆非隶,亦篆亦隶,是先生所创的新体,是扁篆体作品的中的精品。笔法以篆为主,篆隶兼施,方圆并用,奇特而不造作。章法上布置自然天成,挪让有序,左右结体有意拉开距离,使作品有开张之势,是先生蜾扁体的代表作。

水墨山水图 此作笔致老辣,线条圆劲浑厚,笔笔见精神,看似随意点染,一挥而就,却是笔笔中规中矩,足见先生画境之高。

翡翠墨竹图 先生喜写墨竹。竹粗枝大叶,放笔直扫,颇有横扫千军万马之势,给人以坚劲有力之感。

基本信息

地　　址:	浙江省平湖市乐园路80-136号
交通线路:	1路、5路公交车
开放时间:	9:00～17:00
邮　　编:	314200
电　　话:	0573-85230721
传　　真:	0573-85230720
邮　　箱:	shuhuayuan@pingha.gov.cn

绍兴县博物馆（越国文化博物馆）

基本陈列

《越国史馆》 以文物印证历史的艺术手法，通过近千件自远古时期至西汉时期的越地文物，包括最富特色的越国青铜器、玉器、原始青瓷、印纹陶器，系统介绍越地最富特色的历史文化。

珍贵藏品

战国泥质黑衣陶编钟 明器。共19件，形制相同，大小参差。最大一件通高34厘米，最小一件通高13.3厘米。泥质灰陶，器表施黑色陶衣，多已剥落。

春秋青铜鸠杖 杖首长26.7厘米，杖镦长30.6厘米。鸠杖在古代为敬老之物，亦是权力和地位的象征。此杖由杖首、杖身和杖镦三部分组成。杖首为一只鸠鸟，短喙翘尾，展翅欲飞，通身饰羽纹。杖镦为跪坐人像，头上蓄发至额前和耳部，脑后一椎髻，横穿一簪，身上饰几何纹、蝉纹等，真实地再现了古越人"断发文身"的习俗。杖首和杖镦均中空，用于固定木质杖身。

战国原始瓷壶 壶盖已佚，子母口，肩部有三只半环形耳。肩腹部饰云纹宽带三周。外施青黄色薄釉。器形较大，成型复杂，在绍兴属首次发现。

西晋越窑青瓷堆塑罐 由上下两部分组成。上部分两层堆塑殿阙、人物、飞鸟；下层正面立一圭首龟趺碑，上刻"会稽，出始宁，用此丧葬，宜子孙，作吏高迁，众无极"铭文。四周殿阙间又捏塑多种胡人俑，或抚琴，或吹笙，或击鼓，或说唱，形神兼备。下部为罐体，腹壁四周堆贴骑射和禽兽图案。外施青绿色釉，釉面均匀光润。

基本信息

地　　址：	浙江省绍兴县柯桥明珠路398号明珠文化广场
交通线路：	萧山机场或绍兴至柯桥
开放时间：	淡季9:00～15:30　旺季8:30～16:00
闭 馆 日：	星期一
邮　　编：	312030
电　　话：	0575-85282990
传　　真：	0575-85282880
网　　址：	http://www.sxxwh.com

永康市博物馆

基本陈列

《恐龙时代的永康》 对中生代地质进行介绍；

《中国百工文化》 以铜、锡、铁等文化为主；

《永康的非物质文化遗产》 展出"十八蝴蝶"、"九狮图"等。

珍贵藏品

南朝青釉羊头四系壶 高27.5厘米，口径8.4厘米。盘口微侈，肩两侧各饰一对桥形系。口肩之间设有龙形柄和羊头形流。龙头双角卷曲，口衔壶口，柄弯垂于肩。该器胎体灰色，质地坚实，施青绿色釉。

西晋青瓷虎子 器身呈蚕茧形，背有圆形提梁，尾部贴S形小尾巴，腹下置四只伏状兽足，颈部堆塑虎首，形态栩栩如生。胎质灰色，施黄色釉。

宋青瓷堆纹瓶 器物以橄榄形多角瓶为主体。宝塔形盖。颈至腹部作三级分层，从下至上逐层缩小，每层宽约4.5厘米，上两层贴塑执魂幡等丧葬队列24人，下层贴塑不同形态的羊等牲畜9只。施黄绿色釉，釉色均匀。

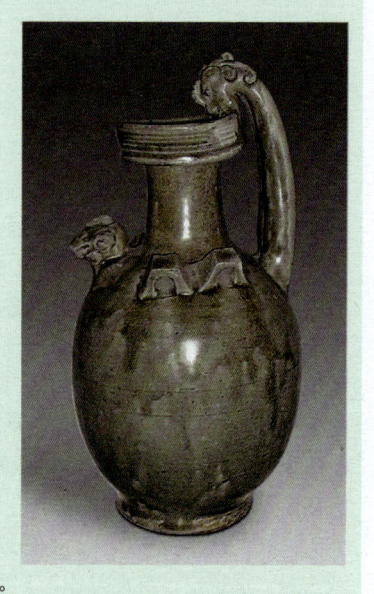

宋青瓷龙纹粉盒 施浅绿釉。盒为扁圆形，带盖，子母口。盖顶饰弦纹二周，内饰龙纹。画面采用剔雕技法，线条流畅。

基本信息

地　　址：浙江省永康市文博路1号

交通线路：乘6路公交车至明珠文化广场

开放时间：淡季9:00～16:00　旺季8:30～17:30

邮　　编：321300

电　　话：0579-87215407

传　　真：0579-87215407

邮　　箱：714695489@qq.com

东阳市博物馆

基本陈列

《东阳历史文化展》 以歌山画水之地、兴学重教之邦、百工竞技之乡作为陈列的三大主题:撷取西周春秋时期土墩墓出土文物,阐明东阳是古越重地;以歌山窑和葛府窑青瓷产品、南寺塔文物显示婺之望县;着重讲述崇文兴教、勤学苦读风气的形成,"人才之乡"、"教育之乡"的历史;以及通过东阳木雕、竹编等工艺精品的展示,叙述"百工之乡"、"建筑之乡"的历史渊源。展览采用文物结合图文、场景辅助的方式,系统地介绍东阳的历史文化。

珍贵藏品

东阳龙化石 白垩纪晚期恐龙骨架化石,属蜥脚类草食性巨龙科恐龙,是此类恐龙的新属新种,是目前华东地区最好的恐龙化石之一。

五代木雕佛像 木雕罗汉像,面颊丰满,微笑如常,身穿袈裟,双手合十,跣足立于莲台,像身又置于佛龛之中,为古代东阳木雕之代表作。

春秋时期玉樽 筒形樽体,弧形盖,可活动嵌入式双耳,整体制作极为精细,显示出2500年前一流的工艺技术水平。

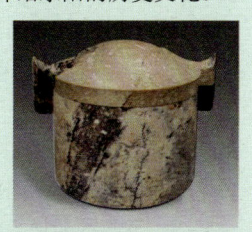

唐婺州窑青瓷葵口豆 葵口口沿,弧腹下收,喇叭形圈足,内外施青黄釉,是东阳本地生产的婺州窑青瓷精品。

基本信息

地　　址:浙江省东阳市城南东路77号
交通线路:乘33、106、108路公交车至博物馆或乘2、6、10、17、21路至朝阳路或东岘路站,往南约600米
开放时间:9:00~16:00
闭 馆 日:春节、星期一
邮　　编:322100
电　　话:0579-86683297　86683284　86683294(投诉)
传　　真:0579-86683297
邮　　箱:zjdybwg@163.com

舟山市普陀区博物馆

基本陈列

《渔都风情展》 本展以沈家门渔港为主体，从渔、港、景三方面展示普陀区域文化及渔都风情风貌。展览分"海边人家"、"渔都史迹"、"繁华渔港"、"港联九州"、"巨变"五部分，展品有实物、模型、雕塑、照片等400余件，并配场景，生动地介绍了渔民生产、生活习俗及渔都沈家门的形成、发展和解放后的巨变。展览寓教育、知识、趣味于一体，有较强观赏性。

珍贵藏品

西班牙古船模 船模为紫檀木制造。此船主人陈氏祖上三代都在西班牙做过船工，所撑的船便是船模所示。据主人称，该船救过西班牙国王的命，因此国王下令制作船模以作永久留念，每个船员幸获得一只，珍藏至今。

大捕船船模 20世纪60年代以前制造，一直在沿用，是舟山四大捕捞方式船模之一。

特色活动

民间藏品鉴宝活动 "5·18"国际博物馆日宣传活动中，多次举办民间藏品鉴宝活动。

《渔都风情展》图片展进海岛、乡村活动 不定期开展，深受群众欢迎。

基本信息

地　　址：浙江省舟山市普陀区沈家门缪家塘路40号
交通线路：公交车至海中洲站，再经北安路步行约2分钟
开放时间：8:30～11:30，13:30～16:00
闭 馆 日：星期一（法定长假除外）
邮　　编：316100
电　　话：0580-3067169　3063899
传　　真：0580-3067169
邮　　箱：ptmusum_1016@163.com

杭州南宋官窑博物馆

基本陈列

《南宋官窑古都的真实历史记忆》 展览分为"青瓷故乡"、"御用之瓷"、"风雅之美"、"陶瓷之路"、"南宋郊坛下官窑遗址"五个部分,全方位展示了南宋官窑的内涵、特色以及与宫廷文化、社会习俗的有机联系,突出了南宋官窑青瓷的风采。

珍贵藏品

三国青釉堆塑罐 保存完好,釉面光润,其堆塑人物、纹饰非常独特,既是当时中外交流的反映,又体现出对人类生殖文化的崇拜。

五代—北宋越窑青釉水波纹盏托 托盘呈花瓣状,上托一鼓腹托座,用以承托杯盘,造型精巧、别致。盏托通体施青釉,釉色青中泛绿,滋润匀净。

南宋官窑花口壶 南宋官窑郊坛下窑址出土,为研究南宋官窑的生产、工艺、产品特征等提供了实物例证,具有很高的历史价值和研究价值。

特色活动

陶艺创作 亲身体验古代陶瓷。本馆围绕陶瓷文化和陶艺特色,设置了陶艺培训中心,直接展示了古代传统陶瓷工艺,也为观众开创了参与的先河。

模拟考古 参加人员先学习考古学的基本知识,然后在探方中进行"考古发掘",再对发掘出来的瓷片进行清理与修复。

基本信息

地　　址:浙江省杭州市上城区南星街道南复路60号
交通线路:乘游3路、809路至八卦田;乘39、308路至水澄桥站;乘20路至终点站陶瓷品市场
开放时间:8:30～16:30
闭 馆 日:星期一(法定节假日除外)
邮　　编:310008
电　　话:0571-86083990(办公室)　86082071(展览宣教部)
传　　真:0571-86083990
邮　　箱:ywj.nsgy@hz.gov.cn
网　　址:http://www.ssikiln.com

余姚市河姆渡遗址博物馆

基本陈列

《河姆渡遗址出土文物展》 以300余件文物精品为依托，配以模型、木雕、灯箱、照片等，展示了7000年前先民的生产生活内容和精神面貌，体现出先民的勤劳和聪明睿智。发掘现场展示区以发掘现场重建、干栏式木构建筑复原和生产生活再现等为主题。

珍贵藏品

稻谷 河姆渡遗址第四文化层出土，距今约7000年，经鉴定为人工栽培稻。多数谷粒芒刺、稃毛清晰可辨。共计25粒，其中一粒为米粒。

梁头榫 长83厘米，建筑构件。三面加工较平整、光滑，一面基本保留木材原貌，转角成直角。两端各加工有一榫头。器物表面留有石斧砍凿痕迹。

陶盉 底径8，高13.6厘米，泥质红陶。状如立鸟，喇叭口，冲天管状嘴，一条宽扁提梁连接口与嘴，腹两侧微鼓，圆形平底，器表留有明显的刮削痕迹。

鸟形象牙圆雕 长15.6、宽2.7、厚1.4厘米，象牙雕琢而成。匕柄作鸟身，背及两侧刻花纹象征鸟羽，柄端作鸟头状，上饰以眼。匕身作夸张的长鸟尾，鸟身腹部突脊上有一对横向钻孔，鸟腹中部亦有一对穿孔。

基本信息

地　　址：浙江省余姚市河姆渡镇芦山寺村
交通线路：乘余姚汽车东站505路（与宁波市333路终点站接轨），余姚汽车南站和宁波汽车南站两地间中巴车均可达
开放时间：淡季8:30～16:30　旺季8:30～17:00
邮　　编：315414
电　　话：0574-62963731　62963732　62837012、96118（投诉）
传　　真：0574-62963731
邮　　箱：hemudu@hemudusite.com
网　　址：http://www.hemudusite.com

安徽省博物馆

基本陈列

《徽州古建筑陈列》 荣获第七届(2005~2006年)全国博物馆十大陈列展览精品奖，精美的展品及陈设将观众带进世外桃源般的徽州古村落。

《馆藏青铜器精品展》、《馆藏瓷器精品展》 展出了本馆多年收藏的青铜器、瓷器精品，让观众在感悟历史的同时得到艺术的陶冶和美的享受。

《潘玉良作品展》 展出的是著名旅法画家潘玉良的油画、彩墨、素描等作品，观众可在其中领略其绘画艺术的魅力。

《安徽古生物陈列》 由古生物、古人类、旧石器及恐龙生态园等部分组成，集科学性、知识性、趣味性为一体，是青少年进行科普教育的重要基地。

珍贵藏品

铸客大鼎 1933年出土于寿县朱家集楚王墓。为我国目前发现的东周以来最大的圆口鼎。高113厘米，重400公斤。造型稳健凝重。

鄂君启金节 公元前322年楚怀王颁发给鄂君启运输商品的免税通行凭证，分为车节、舟节两种，为青铜仿剖竹形，金丝镶嵌文字。记载了当时水陆交通、经济贸易、历史地理以及楚王与封君关系等方面的重要史料。是我国存世较早，记载最为详实的凭信实物。

青白釉注子与注碗 出土于宿松北宋元祐纪年墓，为盛酒和温酒具。造型

典雅别致、釉色润泽甜美,是江西景德镇湖田窑精品。

镶金边玛瑙碗 出土于来安县宋墓。此碗形体硕大,器壁较薄,呈半透明状,晶莹滋润,口沿金边与玛瑙碗体相融和谐,富丽堂皇,堪称"国宝"。

特色活动

革命史宣讲小分队 安徽省博物馆宣教宣讲小分队《红色土地上的悲壮史诗》、《民族号手的绝唱》、《渡江英雄马毛姐》、《一盏不灭的马灯》等宣讲内容,以灵活多变的形式上门宣讲和在馆内定期为观众宣讲。

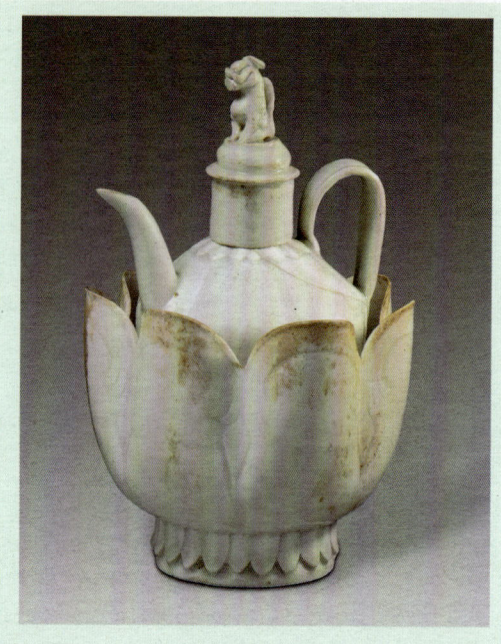

体验与参与 在《徽州古建筑陈列》和《安徽古生物陈列》展厅摆放拼图供青少年参观者搭建模型;开辟体验空间,陈放、张贴青少年参观博物馆后留下的感受包括绘画、书法、摄影、写作、陶塑等作品;将印有展品图案的卡片发给观众,以家庭或小组为单位开展寻宝活动。

基本信息

地　　址:安徽省合肥市安庆路268号

交通线路:乘1路、115路、2路、110路、168路、801路、901路等到博物馆或三孝口站

开放时间:9:00~17:00(16:00停止入馆)

闭 馆 日:星期一(法定节假日除外)

邮　　编:230061

电　　话:0551-2823465

传　　真:0551-2823299

邮　　箱:webmaster@ahm.cn

网　　址:http://www.ahm.cn

繁昌县博物馆

基本陈列

《繁昌出土文物精品展》 展出繁昌出土的旧石器时代至明清时期代表性的文物。展品以汤家山出土青铜器、繁昌窑瓷器及元代青花瓷窖藏最具特色。

《孙村人字洞遗址特展》 人字洞遗址是目前亚欧地区发现的最早的古人类文化遗址之一，距今约200~250万年。展出的主要是该遗址发掘出土的石器、骨器及各种古脊椎动物化石。

《繁昌窑遗址发掘成果展》 展出全国重点文物保护单位繁昌窑遗址出土的实物、标本。实物以生活器具为主，另有少量供器及部分窑具、瓷片。

珍贵藏品

西周青铜龙首盉 盖纽设计成蛇龙造型，蛇头作昂起状，两眼前视，双角后翘。

元蓝釉供器 一组三件，均为祭蓝色釉，左右各有一只胆状瓶，中间为蓝釉三足香炉，瓶和炉下有枢府釉器座。

北宋繁昌窑凤首壶 青白瓷。高约18.8厘米。流长且弯曲，壶口呈鹰状。鹰双眼犀利，造型生动，具有波斯文化风格。

北宋繁昌窑莲花托盏 青白瓷。分为盏和托两部分。盏高6.2厘米，托径13厘米。上为盏，下为托。制作精美，玲珑剔透。

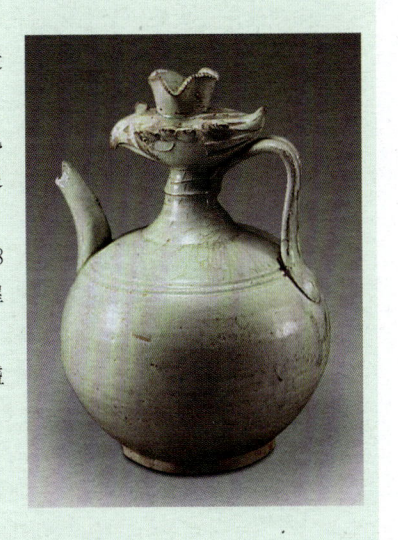

基本信息

地　　址：安徽省繁昌县迎春西路
交通线路：乘2路公交车
开放时间：淡季9:00~16:00　旺季8:30~16:30
闭 馆 日：春节前三天至春节后一星期
邮　　编：241200
电　　话：0553-7872439
传　　真：0553-7872439
邮　　箱：pkesh6633@sina.com

蚌埠市博物馆

基本陈列

《蚌埠古代文明陈列》 以近400件出土文物为本，辅以文字图表，以历史进程为顺序，展现了6万年前的旧石器时代到1912年京浦铁路通车期间蚌埠的历史发展概况。

珍贵藏品

青花瓷罐 元代。高47.5厘米，口径15.6厘米。器形厚重端庄，胎质洁白坚硬，施透明釉。器身有主题纹饰六层，辅助纹饰二层。

陶塑纹面人头像 新石器时代。高6.3厘米，系一件陶器的残存部分。夹蚌末陶质，手工捏成。头像人物造型写实，五官比例恰当，凹凸对比适度，神情稚拙可爱，形象简练明快，体现了7000年前先民们的审美意识和艺术水平。

"江南长江水师提督之印" 清代。银质。印面呈正方形，边长10.8厘米，高9.1厘米。虎纽，虎为蹲踞怒吼状，造型雄奇，风格古朴。印面为满、汉对照朱文，柳叶篆书。印背面左右阴刻满、汉对照文，并阴刻边款。

寿州窑四系盘口印花青瓷壶 隋代。寿州窑产品，高35厘米。胎质坚硬色黄白，内外均施半截青釉，下釉面光亮透明。肩腹部模印四层朵花草叶纹。器形端庄古朴，气韵独特。

基本信息

地　　址：安徽省蚌埠市胜利中路51号

交通线路：101、105、106、116、118路公交车

开放时间：8:30～11:30, 15:00～17:30

邮　　编：233000

电　　话：0552-2042312　2044272（投诉）

传　　真：0552-2044372

安庆市博物馆

基本陈列

《安庆市文物精品陈列》 陈列分为四个部分，以安庆出土和征集的文物珍品，配以精美的图版，充分展示了深厚的古皖文化。

《黄镇生平事迹陈列》 以丰富的图片资料和珍贵的革命文物，展示了黄镇同志由一个农民的儿子成长为将军、外交家、艺术家的光辉历程。

《黄梅戏发展历程展》 以大量的图片与实物资料，呈现出黄梅戏历经小戏、草台、花戏台的嬗变，逐步成为全国有影响的大戏种的发展历程。

《辛亥革命在安庆展》 分为七个部分，生动地反映了发生在安庆的辛亥革命时期重大的历史事件和人物。

《夏明远艺术陈列》 展出天津美术学院夏明远教授捐赠的个人创作及收藏的书画作品130余幅。

珍贵藏品

石雕人面像 新石器时代。白石雕刻而成，近似椭圆形。正面用简洁的手法刻有眼、鼻、耳、发、须，形象拙朴生动。

越王丌北古剑 战国。通长64厘米。剑上共有铭文32字，均为鸟篆体阴文，且隔字错金，铭文线条优美，细如毫发，金光灿然。

孔雀牡丹纹梅瓶 明代。小口卷唇、短颈、丰肩，圆腹下敛，足外撇。胎体厚重。白釉略泛青，釉质腴润。

基本信息

地　　址：安徽省安庆市菱湖南路102号及安庆市沿江东路150号
交通线路：博物馆：乘3路、6路、7路、10路公交车至迎江寺站；革命文物陈列馆：乘9路、12路公交车至科技广场站
开放时间：淡季8:30～11:00，14:30～17:00　旺季9:00～17:00
闭 馆 日：星期一
邮　　编：246003
电　　话：0556-5504935　5512797　5563886（投诉）
传　　真：0556-5504935
邮　　箱：aqbwg@aqbwg.cn
网　　址：http://www.aqbwg.cn/main

黄山市徽州区潜口民宅博物馆

基本陈列

明清徽派建筑、构件、家具、字画等　主要向游客展示徽州徽派古建筑的精髓、明清徽派古家具的特点、古代及现代名人字画等。

珍贵藏品

明永乐御赐牌匾　明代永乐年间，潜口村汪善考取进士之后，永乐皇帝特赐牌匾悬挂其家祠之内。历尽沧桑，保存完好。

特色活动

徽州地方民俗表演　常年向游客表演徽州地方民俗、歌舞等。游客可以参与其间进行互动表演。

现场展示徽派雕刻工艺　有木雕、竹雕工艺大师进行现场雕刻展示，宣传徽派雕刻工艺。

基本信息

地　　址：安徽省黄山市徽州区潜口村
交通线路：黄山市乘坐班车到潜口村
开放时间：淡季8:00～17:00　旺季8:00～18:00
邮　　编：245061
电　　话：0559-3535501
传　　真：0559-3535501
邮　　箱：liuailian0424@sina.com
网　　址：www.qkmz.com（潜口民宅）

潜山县博物馆

基本陈列

《古皖春秋》 展示新石器晚期的薛家岗文化精粹；春秋战国时期的青铜器、玉器和漆木器；各个历史时期的陶瓷器。

《馆藏青铜镜精品展》 精选战国至明清铜镜近百件，展示古皖文化的风采。

《古生物化石陈列》 以百余件古生物化石标本为依据，介绍古新世中晚期（距今约6000万年）啮齿类，爬行类等古代生物的演变进化历程，从而展现出本地区为亚洲哺乳动物的发源地之一。

《通俗小说大家张恨水陈列室》、**《京剧鼻祖程长庚生平展》** 利用家谱、遗物、道具、图片、照片等，再现两位世界文化名人的风采。

珍贵藏品

春秋异形盉 通高24厘米、口径21.6厘米。直口。圆盘状盖。扁圆腹，龙形提梁。通体饰重环纹与鳞纹。前有一短曲状兽首流。尾部为宽扁剔透的扉棱。

战国"二四"年戈 援上扬，中起脊，双面有刃，阑侧有三长方穿。近锋处断残。现存长17.2厘米内正背两面刻铸铭文22个字，正面近穿处铸阳文隶书"上"字，内末端上侧阴刻小篆"徒"字，系秦灭楚的重要物证。

特色活动

仿古戏楼演艺活动 观众可在仿"古戏楼"上自娱自乐，表演各种娱乐节目，并在旅游旺季和周末有专业演员表演黄梅戏，供观众观看。

基本信息

地　　址：安徽省潜山县梅城镇皖光苑路28号
交通线路：潜山县汽车站站乘车至太平路1500米处指示牌向前300米
开放时间：淡季8:30～17:00　旺季8:30～17:30
闭 馆 日：星期一
邮　　编：246300
电　　话：0556-8921868　0556-8930489
传　　真：0556-8930489
邮　　箱：qsbwg@163.com

望江县博物馆

基本陈列

《望江县博物馆馆藏文物图片展》 把望江县馆藏的等级文物特别是一二级文物中的瓷器、玉器、铜镜、陶器、纸本等，制成精美的图片，分几个专题来进行展览。

《望江县博物馆挑花艺术展》 望江民间挑花艺术相传始于唐代。最早人们以发绣作为敬神敬佛的敬褡。后逐渐形成以人物、动物、花卉、风景、图腾纹样、当地的民风民俗为题材而组成图案，再现于经纬。图案多以吉祥如意、福乐喜庆为内容，其针法多变，造型生动，色彩朴实明快，构图饱满匀称，具有丰富内涵和艺术价值。陈列同时，在适当时间聘请传承人现场演示，以便这一技艺能够得以传承和发展。

珍贵藏品

鸡首壶 隋代。高22厘米，口径10厘米，最大腹径13厘米。壶胎厚重，施青黄釉不到底。直口平底，手柄为龙型，龙首伸入口沿内，颈部细长，起三条棱，颈腹交界处有一不通的鸡首型流，肩部有四个耳。

影青斗笠碗 宋代。薄胎，敞口，口沿外撇，尖唇，斜弧壁，浅圈足。外施绿色玻璃釉，内壁呈青黄釉。通体刻划有莲花与菊花纹相间的图案。制作精美，釉色晶莹，造型清新，图案美观雅致，是宋耀州窑中的上品。

长沙窑青釉点褐彩执壶 唐代。通体施青灰色釉，釉面均匀开细小纹片，颈部以下布满了褐色的斑点。喇叭口，圆柱形颈，肩一侧有八棱型短流。该壶造型雄浑，褐点随意奔放，散发浓郁的生活气息。

基本信息

地　　址：安徽省望江县回龙西路文庙巷1号
开放时间：9:00～17:00
闭 馆 日：星期日
邮　　编：246200
电　　话：0556-7171534

桐城市博物馆

基本陈列

共有四个基本陈列展馆,其中"精品文物馆"展出馆藏精品文物,包括青铜器、陶瓷器、字画、杂件等;"桐城派文物陈列馆"介绍桐城散文流派初创、兴盛、衰微的过程及重要代表人物;《大成殿泥彩塑陈列》展出孔子等一圣、四公、十二哲泥彩塑及清代的御书匾额、楹联。

《严凤英艺术生涯陈列》分从艺、新生、辉煌、流芳等四部分展示了"黄梅戏造就了严凤英,严凤英发展了黄梅戏"这一陈列主题。

珍贵藏品

兽面环带纹兽耳铜尊 春秋。圆形,侈口,直颈,斜肩,腹下敛,圈足。口径22厘米,高41厘米。肩两侧各有一兽首。肩、腹部饰变形兽面环带纹。

龙泉窑洗 南宋。为南宋龙泉窑标准器。高3.9厘米。侈口厚唇,直斜腹,矮圈足,露胎。通件无纹饰,施以豆绿色釉,莹润如碧玉。

基本信息

地　　址:安徽省桐城市文庙
交通线路:乘1、2、3、4路公交车至市府广场
开放时间:9:00～16:00
闭 馆 日:星期一
邮　　编:231404
电　　话:0556-6121933
传　　真:0556-6133050
邮　　箱:tcbw933@sina.com

黄山市博物馆

基本陈列

《徽州人与徽州文化》分为六个部分。展示内容有：文房瑰宝、徽州版画、徽派篆刻、徽派民居、徽州三雕等，充分展示出地方文化特色。

珍贵藏品

剔红双面插屏 一面为山水楼阁人物；另一面为送友画面。屏托为花瓶形。清中期制作，工艺繁复，为剔红屏风中的精品。

查士标山水轴 查士标是"海阳四家"之一，"新安画派"的代表人物。此轴纵104厘米，横30厘米，为绫本水墨形式，作于1676年。落"查士标"款，钤有朱文印三方。

青花云龙纹大罐 明代。高49厘米，口径26厘米。胎体厚重，内外通体施釉。腹部绘两条五爪巨龙，两龙之间有一"寿"字，下部绘海水波浪纹，寓意为寿山福海。青花纹饰浓淡分明，底有"大明万历年制"楷书款。

特色活动

徽墨制作工艺与"徽州三雕" 观众可亲手体验徽墨的制作过程及"徽州三雕"工人的细腻工艺。

定期举办徽剧表演，让更多的观众了解徽剧，了解徽州对京剧形成的至关重要的作用。

基本信息

地　　址：安徽省黄山市机场迎宾大道南侧
交通线路：18路、19路公交车
开放时间：淡季9:00～17:00　旺季8:30～18:00
邮　　编：245000
电　　话：0559-2574222　2574144（投诉）
传　　真：0559-2574166　2574144
邮　　箱：ahhzwh@hotmail.com
网　　址：www.hzwhbwg.com

黄山市屯溪区博物馆

基本陈列

屯溪博物馆的基本陈列，分别被放置在两大主要展厅内，长期向参观者开放。三大专题展——《徽州砖雕艺术展》、《徽州人物容像展》、《明清家具展》主要向观众展示徽州的砖雕艺术、绘画艺术、古代家具艺术，以及从中延伸出的古徽州风土人情、纲常礼教，具有典型的古徽州艺术风韵。

珍贵藏品

清代人物门罩砖雕 整套砖雕高128厘米，长290厘米，由52块砖雕拼接而成。砖雕主画面内容为三组三国故事，从左至右依次为长坂坡、刘备招亲和借东风。

歙石砚板 砚板长1.62米，宽0.61米，厚0.11米，重360公斤，两面平整，厚薄一致。正面银星如雨点斜洒，背面金星向金晕，展现自然华彩，星点散布均匀，灿然有序，小如粟。砚板整体色泽青亮，温润光洁，纹理缜密，抚之如婴孩肌肤，堪称"天下无双瑰宝"。

法华釉瓷枕 景德镇窑制品。此枕为一仕女侧卧于束腰的须弥座上，左手支颏，右手持一荷叶，其自胸前弯曲而上，荷叶展开成枕面。

春秋青铜匜 椭圆形，平底。虎头形流口，把为虺形，沿饰回纹，三角形纹饰内为夔纹，绿漆古，纹饰细腻。

基本信息

地　　址：安徽省黄山市屯溪老街168号

交通线路：乘12路公交车至二马路口

开放时间：淡季9:00～17:00　旺季8:30～17:30

邮　　编：245000

电　　话：0559-2538024

传　　真：0559-2538024

邮　　箱：txbwg2006@163.com

黄山市黄山区博物馆

基本陈列

《黄山区明清木、石雕陈列》 由当地遗留的各种古建筑的木雕、石雕,精美的紫檀、红木等家具组成,展示了当地明清时期多样的家具制作工艺和建筑雕刻风格。

《黄山区历史文物精品陈列》 由当地出土的各时期文物和近现代历史文化名人的遗物组成,展现了本地域各个时期发达的文化。

珍贵藏品

红木雕花架子床 长232厘米,宽162厘米,高258厘米。清式家具。床体硕大。全床用红木打造,部分紫檀,嵌以螺钿和玻璃,纹饰华丽。两侧四小抽屉,方便实用。

柏木描金拔步床 此床为两进,有前、后室之分。全身为柏木打造,描金。长2.18米,宽2米,高2.24米。门罩绘有福禄寿、人物、花卉等图案;后室绘有八宝图案。是典型的徽派家具之作。

格子门扇 共24块,每块长216厘米,宽39厘米,基本完整。其中12块门扇上刻有二十四孝图中二幅及福禄寿、八宝、梅兰竹菊等图案;另12块刻有神话故事等。此门扇是不可多得的雕刻精品。

绿釉瓷枕 宋代陪葬寝具。枕呈多边形,腹空,中央作凹,便于安睡。胎质细腻,呈米黄色,施绿色釉。正面饰荷花纹。底有"真郭家枕"四字。此枕为宋代吉州窑之精品。

基本信息

地　　址:安徽省黄山市黄山区太平东路20号
交通线路:6、7路公交车
开放时间:淡季9:00～17:00
　　　　　旺季8:00～18:00
邮　　编:245700
电　　话:0559-8581181
传　　真:0559-8532332
邮　　箱:hsqwwsyglj@163.com

歙县博物馆

基本陈列

《新安碑园石刻陈列》 分《余清斋》和《清鉴堂》两套法帖。《余清斋》分正篇和续篇，包括十七帖、迟汝帖、兰亭序、乐毅论、黄庭经、伯远帖、中秋帖、积时帖、千字文、鸭头丸帖、明远帖等；《清鉴堂》包括澄清堂主帖上下卷等。

《徽州三雕展》 主要陈列明清以来的砖木石雕及古建构件。

《历代文物展》 主要陈列馆藏书画、陶瓷、青铜、砚台等。

珍贵藏品

黄宾虹《秋山渔逸图》 纸本，纵141.5厘米，横78.3厘米。作于戊辰年（1928年），为宾虹中期作品。画中题有"戊辰闰月绍祖先生博粲黄宾虹画"。押印为白文"黄质之印"，白文"宾虹"。

龙泉双鱼洗 元代。口径13厘米，底径5.7厘米，高3.5厘米。敞口洗，宽沿，弧腹，圈足。淡青绿釉，洗中有凸出鱼一对。

清青花缠枝花盆 口径39.5厘米，底径28.3厘米，通高22.8厘米。敞口，弧腹，平底，底有一圆孔，腹饰青花缠枝花卉，有底座。

基本信息

地　　址：安徽省歙县徽城镇河西路新安碑园

交通线路：乘4路公交车至太白楼，或乘2路公交车至太平桥头

开放时间：淡季8:30～17:00　旺季7:30～18:00

闭　馆　日：星期一

邮　　编：245200

电　　话：0559-6530306

邮　　箱：sxbwg1234@163.com

祁门县博物馆

基本陈列

《徽州文书陈列》 徽州文书是传统社会普通民众社会生活中留下的珍贵历史文化遗产。展品上自北宋庆历八年,下至公元1955年,内容不仅涉及明清时期徽州及周边地区的社会状况、土地及财产关系、宗族、会社、商业、赋役等方面内容,而且还反映出百姓的生老病死、婚丧嫁娶、风俗习惯、日常生活。

《祁门红茶历史文化展》 祁门红茶又称祁门工夫红茶,中国十大名茶中唯一的红茶品种。本展览以祁红百余年的发展历程为主线,全面介绍祁红优异的品质与精湛的采制技艺,多角度展示祁门丰富而灿烂的茶文化。

珍贵藏品

郑之珍《新编目连救母劝善戏文》 纸本,四周单边,框高20.3厘米,宽13.6厘米。书卷高26.4厘米,宽15.6厘米。明庠生郑之珍著,叶宗泰校,明万历十年(1582年)新安高石山房刻印。半叶10行,行24字,白口。三卷,共四册。

基本信息

地　　址:安徽省黄山市祁门县文峰南路文化中心
交通线路:距祁门县火车站1200米,长途汽车站120米
开放时间:淡季8:30~17:00　旺季8:30~17:30
闭 馆 日:旺季星期一,淡季星期日、一
邮　　编:245600
电　　话:0559-4512760　4512326(投诉)
传　　真:0559-4512326
邮　　箱:qmmuseum@163.com

天长市博物馆

基本陈列

《天长汉墓出土文物精品》 集中展示了天长汉代考古发掘成果，尤其是1992年全国十大考古新发现之一的三角圩汉墓群出土的一批的玉、铁、漆器弥足珍贵。文物不仅数量多、类型丰富，而且制作精美，风格独特，具有鲜明的地方特色。

《罗炳辉将军生平事迹展》 展示了罗炳辉将军一生的历史功绩。

珍贵藏品

龙形白玉环 西汉。圆形扁平，断面呈长方形，微凹。通体透雕，首尾相连弯曲成环。龙上唇前伸上翘，下唇向后翻卷，龙舌、下唇与近尾部相连。圆眼带梢，背鬃向后飘拂与龙身相连。龙体仅雕两卷云纹，意为龙鳞。

四子漆奁 西汉。漆奁内装四子盒，子盒分别为大、小圆盒、马蹄形梳篦盒和长方半月形漆联盒，五件器物均为银扣彩绘云气纹，其工艺之精湛、保存之完好是全国所不多见的。

玉带钩 西汉。由和田玉雕琢而成，质地纯净，背部减地浅浮雕卷云纹，边缘阴刻平行线、云气纹、二序纹和网纹，腹下脐作锥圆形，上雕三条细线涡纹。

基本信息

地　　址：安徽省天长市石梁西路131号
交通线路：2路、3路、5路公交车
开放时间：8:00～11:00，14:30～17:30
闭 馆 日：星期一
邮　　编：239300
电　　话：0550-7022718　7029860
传　　真：0550-7023415
邮　　箱：tcsbwg@126.com

李鸿章故居陈列馆

基本陈列

《李鸿章享堂建筑复原陈列》 全国唯一保存完好的清代名臣墓上建筑群,享堂规制完整,保留有清光绪皇帝御赐的三道祭文碑及由名家撰文及书写的神道碑。

珍贵藏品

御赐祭文碑 置于李鸿章享堂,李鸿章去世后,光绪皇帝连续御赐三道祭文以示器重和悼念之情,为清代所罕见。

神道碑 由清代学术大家吴汝纶撰写碑文,于式枚书丹,著名书法家俞樾撰写碑额。

基本信息

地　　址：安徽省合肥市合裕路415号
交通线路：15、106、147路公交车可达
开放时间：8:30～17:30
闭 馆 日：农历除夕
邮　　编：230000
电　　话：0551-4538901
传　　真：0551-4538901
邮　　箱：hflifu@sina.com
网　　址：lihongzhang.org.cn

渡江战役总前委旧址纪念馆

基本陈列

原状陈列 利用总前委、华东局、机要处、秘书处、后勤处等旧址的纪念建筑和大量实物资料复原陈列，再现当年总前委、华东局机关领导和邓小平、陈毅等老一辈革命家，在瑶岗指挥渡江战役的战斗、生活风采。

辅助陈列 《渡江一战定中华》 在参谋处旧址以大量文物、资料、图片，较为系统全面地再现1949年春，渡江战役总前委，和中共中央华东局，指挥渡江战役的全过程。

《渡江颂》书画厅 陈列着共和国元帅、将军和党政领导的题词，名人名家纪念、歌颂渡江战役的书画作品。

珍贵藏品

馆藏文物近千件，其中一级革命文物6件。有徐向前、聂荣臻元帅的题词；陈毅元帅代号"501"的专用电话机；谭震林穿过的布棉线编织草鞋；王德将军在总前委使用的机密文件箱，以及邓小平用过的马灯、粟裕用过的水壶、钟玉祥将军用过的望远镜、布草鞋和功勋章等。

特色活动

常年组织部队、企事业单位、院校的新党（团）员，举行入党（团）宣誓仪式；不定期特邀英模、教授来馆举办报告会、讲座。

基本信息

地　　址：安徽省合肥市肥东县撮镇镇瑶岗村
交通线路：南：合肥市区28路公交车至瑶岗社区站；北：肥东县城3路公交车至后瑶岗
开放时间：8:00～17:00
邮　　编：261602
电　　话：0551-7363135
传　　真：0551-7600555
邮　　箱：djzy2006@sina.com
网　　址：www.djzyjng.com

淮海战役总前委旧址纪念馆

基本陈列

  原状陈列 充分利用总前委旧址原用房屋及淮海战役中所用各类物品进行复原陈列，真实再现总前委运筹帷幄、决胜千里的指挥风范。

珍贵藏品

  毛泽东电报手稿 毛泽东以中央军委名义给总前委发电数十封，我馆展出的是珍贵的手稿真迹。

  总前委用品 淮海战役期间总前委所用各类物品。

  军用地图 淮海战役中总前委用的军事地图。

  电台 总前委和中央军委联系、向下发布战斗命令所用。

基本信息

  地 址：安徽省淮北市濉溪县临涣文昌宫

  交通线路：乘濉溪至临涣中巴车至淮海战役旧址纪念馆大门口

  开放时间：淡季9:00～16:00 旺季8:00～17:00

  闭 馆 日：星期一

  邮 编：235100

  电 话：0561-7071019

  传 真：0561-7071431

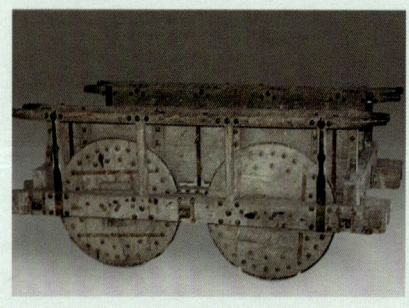

新四军军部旧址纪念馆

基本陈列

利用新四军军部进驻云岭留下的革命遗址开辟了军部司令部参谋处、秘书处、大会堂、修械所、政治部、战地服务团、教导总队及中共中央东南局作原状陈列展,以原物原貌真实再现新四军在云岭时期生活和战斗的场景,表现新四军艰苦奋斗、无私奉献的革命精神风貌。另有《新四军在皖南》《叶挺将军摄影作品展》《叶挺将军生平图片展》《项英同志生平图片展》《中共中央东南(分)局陈列展》几个展览。

珍贵藏品

叶挺军长在抗战时期使用过的望远镜　此望远镜是叶挺在云岭期间赠送给他的房主——罗里村"种墨园"主人陈冠群的长子陈长寿的。

叶挺赠送给周子昆的怀表　银质,圆形。此表是1925年叶挺任国民革命军第四军参谋处长、独立团团长时,赠给时任排长、作战勇敢的周子昆的。

陈毅题字　纸质。1963年夏,陈毅同志题写:"新四军军部旧址纪念馆 一九六三年七月 陈毅敬题",充分表达了陈毅元帅对新四军军部和云岭老区深厚的眷恋之情。

基本信息

地　　址:	安徽省泾县云岭镇云岭村
交通线路:	距泾县县城22公里
开放时间:	淡季8:00～17:00　旺季7:30～17:30
邮　　编:	242546
电　　话:	0563-5900706　5901088(投诉)
传　　真:	0563-5900315
邮　　箱:	n4a1941@163.com
网　　址:	www.n4ajb.com

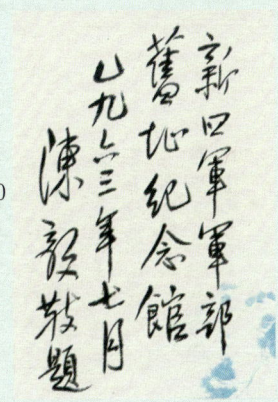

全椒县吴敬梓纪念馆

基本陈列

展示吴敬梓唯一手稿,以及何香凝、老舍、启功、郭沫若、陈毅、范曾、沈鹏、林散之等的字画。

珍贵藏品

吴国对手迹 吴国对是吴敬梓曾祖,他是清顺治戊戌探花。这件作品为行书《行吟诗》。

蒿园石刻 是吴国对真草隶篆手迹石刻。

明筑城碑 明嘉靖年间,知县顾逴因抗倭需要,首创全椒筑城历史,并捐己俸,已感其德,于明嘉靖三十八年(1559年)立碑存念。

基本信息

地　　址：安徽省全椒县河湾路88号
交通线路：312国道全椒站向西2公里
开放时间：8:00～11:00, 14:00～17:30
邮　　编：239500
电　　话：0550-5011603
邮　　箱：qjwjz@2008.sina.com
网　　址：www.wujingzi.com

阜阳市博物馆

基本陈列

有陶瓷陈列室、明清字画陈列室、汝阴侯汉墓专题展、"女郎台"出土文物专题展。以橱窗陈列形式为主。其中陶器有大汶口时期的灰陶、东汉时期的绿釉陶器，瓷器以唐代青瓷、宋金瓷器为主；汝阴侯汉墓专题陈列，以汝阴侯汉墓出土的棺椁的复原展示和出土文物展示为主要内容。

珍贵藏品

汉简　汉代。汝阴侯汉墓出土有汉简、木牍等。汉简有21种古籍，其中《周易》《诗经》《春秋事语》《年表》《大事记》《苍颉篇》《儒家者言》《楚辞》《刑德》《万物》10种入选国家首批《国家珍贵古籍名录》。

六壬栻盘、太乙九宫占盘、二十八宿圆盘　汉代。这三件漆盘是汝阴侯汉墓出土，是古代测天定时，占卜预知凶吉的工具，是我国考古第一次发现的成组汉代天文仪器。

规矩镜　是新莽时期的铜镜，外区有铭文一周，铭曰："刘氏去，王氏持，天下安宁乐可喜，进田平，贫广其志"。仅此一面存世。

铜辟邪　汉代。辟邪取四肢后蹲状整体似狮而生双翼，敛翼长啸似欲腾跃，浑身刻画精细，毫毛皆现。两后腿间生殖器刻铸逼真。

基本信息

地　　址：安徽省阜阳市清河路339号
交通线路：乘11路、26路公交车至文峰公园站
开放时间：8:30～11:30，14:00～17:30
闭 馆 日：星期一、星期二
邮　　编：236034
电　　话：0558-2553173
邮　　箱：jgs3130@126.com

临泉县博物馆

基本陈列

文物展　陶瓷器、青铜器、玉石器、古钱币、明代女尸。

珍贵藏品

天禄　东汉。青石质，高117厘米，长182厘米。身如虎，头如狮，头顶有独角，下垂脑后，嘴大牙锐，下唇有须，颈长凸肚，肩双翼，昂首挺胸，长尾撑地。

陶甗　西周蒸器。高17.2厘米，口径12.4厘米。白色，饰绳纹。分上下两层，细腰，圆流，内有一箅子，下层有三只乳足。

铜洗　明代。口径34.5厘米，通高16.4厘米。侈口，宽沿，鼓腹，平底，腹部饰凸弦纹三周，前后有合模痕，两侧有兽面衔环。内底有铭文"永乐四年造"。

基本信息

地　　址：安徽省临泉县临同路372号

交通线路：长途车站往北60米十字路口向西50米路北

开放时间：8:00～17:30

闭 馆 日：星期六、日

邮　　编：236400

电　　话：0558-6528141

传　　真：0558-6511007（文化局）

网　　址：lqzyhcom@sohu.com

萧县博物馆

基本陈列

《萧县古代文物精品陈列展》 共分三大部分，设新石器文物、汉代文物、汉代画像石、唐宋瓷器四个专题。共展出各类文物近2000件。"远古文明"部分主要展示萧县十个新石器时代遗址出土的石器、玉器、骨角器等，以展示萧县远古文明；"汉代辉煌"部分有两个专题，分别展示汉代出土的各类文物，和萧县收藏的汉代画像石，借以追溯中国书画艺术之乡——萧县书画的渊源历史；"唐宋遗韵"部分主要展示出土的唐宋时期萧县白土窑（高峰期瓷窑达72座）的各类瓷器，以反映萧县唐宋时期陶瓷业的发展状况和制瓷水平。

《捐赠书画陈列展》 展示萧县籍著名画家萧龙士先生后人捐赠的萧龙士书画作品近百幅。

珍贵藏品

玉锥形器、玉刀形器 新石器时代。附有微型雕刻，造型美观，线条流畅，雕刻精细，使人震撼。

三足砚 东汉。石质，造型生动，雕刻精细，较为罕见。

画像石 以鹈鸟食鱼图、勾镶武士图、六博宴饮图、椎牛图、大禹治水、日月同辉、二龙穿九璧等画像石较为突出。

瓷器 主要是以萧窑的瓷器为主：有瓷罐、瓷瓶、瓷枕、瓷玩具、佛龛、佛塔等。亦有部分明清瓷器。

基本信息

地　　址：安徽省萧县龙城镇民治街68号
交通线路：1路、3路公交车
开放时间：淡季8:30～17:00　旺季8:00～18:00
闭 馆 日：星期一
邮　　编：235200
电　　话：0557-5022454
传　　真：0557-5026190

皖西博物馆

基本陈列

《皖西革命史陈列》 以文字、照片、图表、沙盘、雕塑、油画、电动图、实物等,反映从1919年到1949年三十年间,皖西人民在中国共产党的领导下进行新民主主义革命的历史进程。

《皋陶魂——六安历史文物精品陈列》 分青铜馆和陶瓷馆两部分,共展出文物精品300余件,反映六安作为皋陶后裔封地、商王朝重要封国六国、春秋战国时期楚的属地、汉九江王、六安王都城的史实。

珍贵藏品

龙凤兽面大口尊 商代。口径60.5厘米,高70厘米。尖唇,直沿,大喇叭形口。肩部有三牛首,牛首间各有扁圆身凤鸟一只,牛首与凤鸟间分别有三对半浮雕夔龙纹。圈足极高。腹与圈足上各饰三组饕餮纹,每组纹饰间均有扉棱一道。

"子汤"鼎 春秋。口径13厘米,高36.5厘米。圆形器盖,顶中央立一个小环钮。器身为直口,扁鼓腹,腹中部对置两只镂空兽首半环耳;圜底,下承三蹄足,足上部分别饰有造型不同的兽首。肩部阴刻铭文十四字"襄惠子汤之鬻,子子孙孙永保用之"。

漆绘陶锺 灰陶,西汉。口径12厘米,高34.6厘米。盖已残。侈口,方唇,束颈,溜肩,扁圆腹,圈足。肩部对置两只兽面铺首衔环。器表通体髹棕色漆,漆面用红白两色相间绘宽带纹、三角回纹、茱萸云纹和波浪纹。器表彩绘线条自然流畅,色彩对比强烈,给人灵动的视觉感受。

基本信息

地　　址:安徽省六安市人民东路42号
交通线路:乘5、14、302路,或从火车站、长途汽车站乘201、16、7、8、19路转5路、14路公交车至博物馆站
开放时间:8:30～11:30,14:30～18:00
闭 馆 日:星期一、二
邮　　编:237006
电　　话:0564-3316223　3313897
传　　真:0564-3316223

宣城市博物馆

基本陈列

《宣城历史文物陈列》 以馆藏文物为依托，以历史文化底蕴为背景，运用图片、模型、场景等辅助手段，分为石器、陶器、瓷器和青铜玉器及文房四宝五个专题，生动地再现宣城悠久的历史和灿烂的文明。

《梅文鼎生平业绩陈列》 陈列梅文鼎生前的部分生活用品、梅文鼎著作——《梅氏丛书》和《绩学堂诗抄·文抄》以及梅文鼎年谱、《梅氏宗谱》等书籍和国内外专家学者有关研究论文，还有全国著名书画家赠送的书画与匾额。

珍贵藏品

云纹铙 商代。横截面呈橄榄形，圆筒状甬中空与体腔相通；钲部、舞部饰云纹，鼓部饰细线作变形兽面构图，钲部有一块长方形突起人面兽目形。该铙铸造精致、造型古朴，纹饰工整细密，流畅自然。

"丹阳"镜 汉代。圆形，直径11.5厘米，重315克。半球形纽，双线方框纽座，内区饰有双线"T"形符号和三兽一禽纹；外区环绕篆书阳文："汉有善铜出丹阳，和已（以）银锡清且明"，围栉齿纹，缘饰锯齿纹、云藻纹。

青瓷堆塑罐 西晋。冥器。罐体内外施青釉，釉色柔和滋润；顶部作五联罐，顶腹之间堆塑有重檐楼阁，旁立双阙。罐口四周及楼阁顶部有群鸟展翅欲飞，楼阁旁有人物奏乐、舞蹈及人面兽身物杂耍等场面；罐腹四周贴塑有扬子鳄、螃蟹、狮、锦鸡以及铺首衔环等，生动形象。整体造型奇特，寓意深刻，具有强烈的时代特征和鲜明的艺术特色。

基本信息

地　　址：安徽省宣城市府山广场
交通线路：乘1路、3路、5路公交车至府山广场站
开放时间：9:00～17:00
闭 馆 日：星期一
邮　　编：242000
电　　话：0563-2826177
传　　真：0563-2826177
邮　　箱：xcbwg888@163.com

绩溪三雕博物馆

基本陈列

《徽派传统雕刻艺术陈列》 以徽派传统雕刻艺术中的主要代表砖、木、石三雕珍品为主要展品，集中展示徽派雕刻技艺取得的辉煌成就。

珍贵藏品

砖雕 陈列明～民国初年时期留下的浮雕、镂雕、线刻等技法的徽派砖雕珍品130件。

石雕 陈列珍品80件，其中明代石象生、石雕栏板为传统徽州所罕见。

木雕 陈列明～民国初年时期木雕珍品110件。木雕技法有圆雕、镂雕、浮雕、线刻等。内容丰富，形象生动，具有强烈艺术感染力。藏品中的额枋、窗栏板、撑栱、挂落、槅扇尤为精美，是徽派木雕艺术的代表作。

基本信息

地　　址：安徽省绩溪县华阳镇曹家井39号

开放时间：8:00～11:30，14:00～17:30

闭　馆　日：除夕及正月初一、初二

邮　　编：245300

电　　话：0563-8155961　8167190　8152907

传　　真：0563-8162954

巢湖市博物馆

基本陈列

《巢湖汉墓出土文物珍品展》 以巢湖放王岗汉墓、北山头汉墓出土文物精品为主要依托，展品分为青铜、玉、漆木器等几大类，阐述巢湖地区汉文化的历史地位及重要影响。

《放王岗汉墓棺椁原址展》 原址原状展示放王岗汉墓规模宏大的棺椁，介绍放王岗汉墓棺椁结构特点、发掘情况及取得的成果。

《凌家滩遗址出土玉器珍品展》 通过展出的玉器珍品，介绍全国重点文物保护单位——凌家滩遗址五千多年前辉煌的文化和高度发达的玉器制作工艺。

珍贵藏品

鎏金铜朱雀 朱雀两足直立于四瓣形花朵上，昂首翘尾作展翅欲飞状。表面鎏金，造型优美，是一件不可多得的艺术珍品。

朱雀衔环玉卮 器作筒状，三矮足。一侧透雕一只朱雀站立于一只螭虎之上，另一侧透雕一只熊做把手。朱雀生动活泼，螭虎矫健有力，熊形神兼备。整器造型别致，构图奇巧，堪称汉玉精品。

青白玉螭虎纹带钩 器形较大。钩体扁平作长方形，钩部稍突。纹样采用透雕和浅浮雕相结合的方法，首部与钩均雕成龙首形，左右两侧各透雕一只螭虎，虎头相对。

白玉穿云龙纹环 玉质晶莹 洁白。环体扁平。采用隐起法刻琢纹饰。正面刻熊、虎、鹿、怪兽和花草纹，反面刻六条游龙穿行于云间。

基本信息

地　　址：安徽省巢湖市放王岗
交通线路：市内乘6路公交车至油泵厂站下向南300米
开放时间：9:00～11:30，14:30～16:30
闭　馆　日：星期一
邮　　编：238000
电　　话：0565-2313941
传　　真：0565-2313941

青阳县博物馆

基本陈列

《青阳县历史文物展》 展出新石器时代至明清各个历史时期各类文物476件，并复原展出庙前春秋木椁。

珍贵藏品

青花瓶 元代。通高26厘米。为带座供瓶，佛事供器，系釉下彩瓷。直口，细长颈，溜肩，腹下微收，宽圈足稍外撇。瓶座为绣墩式，顶面边缘呈菱花形，座身镂雕成六足花窗，座底为莲花形圈足。胎质洁白细腻，青花釉色明艳。

庙前春秋木椁墓遗物 春秋。木椁墓葬保存之完整，规模之大，葬具之独特，随葬品之丰富精美，均为同期墓葬所罕见。该墓主棺、陪葬棺均为整段原木挖空刨光制作而成，主棺外用大型方木合榫构筑木椁，椁内两侧放鼎、戈等青铜器，以及木瑟、木柄、竹弓等竹木漆器，其中最引人注目的是两件鎏金青铜鼎，装饰华丽，堪称国之瑰宝。

堆塑人物谷仓罐 通高32厘米。青瓷器，胎质致密，上部施云母状青黄釉。器物由五联罐与人物堆塑两部分组成，大罐半肩处四只小罐十字对称设置，其间堆塑人物16个，造型多样，再现了一千七百多年前劳动人民喜庆丰收的情态。

基本信息

地　　址：安徽省青阳县蓉城镇九华西路顶端
交通线路：县城主街道九华西路直行
开放时间：淡季8:00～17:30　旺季8:00～18:00
邮　　编：242800
电　　话：0566-5022161
传　　真：0566-5021747

马鞍山市朱然家族墓地博物馆

基本陈列

《朱然家族墓地文物展》 通过对朱然及其家族墓的介绍和出土珍贵文物的展示，让观众充分了解三国的历史、文化及其时代背景，感受历史、感受文物的艺术魅力。

珍贵藏品

季札挂剑图漆盘 三国吴。木胎。敞口，浅腹，边缘有鎏金铜扣。背面髹黑红漆。底部朱书"蜀郡作牢"四字，字体在篆隶之间。盘中绘春秋时期吴季札挂剑徐君冢树的历史故事。

青瓷卣形壶 三国吴。灰白胎，蟹壳青釉。椭圆口。斜直领，椭圆腹，圈足外撇，器底内凹。肩部和圈足分别压印联珠纹、菱形网格纹和锯齿纹、菱形网格纹。肩部四周对称贴塑四个羊首，上附条形耳。

犀皮黄口羽觞 三国吴。椭圆口，平底，月牙形耳。耳及口沿镶鎏金铜扣。器身属"黑面红中黄底片云纹犀皮"工艺，表面光滑。正面黑色，背面黑、红、黄色相间，花纹回转流畅且富有变化。

基本信息

地　　址：安徽省马鞍山市朱然路3号
交通线路：10、13、18、20、106、202、129路公交车
开放时间：淡季9:00～16:30　旺季9:00～17:00
闭 馆 日：星期一
邮　　编：234000
电　　话：0555-2515857　2515862
传　　真：0555-2515859

淮南市博物馆

基本陈列

《馆藏文物精品陈列》 全面展示淮南地区出土、征集、捐赠的各类珍贵文物，展示淮南地区的古代文明及政治、社会、经济、文化面貌。

《寿州窑》 全面展示安徽省已发现的最早窑址——寿州窑的创烧、发展、兴衰过程及在全国瓷窑中的地位。

珍贵藏品

东汉酱釉瓷罐 1972年出土于谢家集区唐山镇九里岗砖墓，高24厘米、口径16.9厘米，内外通体施酱褐色釉。为我国早期成熟瓷器，国家一级文物。

战国楚国铜量 1957年征集，口径11.8厘米，重1850克，一级文物。扳左侧上方阴刻一个"王"字。器体厚重，系楚国官用量器。

唐寿州窑黄釉盏 1985年6月征集，高4.4厘米，一级文物。玉璧形圈足，内外施黄釉（足底无釉），釉色光洁莹润，造型规整，为寿州窑产品中的精品。

唐寿州窑黑釉瓷注 1985年6月谢家集区征集，高20.4厘米，一级文物。周身施黑釉近底，造型规整，为寿州窑产品中的精品。

特色活动

陶瓷制作互动 通过展示，让观众熟悉陶瓷的制作工序并亲手制作。

基本信息

地　　址：安徽省淮南市洞山中路15号
交通线路：长途汽车站乘3、121、9、24、110、816、813、818路，火车站乘122、6、110、24路公交车
开放时间：淡季9:00～17:00　旺季8:30～17:30
闭 馆 日：星期一
邮　　编：232001
电　　话：0554-6646365（办）　6644842（投诉）
传　　真：0554-6646364
邮　　箱：shq79999@163.com

淮北市博物馆

基本陈列

有《隋唐运河出土文物展》、运河遗韵厅、淮海战役厅、新中国上市公司证券、汉画像石厅、古相遗珍厅六个展览、展厅。

1999年淮北柳孜运河出土了大量的瓷器和唐代古木船，本馆共开辟了3个展厅陈列，采用完整器与标本共同展览和发掘场景复原的方式予以陈列。

淮北市是中国汉画像石四大产地之一，出土了大量的墓葬、石祠画像石，本馆采用复原墓葬的方式进行陈列。

本馆是西汉沛郡、东汉沛国的治所，在淮北市区出土了大量的汉代文物，本馆对这些文物进行了展出。

珍贵藏品

古木船 独木舟，长10.6米，宽1.1米，用一颗大树整体雕凿而成。木板船残长12.6米，宽1.92米，尾部装一拖舵，它是由手工舵向垂直转向舵过渡的一种舵形，在我国内陆河中尚属首次发现。

磁州窑白釉黑花罐 敛口，矮领，溜肩，弧腹，圈足。通体施白釉。腹部用黑彩绘花卉纹。

汉代"天上人间"画像石 该石正面中间画面分为三组：最上层为神仙世界，中层为车马出行图，下层为狩猎图。侧面为白虎图。

寿州窑黄釉执壶 敞口，束颈，溜肩，弧腹，平底。通体施黄色釉。为寿州窑之精品。

基本信息

地　　址：	安徽省淮北市博物馆路1号
交通线路：	乘8路公交车至世纪广场，10路、18路公交车至农委，16路公交车至市政府；长途汽车南站四马路

开放时间：淡季8:30～17:00　旺季8:30～17:30

闭 馆 日：星期一

邮　　编：235000

电　　话：0561-3115614　3115036-8012（投诉）

邮　　箱：hbsbwghj@163.com

铜陵市博物馆

基本陈列

《铜陵青铜文化展》 分为6个部分,展示了具有浓郁地方特色的馆藏青铜器260余件,以及当代铜工艺品80余件,辅之以大量精美的图版资料,采用高科技展示方式,模拟采冶铸场景,再现了古铜都铜陵三千多年的采冶铸历史和文化遗韵。

珍贵藏品

饕餮纹爵 商代早期。高23厘米,长18.9厘米。直壁平底,菌形单柱,柱顶饰涡纹,三角锥足,腹部饕餮纹,上下一周连珠纹,以弦纹作界栏,饕餮纹以鼻梁为基准线,两边为对称的目纹。

龙柄盉 西周。调味器。高18.2厘米,口径12.6厘米,柄长18厘米。上部盆形敞口,颈部饰一周变形窃曲纹,下部鬲形三袋足,曲柄仰起,顶端为龙首,双目圆瞪,俯视器口。整件器物构思巧妙,造型别致。

兽面纹鼎 春秋。炊器。高51厘米,口径44厘米,敞口平沿,方唇鼓腹,沿上双立耳外侈,三蹄足。腹部雕饰兽面纹一周,共三组,中间用扉棱间隔,足膝部有两道箍形圈饰。全器形体大气凝重,雕饰线条粗犷简练,风格豪放朴实,为南方青铜器中难得的一件重器。

基本信息

地　　址:	安徽省铜陵市学院路477号
交通线路:	4路公交车煤炭局站向东200米
开放时间:	9:00～11:30,14:30～16:30
闭 馆 日:	星期一、二
邮　　编:	244000
电　　话:	0562-2836120
传　　真:	0562-2836880
邮　　箱:	tlwgs@sina.com

休宁县状元博物馆

基本陈列

《皇家密档与休宁状元展》 展示中国第一历史档案馆提供的世界记忆文化遗产大、小金榜和休宁古代状元、进士的皇家档案文书等。

《状元文化展》 主要展示千年科举文化、休宁19位状元生平事迹以及有关的地方民俗文化。

《海阳珍宝展》 展示历年来社会各界向博物馆捐赠的珍贵文物。

《"荫馀堂"展》 展示象征中美文化交流的"荫馀堂"模型及相关图片。

《休宁古代书画展》 展示休宁历史上著名画家、新安画派代表人物查士标、金桂科等的书画作品。

《齐云山碑刻展》 展示全国重点文物保护单位齐云山石刻、碑刻拓片。

珍贵藏品

大、小金榜 为世界记忆文化遗产。乾隆四十年大金榜，休宁状元吴锡铃、中国近代著名考据大师休宁人戴震赫然有名；乾隆三十六年小金榜，休宁人黄轩独占鳌头。

"福"字立轴 乾隆御笔赐予休宁状元金德英的"福"字立轴。

"光绪二十九年江南乡试"题目刻印实帖 原件，保存完好。

黄思永殿试卷 休宁状元黄思永参加殿试时作答的试卷。

基本信息

地　　址：安徽省黄山市休宁县
交通线路：休宁县城状元广场
开放时间：9:00～11:30，14:30～17:30
闭 馆 日：星期二
邮　　编：245400
电　　话：0559-7512963
传　　真：0559-7512963
邮　　箱：zyhyq1969@163.com

和县博物馆

基本陈列

《和县馆藏文物陈列》 分三个单元：化石、陶瓷器和青铜器，共展出文物200多件。

《和县历代名人专题陈列》 分古代、近代、现代三个部分。专题陈列反映将和县各个历史时期所涌现出优秀的、杰出的代表人物生平事迹等。

珍贵藏品

重列式神兽铜镜 灰胎。扁圆形纽，直径13.3厘米。表面微凸，光洁可鉴。背以弦纹分割成外区和内区，外区铭文带周环直行隶书阳文铭文，内区自上而下满列五段高浮雕神兽像。此镜主题突出，排列有序，高低起伏，形象生动，立体感强。

带盖青瓷奁 六朝。为女子的装饰盒，盖与器口扣合，盖上有三道弦纹，弦纹的间隔部分饰鱼网纹，盖纽为兔形。器体平口、筒形、直壁，平底微内凹，马蹄形三足。壁外饰四道阴弦纹，附二对铺首衔环，铺首上下各有一道鱼网纹宽带，盖外和壁外满施釉，釉光洁。

艺人驯虎玉雕 长宽各3.2厘米、高5.5厘米，紫褐色玉雕。方形底座，座上透雕二虎搏斗状：一为仰卧，四脚朝天；一为弓背下俯，骑在卧虎之上，颈和腰上有绳索。旁有一艺人，两腿分开，双手挽住绳索。雕刻精细，形象生动。

基本信息

地　　址：安徽省和县历阳镇历阳西路138号
开放时间：淡季8:00～17:00　旺季8:00～17:30
闭 馆 日：每月20日
邮　　编：238200
电　　话：0565-5312474
传　　真：0565-5313005
邮　　箱：fxx3131@163.com

寿县博物馆

基本陈列

设《楚都遗珍》《汉魏流韵》《翰墨流芳》《古窑之光》《宗教艺术》和《彩瓷缤纷》6个专题馆,共11个展厅,陈列面积约3600平方米。《楚都遗珍》和《汉魏流韵》两个专题展,是该馆基本陈列中的核心部分,展出大量珍贵的楚国文物,通过精心的艺术设计,详实的文字说明,清晰的插图版面,栩栩如生的人物雕塑,砂盘模型和声、光电等现代科技辅助展陈手段,浓墨重彩的展现了春秋战国时期寿春楚文化的风采;同时展示了寿县从春秋战国至魏晋这段最辉煌的阶段,较全面地反映了寿县悠久历史和灿烂文化。

珍贵藏品

"越王者旨于赐"剑 战国时期越国青铜兵器。1996年1月出土。剑通长54.5厘米,剑格两面有用绿松石镶嵌的鸟篆"越王越王者旨于赐"八字铭文。

"郢爰"、"金"楚国金币 是春秋战国时期楚国流通的黄金称量货币。金币略呈龟版状,正面钤有16至22枚不等方形或圆形的"郢爰"、"金"印记。大块完整的重量一般在250克至280克之间,含金量在98%以上。

金棺 北宋。同出的有套放在金棺外的银棺和盛放于金棺内的舍利等。金棺重91.5克,用五块金片模压成浮雕状纹样,再经钤凿刊刻等多种工艺程序处理细部后,用金丝穿成棺状。棺周围饰缠枝牡丹纹样,棺底钤凿有阴文"重佛舍利"四字。工艺精湛,玲珑剔透。

基本信息

地　　址:安徽省寿县寿春镇西大街
开放时间:淡季8:00～11:30,15:00～17:30
　　　　　旺季8:00～11:30,14:30～17:30
闭 馆 日:星期一
邮　　编:232200
电　　话:0564-4022499
传　　真:0564-4036300
邮　　箱:sxbwg@tom.com
网　　址:安徽省寿县人民政府网

霍山县博物馆

基本陈列

陈列内容有文物、书画、孔子塑像群。《霍山文物精品展》展出一、二、三级文物近万件，具有皖西、大别山特色。书画展以革命老区、大别山区域名人书画为重点。

珍贵藏品

矛　战国。1986年12月出土。通长194厘米，头长20厘米，重1.05千克。外形匀称，制作精良，中轴有脊。旁有环纫，刃口锋利；矛柄长10厘米，直径3厘米，光滑圆润，柄尾端饰有青铜，未锈蚀，光滑如漆。

戈　战国。1980年3月出土。长18厘米，援长14.5厘米，重0.19千克。通体呈褐色，援中起脊，长胡，阑侧有三穿。长方形内上有二穿，两侧饰有错金花纹。援至胡上有错金鸟虫书铭文"蔡侯黼之用戈"。

玉圭　西周。1983年3月出土。长10.4厘米，宽4.6厘米，厚0.6厘米。色泽浅黄，半透明，表面光滑，莹润，属祭祀物品。

基本信息

地　　址：安徽省霍山县横山镇文盛街38号
交通线路：乘县城公交车至文庙
开放时间：8:30～17:00
闭　馆　日：淡季星期六、日，旺季星期日
邮　　编：237200
电　　话：0564-5022009

亳州市博物馆

基本陈列

《曹氏家族墓出土文物陈列》　亳州是东汉时期政治家、军事家、文学家曹操的故乡。在亳州老城南20平方公里的范围内，分部着几十座曹氏家族墓葬，从20世纪70年代开始，共发掘近20座，部分出土文物精品组成该陈列。

珍贵藏品

银缕玉衣　由2400多片玉片用银丝编缀而成，出土于曹操家族墓中的董园2号墓。墓主可能为曹操祖父曹腾。该墓是一座大型石室墓，出土银缕玉衣和铜猪等珍贵文物。

象牙尺　出土于曹操家族墓元宝坑1号汉墓。牙尺周围有微雕，正面为奔鹿，反面为翔鸟，每寸一格，格上两星，十寸一尺，全长23.5厘米。

字砖　曹操家族墓出土了大量字砖，字体有篆、隶、行、草等。这批字砖对于研究中国书体演变有着重要意义。

玉刚卯　凤凰台一号墓出土，一对，玉质青白，微透明，长方体，高22厘米，上下面1厘米见方，中间有穿，四面刻辞，共66字。

基本信息

地　　址：安徽省亳州市咸宁街1号

交通线路：火车站乘1路公交车到花戏楼路（明清老街）

开放时间：淡季8:00～17:30　旺季8:00～18:00

邮　　编：236809

电　　话：0558-5570789

传　　真：0558-5570788

邮　　箱：5570789@163.com

江西省博物馆

基本陈列

江西省博物馆新馆展示面积13000平方米，分历史、革命、自然三大展区，全馆共设十个基本陈列。**历史馆**中一件件精美的珍贵文物再现了江西古代先民的伟大创造，印证了江西"物华天宝，人杰地灵"的辉煌。**革命馆**里一座座热血铸就的丰碑展示了无数革命志士和先烈前仆后继、英勇牺牲的大无畏精神；**自然馆**里一个个生命的故事凸显了江西独特的自然风貌和动植物资源。

珍贵藏品

凌氏釉里红楼阁式谷仓 1974年景德镇市郊出土。明器。器形为仿元代江南楼阁式戏台建筑，重檐庑殿顶，由二层主楼和两侧二层亭楼构成。器身青花书写对联一副及159字墓志铭。整座谷仓雕塑精微，栩栩如生，集青白釉、青花、釉里红等高温釉于一身，可谓世之孤品，国之瑰宝。

双面神人青铜头像 1989年新干县大洋洲遗址出土。商代后期礼仪场合使用的神器。为一中空的扁平双面人首形，头顶正中有圆管，两侧出双角，器下有长方銎。该头像的双目十分特别，突目中空，显得神秘诡异、狰狞恐怖。上管圆、下銎方的造型和古人天圆地方的理念相通，寓意神人贯通天地。

伏鸟双尾青铜虎 1989年新干县大洋洲遗址出土。长53.5厘

米、高25.5厘米。商代后期礼仪场合使用的神器。立体圆雕，形似虎尊。虎作半卧欲起势，背脊上立一短尾鸟。此虎体量大，形象生动。

鹿耳四足青铜甗 1989年新干县大洋洲遗址出土，为江西省博物馆的镇馆之宝。商代后期蒸煮器，由上部甑和下部鬲合成。甑口径61.2厘米、鬲高39.5厘米、通高105厘米。甑盘口，长方双耳上各立一鹿，一雄一雌，回首相顾；鬲四足中空，高分档。甗体形制巨大，气势雄浑，是当时的宗庙重器，在目前所见商代同类器中为最高大的一件，有"中华甗王"之誉。

特色活动

文化三进活动 从2005年起，本馆积极开展博物馆文化"进军营、进学校、进社区"的"三进"服务活动，组织各类各具特色的展览深入军营、校园、社区展出，深受广大师生和官兵的欢迎。

基本信息

地　　址：江西省南昌市新洲路2号

交通线路：乘205路至中山桥，2路内线、7路、8路、12路、18路、20路、27路、112路至中山路西口站

开放时间：9:00～16:30

闭 馆 日：星期一

邮　　编：330025

电　　话：0791-6595432　6592509

传　　真：0791-6562275

邮　　箱：jxww@nckd.com

网　　址：http://www.jxmuseum.cn

新建县博物馆

基本陈列

《新建县历史文物展》 我县拥有省级文物保护单位10处,市、县级文物保护单位24处,馆藏文物2000余件。我馆利用现有的文物资源进行了"新建县历史文物展"及"小平劳动车间"展览。

珍贵藏品

青白釉狮形瓷枕 北宋。瓷器,1984年出土于铁河乡东红村。
黑釉点彩执壶 北宋。陶器,1984年11月出土于七里岗。
青白釉印花砚滴 南宋。瓷器,1990年12月出土于石岗东安村。
仿铜鎏金龙耳双环瓶 明代。陶器,1987年2月出土于望城乐安王墓。
金香囊黄金带钩 明代。金器,1987年2月出土于望城乐安王墓。
金帽饰金龙钩 明代。金器,1987年2月出土于望城乐安王墓。
革命文物 60余件,是邓小平同志曾经使用过的劳动工具。

基本信息

地　　址:江西省新建县博物馆
开放时间:8:00～17:00
邮　　编:330100
电　　话:13970865826

景德镇陶瓷馆

基本陈列

《景德镇历代陶瓷珍品陈列》 本馆是国内建馆最早,规模最大,藏品最多的融收藏、研究、保护、展示为一体的陶瓷艺术类专题博物馆,包括古代陶瓷,新时期获国家工艺美术大师的作品,历年"景德镇陶瓷美术百花奖"获奖作品,以及"文革"时期的陶瓷作品。其基本陈列不仅是一部景德镇陶瓷发展史,也是一个景德镇陶瓷成就展览会。

珍贵藏品

影青葵口盘 宋代。口沿呈十瓣葵花形,腹壁浅,足小而内凹。体薄透光。线条流畅,施以影青釉。

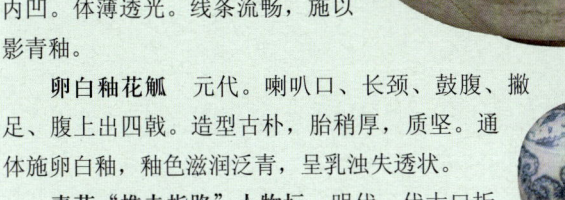

卵白釉花觚 元代。喇叭口、长颈、鼓腹、撇足、腹上出四戟。造型古朴,胎稍厚,质坚。通体施卵白釉,釉色滋润泛青,呈乳浊失透状。

青花"樵夫指路"人物坛 明代。代大口折沿,圆肩深腹。腹绘人物图,主题为主人春日访友,向樵夫问路,人物形象生动。胎厚重,釉色灰白,料色青艳。

特色活动

绘瓷体验 观众在馆内工艺美术师的指导下学习陶瓷彩绘和共同创作作品。
触摸历史 观众可上手观摩藏品与古陶瓷零距离接触,专业人员讲解指导。

基本信息

地　　址:江西省景德镇市莲社北路169号
开放时间:8:30~17:00
邮　　编:333000
电　　话:0798-8229783
传　　真:0798-8203376
邮　　箱:jdztcg@163.com

景德镇陶瓷民俗博物馆

基本陈列

《景德镇陶瓷民俗陈列》 通过文字、照片、图表及模型等陈列方式，重点展示了景德镇古代陶瓷生产中的工艺与习俗、信仰与崇拜以及典型的历代民俗用瓷。

《景德镇古代制瓷图陈列》 通过40余块大型青花瓷板画，比较全面地再现了景德镇明、清时期重要的各道制瓷工序及其行业习俗。

珍贵藏品

白釉花口碗 五代。是我国南方地区目前发现的器形最完整的五代白瓷，又是我国南方地区目前发现的时代最早白瓷之一。

青白釉印花鱼纹芒口碟 南宋。该藏品反映了南宋景德镇陶瓷覆烧工艺与印花装饰技术。印花鱼纹的盛行，体现了宋代社会"年年有余（鱼）"的民俗文化思想。

青花开窗花鸟纹盘 明代。高14.5厘米，口径43.5厘米。晚明外销瓷，日本人谓之"芙蓉手"，而欧洲人则称之为"克拉克瓷"。它既是研究明代景德镇青花绘画艺术的重要实物资料，又是了解景德镇陶瓷外销史以及中西方文化交流的重要纽带。

基本信息

地　　址：江西省景德镇市枫树山盘龙岗

交通线路：乘市1路、103路、16路至枫树山站

开放时间：8:30～17:00

邮　　编：333000

电　　话：0798-8502272　8524587

传　　真：0798-8502272

邮　　箱：hzx2165@163.com

乐平市博物馆

基本陈列

《乐平历史文物陈列》 藏品主要有乐平出土的远古时期的打、磨制石器，先秦时期的青铜器以及汉帝国之后的历代精品陶瓷等。

珍贵藏品

青铜铎、铃 战国至西汉。共56件，其中铎18件，铃38件。铎可分二式：Ⅰ式为通体素面，Ⅱ式为网线乳点纹。铃与Ⅱ式铎纹饰相一致。

影青瓜棱执壶 北宋。瓜蒂盖，扁曲柄，细长流。腹体有六条凸棱，柄、流下端各饰一片柿叶。釉色介于青白之间，壶体秀丽，釉色晶莹。

釉里红兔竹纹玉壶春瓶 元代。喇叭口，细长颈，腹部肥大，圈足外撇。胎质坚厚，釉汁莹润，呈鸭蛋青色。釉里红呈色不稳定。颈、腹部位分饰二、五道弦纹，其间有三组蛇形纹，腹部绘有竹、奔兔、石山，画笔娴熟，形象生动，整体造型挺拔秀丽，制作精细。

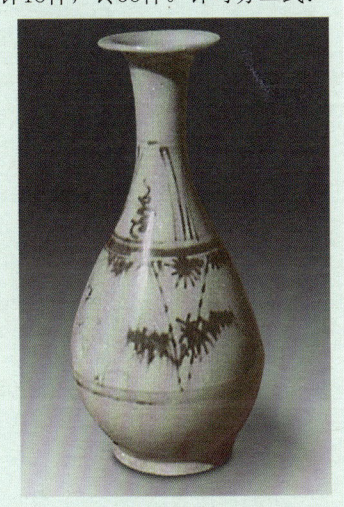

特色活动

乐平古戏台风情民俗与演出活动 乐平现存400余座乡土戏台，自晚明开始一直流行赣曲高腔，现今一年四季均有演出活动。

基本信息

地　　址：江西省乐平西大街199号
交通线路：公交车线路5至文化馆站
开放时间：8:30～17:30
邮　　编：333300
电　　话：0798-6833901
传　　真：0798-6833562
邮　　箱：beilin80@163.com

江西省萍乡市博物馆

基本陈列

《恐龙蛋化石暨恐龙知识展》、《巨型灵芝展》、《清—民国名人书法展》、《萍乡历史陈列展》、《孔子祭祀器陈列》展出白垩纪晚期恐龙蛋化石,"世界罕见、亚洲第一"巨型灵芝,铁保、曾国藩、李瑞清、于佑任、刘墉等书法作品。

珍贵藏品

青花瓷 元代。窖藏出土,有整套祭器(净水瓶一对、炉一个)和匜、高足杯等。

金杯 宋代。窖藏出土。金杯一对,为手工制作,杯内分别铸有站立式男女人物一个。

齐白石人物画 齐白石于1928年为萍乡籍文物收藏家作画。

丰子恺漫画 丰子恺于抗日战争时期前往西南途中经过萍乡,为萍乡籍武汉大学教授新居落成而作。

基本信息

地　　址:江西省萍乡市南正街46号
交通线路:乘5路、7路公交车至萍乡四中
开放时间:淡季8:30～16:30　旺季8:30～17:00
邮　　编:337055
传　　真:0799-6832694
邮　　箱:anbao_peng@163.com

德安县博物馆

基本陈列

《德安县历史文物展》 展陈上起新石器时代，下至民国的各个历史时期的文物。有新石器时代晚期的磨光石锛，商周时期的测量木桶、提水骨槃、完整陶器、石范、冶炼坩锅、青铜觚、青铜纺轮，以及秦汉、两晋、隋唐、宋元、明清时期的青瓷、青白瓷、秘色瓷、金银器等。还有南宋周氏墓出土的大量丝绸服饰，明代熊氏墓出土的丝麻棉扎染服饰，以及两墓出土的金银饰物和化妆用品。本陈列反映了德安县悠久灿烂的历史。

珍贵藏品

青花八棱玉壶春瓶 元代。器物分四层，每层以八棱分为八个平面，层与层以棱交错相顶，纹饰以第一层蕉叶纹，三层八个较大平面上以菊花折枝交替纹饰，胎质细腻，色彩艳丽，造型独特。

玉琮 新石器时代晚期。1983年出土。外方内圆，为良渚文化祭祀器。

基本信息

地　　址：江西省德安县义峰路111号
交通线路：1路、2路公交车至县汽车站
开放时间：淡季9:00～16:00 旺季8:30～17:00
闭 馆 日：星期一
邮　　编：330400
电话传真：0792-4332630
邮　　箱：deanmuseum@126.com

都昌县博物馆

基本陈列

《都昌县历史文物陈列》 陈列面积为200平方米,展出实物100余件,以陶器和瓷器为主。采用系统分类陈列与景观陈列法相结合的方式,通过文字和图表,反映都昌历史变迁和社会发展的进程,以及勤劳智慧的都昌人民在景德镇瓷业发展中所作出的贡献和取得的成就。

珍贵藏品

商周云雷纹陶罐 高19.5厘米,口径11.5厘米,最大腹径18厘米。泥质灰陶,侈口、鼓腹、圜底,双耳,底略平,肩以下饰云雷纹,保存完整。

宋代影青镂空香熏 高10.8厘米,腹围10厘米,口径8.7厘米。总体呈椭球形,平底。盖为半球形,镂雕缠枝菊花纹,盖与熏以子母口套合。内外施影青釉,釉因"吸烟"呈灰青色。

基本信息

地　　址:江西省都昌县都昌镇东湖三路2号

交通线路:乘2、3路公交至东湖坝

开放时间:淡季8:00～17:30　旺季8:00～18:00

邮　　编:332600

电话传真:0792-5223484

新余市博物馆

基本陈列

《傅抱石生平事迹及作品展》 展示傅抱石生平和艺术之路、傅抱石爱国爱家之情、傅抱石作品的陈列。

《民间珍宝展》 展品为吴立山先生捐赠文物425件，和征集的化石58件、字画31件。有6个展厅。

另有《罗坊会议》、《兴国调查会》、《新余历史名人展》等陈列。

珍贵藏品

吉州窑锭形彩绘瓷枕 南宋。锭形，造型均整。乳白色釉底，绘以棕褐色菊花。

鎏金葵菊纹银盘 元代。银白色，鎏金。盘口呈菊瓣形，盘内底中央锤击凸起高浮雕菊花一朵，镌刻绶带蝴蝶一对。

《蔬菜图》 傅抱石，1936年。纸质、立轴。

《松雪图》 傅抱石，1936年。纸质、立轴。

基本信息

地　　址：江西省新余市仙来中大道61号

交通线路：乘101、102、103、201、202、203、301、602、401路公交车至广电中心站下车

开放时间：8:30～17:30

闭 馆 日：星期二下午

邮　　编：338000

电　　话：0790-6458872　6214001　6741019　6221005　6442186（投诉）

传　　真：0790-6442186

邮　　箱：gzz67@sohu.com

网　　址：www.xyswhj.cn

鹰潭市博物馆

基本陈列

《龙虎山战国崖墓群出土文物展》 以鹰潭龙虎山战国崖墓群出土文物为主要展览对象,集中展示了古越族人民的生产生活器具。

《中国道教精品展》 展示了道教的祭祀法器和道教徒日常生活用品,为后人了解道教提供了直接的材料。鹰潭市博物馆是目前中国唯一专门收集研究道教文物的博物馆。

《角山商代窑址出土文物展》 集中展出了2000年中国十大考古发现之一——江西鹰潭角山商代窑址出土文物,文物类型齐全、数量众多。

《精品展厅》 展出最能代表地方特色的珍贵文物,辅之以灯光和音响效果,共展出一级文物2件,二级文物20件,三级文物190件。

珍贵藏品

人面彩陶双系壶 新石器时代晚期。高26.5厘米、口径9.5厘米、底径10厘米。侈口,鼓腹,腹中部两耳下垂,高颈,小平底。器表彩绘以黑色为主,主体纹饰是几何图案,口沿上绘圆圈纹,口唇内施绘锯齿纹,颈部施圆圈纹圆,腹部绘相对三角形,彩绘的最下端施一圆圈纹,腹以下无彩绘。颈部有一个立体人面纹。

青花蝶荷纹瓶 明代。高15.6厘米、底5.5厘米。撇口,鼓腹,圈足,沙底。纹饰是蝶荷纹。

基本信息

地　　址:江西省鹰潭市月湖区湖西路4号
交通线路:乘1路、2路、5路、18路公交车至东湖站
开放时间:淡季8:00～17:00 旺季7:30～18:30
闭 馆 日:星期一
邮　　编:335000
电　　话:0701-6221031
传　　真:0701-6221031
邮　　箱:tyfzwp@163.com

信丰县博物馆

基本陈列

赣粤边三年游击战争纪念馆 陈列共分四个部分,即"重大战略转变"、"红军、游击队的反'清剿'斗争"、"艰难困苦的游击生活"、"下山谈判、开赴前线"。

珍贵藏品

"抗敌"布臂章 布质,长方形,臂章是1938年陆军新编第四军刘乐让同志的。

铁手雷 生铁铸造,椭圆形。第二次国内革命战争时期,红军在安西、金盆山战斗后留下的。

竹茶盅 圆筒形,1932年红军打南雄水口返回韩坊时经过营盘留下的。

"竹箩" 圆形,1947年,信丰油山游击队交通员陈仁美用此物为留在油山养伤的游击队员李某某(女)、李德光和护理员送饭。

基本信息

地　　址：江西信丰县阳明中路圣塔广场内
开放时间：淡季8:30～17:30　旺季8:00～18:00
邮　　编：341600
电　　话：0797-3302565
传　　真：0797-3308796
邮　　箱：xfbwg@126.com

石城县博物馆

基本陈列

《石城历史与民俗风情综合展》 2005年1月正式对外开放，展厅面积280平方米，呈"E"字型布展。展厅内陈列200多件历史、客家文物，按陈列内容分为"赣江源头"、"客家摇篮"、"红土风云"、"人物精英"、"今日石城"五个部分。展厅展示的文物内容丰富，题材广泛，几乎涵盖了石城自南唐以来社会的方方面面。展示的客家文物也有极高的艺术欣赏价值。陈列布局疏朗、构图简洁、主题突出、线条流畅、极富韵感，为研究石城历史，尤其是石城地方的文化艺术、民风民俗等方面提供了具有极其珍贵的价值。

珍贵藏品

双人画镂花玉佩 清代。圆形，宽5厘米、厚0.4厘米。

八开光青瓷花盘 明代。通高5厘米、口径29厘米、底径15.5厘米。

白底双龙戏珠香炉 清代。圆形，高12.3厘米、口径25.7厘米、底径12.8厘米。

匣钵 唐代。丰山古窑址遗物。高10厘米、口径16.4厘米、内径13厘米。

基本信息

地　　址：江西省石城县琴江东路153号

交通线路：石城县汽车站往西500米

开放时间：淡季9:00～12:00，15:00～17:00
　　　　　旺季8:00～12:00，15:00～18:00

闭 馆 日：农历除夕

邮　　编：342700

电　　话：0797-5790055

传　　真：0797-5790055

邮　　箱：scbwg195410@sina.com

东固革命根据地博物馆

基本陈列

《东固革命根据地陈列展》 反映东固革命根据地的创建、巩固和发展的革命历史，以及红四军和红二、四团会师东固和第一、二、三次反"围剿"的胜利史。东固革命武装斗争经验，丰富了毛泽东的军事思想。

珍贵藏品

纸币 印有"中华苏维埃共和国"字样。
手雷 有镶嵌镰刀斧头图案的五角星。
土炮 由东固淘金坑兵工厂制造，杀伤力很强。

基本信息

地　　址：江西省吉安市青原区东固畲族乡东固街
交通线路：从青原区到东固的公交车
开放时间：8:00～12:00，14:00～18:00
邮　　编：343063
电　　话：0796-8501600　8100996
传　　真：0796-7023196　8500009
邮　　箱：qywgj@jian.gov.cn

吉水县博物馆

基本陈列

《**吉水历代名人陈列**》 介绍吉水在历史上的鼎盛时期，一科三鼎甲，一门三进士，百步两尚书，隔河两宰相，五里三状元，九百十知州，十里九布政的情况。

《**江南第一墓陈列**》 介绍墓葬形状，发掘现场，以及出土文物。

《**名人珍拓展**》 介绍吉水历代名人书法，或篆或楷，或行或草，洋洋洒洒，各具风格。

《**吉水籍共和国将军展**》 井冈山星火燎原，吉水血染疆场者6000余人，铸就20位共和国将军。

珍贵藏品

青釉刻花瓷盘 该盘撇口，唇微侈，浅弧腹。灰黄胎，青绿釉，光泽细腻。内壁刻有三婴攀枝图案，周围布缠枝花果。

解缙墨迹卷 长600厘米、宽33厘米，共20张，为明洪武三十一年解缙的书法作品，主要记载了"解氏世系歌"，"解氏吉州谱"，"庄山先生传赞，解先生小传"及解缙对书法的见解内容。

《**念庵集**》**木刻板** 罗洪先撰，刻于清雍正年间，共502块，每块长33厘米、宽26厘米，刻板数量完整，保存完好，对研究中国印刷历史具有十分主要的价值。

青铜朱雀 为雄雌一对两件。雄性一只头有三冠，小圆眼，细长颈，挺胸收腹，翘尾后勾，足直立，尖爪，自颈以下饰大小不等的卷羽纹。雌性，圆头，小圆眼，短颈，胸腹圆润，臀肥，尾尖略上翘。足直立，尖爪。

基本信息

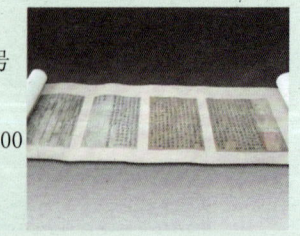

地　　址：江西省吉水县县城龙华中大道122号
交通线路：1、3路公交车
开放时间：淡季8:30～17:00　旺季8:00～17:00
邮　　编：331600
电　　话：0796-3522233

九江县陶渊明纪念馆

基本陈列

陶渊明纪念馆有四个陈列：

陶靖节祠 省重点文物保护单位，展出有历代名人题写的匾额、对联等。

《陶渊明生平事略陈列》 展出诗人生平业绩、活动路线、遗迹图片、大事年表等。

《渊明资料陈列》 历代各种版本的《陶渊明集》、中外专家学者陶学专著以及历代书画名家咏陶书画珍品等。

《九江县历史文物陈列》 展出本县上自商周下迄明清的精品历史文物（分"古文化遗址"、"古城址"、"古墓葬"、"流散文物"、"全县文物保护单位"五个部分），特别是魏晋南北朝墓葬的随葬品。

珍贵藏品

青瓷权 南朝，高6.5厘米、底径10.5厘米，重813.4克。古浔阳城出土。

基本信息

地　　　址：江西省九江县公园路18号
交通线路：乘1路车到渊明路口
开放时间：8:00～18:00
邮　　编：332100
电　　话：0792-6813360
邮　　箱：jxwyh19660915@163.com
网　　址：www.jjx.gov.cn

修水县黄庭坚纪念馆

基本陈列

《黄庭坚书法碑刻陈列》 陈列有黄庭坚各个时期、各种风格书法作品,主要有《松风阁》诗、《经伏波神祠》、《赠邱十四》、《墨竹赋》、《茶宴赋》等100余通。同时馆址南山崖保存了大量历代名人题刻石刻。

《黄庭坚生平史迹陈列》 分"双井神童"、"才华初展"、"勤政恤民"、"苏黄唱和"、"满川风雨"、"诗开西江"、"翰墨千古"七个板块,详细介绍了黄庭坚的生平、史迹、成就及影响。

《修水历史文物陈列》 采用图文结合的方式,系统全面地介绍了修水从原始社会到清末民国的历史,展示了新石器时代晚期江南著名文化——山背文化遗址出土的石器、陶器标本,商周时期的陶器标本,春秋战国时期的甬钟、陶甗,秦汉时期的陶罐、铜弩机,唐宋明清各种瓷器等其他珍贵文物。

珍贵藏品

收藏了大批珍贵历史文物,主要有:黄庭坚撰并书的"王文叔墓志铭"和"徐纯中墓志铭"、立体浮雕山水画田黄古印、朱耷(八大山人)《鱼雀图》、陈宝箴《家信》、陈三立书法立轴、陈师曾绢本画《梅》和《兰》,及宋明清各类扇面书画和大量钱币、瓷器等珍贵文物。

特色活动

不定期与黄庭坚书画院举办书画讲座、书画作品展览及其它文艺活动。

基本信息

地　　址:江西省修水县城宁红大道1号
交通线路:乘1、2、3路公交车
开放时间:8:00～12:00,14:30～18:00
邮　　编:332400
电　　话:0792-7262958　7221921(投诉)
传　　真:0792-7262958
邮　　箱:htingjian1045@163.com

寻乌县革命历史纪念馆

基本陈列

主体陈列 《寻乌调查旧址》。这是1930年5月毛泽东同志作寻乌调查的旧址,他在这里写下了《寻乌调查》和《反对本本主义》两篇光辉著作,首次提出了"没有调查,没有发言权"的科学论断,第一次明确提出马克思主义的基本原理与中国实际情况相结合的观点,为我党实事求是思想路线的形成奠定了理论基础。

辅助陈列 《寻乌调查专题陈列馆》《寻乌县革命历史展览》《红军医院陈列》。这些展览展陈内容史料翔实,内容丰富,是褒扬先辈、启迪后人、继承先烈遗志、激发民族自尊、弘扬民族正气的好场所,也是一处"实事求是、调查研究"思想路线的爱国主义教育基地。

基本信息

地　　址:江西省寻乌县长宁镇中山路136号
开放时间:8:30～12:00,14:00～17:00
邮　　编:342200
电　　话:0797-2845714
邮　　箱:xwjng@163.com

永新湘赣革命纪念馆

基本陈列

《湘赣革命根据地史迹陈列》 采用玻璃大通柜九宫格形式，将图片、实物及绘画相结合进行布展。内容分为"湘赣革命根据地的形成"、"湘赣革命根据地的建设"、"反围剿斗争以及艰苦卓绝的三年游击战争"三部分。

珍贵藏品

《红色湘赣》 湘赣省苏维埃政府机关报。质地为毛边纸，长方形，长70厘米、宽40厘米。1933年6月湘赣省苏维埃政府创办的《红色湘赣》报，成为当时宣传党的方针政策的一个重要阵地。

湘赣苏区发行的货币和公债券 为打破敌人的经济封锁，湘赣革命根据地在1932年就已成立了湘赣省工农银行和湘赣省造币厂，分别制造和发行了银元及面额为壹元、贰元、伍角、贰角、十枚等的货币和面额为壹元、伍角等的公债券。

银元对花铜模 1932年，湘赣省为打破敌人的经济封锁而开办的造币厂生产"大脑壳"银元对花用的。铜模分上、下二层，共重3千克。

列宁小学用过的风琴 是湘赣苏区时期永新县象形区石塘村列宁小学使用过的。风琴纵32厘米、横67厘米、高80厘米，褐色。共23个键。上有"嘉禾牌风琴 中华书局制"字样。

基本信息

地　　址：江西省永新县禾川镇民主街盛家坪路14号
交通线路：永新县长途车站乘车至盛家坪路14号（永新文物局）
开放时间：淡季8:00～17:00　旺季8:00～17:30
邮　　编：343400
电　　话：0796-7722345
传　　真：0796-7722345
邮　　箱：hxb770910@126.com

万载县湘鄂赣革命纪念馆

基本陈列

《湘鄂赣革命根据地斗争史陈列》 全面介绍湘鄂赣革命根据地形成、发展的斗争历史，展现湘鄂赣苏区人民创建湘鄂赣革命根据地的战斗历程。陈列共分三部分：一、"湘鄂赣革命根据地的创建"；二、"湘鄂赣革命根据地的形成和发展"；三、"艰苦的三年游击战斗"。

珍贵藏品

湘鄂赣省苏维埃执行委员会印章 银质，圆形，直径10厘米，由中华苏维埃共和国中央人民政府统一制作颁发。

《工农兵》报 石印版，1929年湘鄂赣边特委出版发行，为《工农兵》报创刊号。

战斗报 石印版，1933年发行，湘鄂赣省苏维埃政府机关报。

湘鄂赣省工农兵银行纸币 各时期湘鄂赣省工农兵银行发行的纸币。

基本信息

地　　址：江西省万载县阳乐大道322号
交通线路：1、2、3、5、6、7、8路公交车
开放时间：淡季9:00～11:30，15:00～17:00
　　　　　旺季8:30～11:30，14:30～17:30
闭 馆 日：星期日
邮　　编：336100
电　　话：0795-8822491
传　　真：0795-8823486（万载县文化局）
网　　址：www.xegjng@sina.com

汤显祖纪念馆

基本陈列

《汤显祖生平、作品陈列》 汤显祖(1550～1616年),字义仍,号若士,一称海若,别署清远道人。江西临川人。汤翁少年颖异,弱冠有文名。隆庆四年(1570年)乡试中举。万历五年(1577年)赴京会试,因不附权贵,忤逆首辅而屡试落第,直到万历十一年(1583年)始中进士。历任南京太常寺博士,詹事府主簿,礼部主事。万历二十六年(1598年),终因朝政败坏,素志难申,愤而弃官归里。

汤显祖离开了政治舞台,在戏曲舞台上却大放光彩。还乡后,汤显祖筑玉茗堂书斋,移情词曲。著有《牡丹亭》、《南柯记》、《邯郸记》,与旧作《紫钗记》被后人称为《临川四梦》或《玉茗堂四梦》。《四梦》猛击封建礼教,深揭明代时弊,加以情节曲折,人物生动,文词典丽,声律谐美,四百年来,盛演不衰,在中国戏剧史上达到了传奇体裁创作的最高峰。特别是《牡丹亭》被译为多种语言,广为流传,名扬海内外,至今催人泪下。

珍贵藏品

《文昌汤氏宗谱》 同治七年修,系木活字本,线装七册。谱本长37.2厘米、宽22.4厘米、高32.7厘米,完整清晰。全谱合装于一只精美谱箱,谱箱前部刻有"文昌汤氏宗谱"。

特色活动

纪念馆为了更好发挥自身优势,结合汤翁作品内容,在双休日、黄金周不定期开展"寻宝寻乐、游园猜谜、上山猎'虎'"等让游客喜闻乐见的节目,达到了让游客娱教于乐的最终目的。

基本信息

地　　址:江西省抚州市文昌大道中端
交通线路:11路、22路、9路、21路公交车
开放时间:夏季8:30～17:30　冬季8:30～17:00
邮　　编:344000
电　　话:0794-8221475
传　　真:0794-8223137

王安石纪念馆

基本陈列

　　熙丰楼设《王安石生平事迹展览》，主要有"故里情深"、"治善州邑"、"荆公新学"、"熙宁新法"、"文学造诣"、"人文品格"、"终老金陵"、"千秋评说"八个部分，各个展厅通过图片、图表、国画、雕像、实物，展示了王安石一生业绩和改革家的胆魄、文学家的风貌。

珍贵藏品

　　书画作品　纪念馆收藏有当代著名书画家刘海粟、赵朴初、肖娴、赖少其、方增先、施大民、陆俨少等一些社会名家赠给纪念馆的书画作品30余件。

　　牌匾　全国政协副主席、著名书画家赵朴初为纪念馆题写馆名。

基本信息

　　地　　址：江西省抚州市赣东大道1085号

　　交通线路：1路、23路公交车

　　开放时间：淡季8:30～17:00　旺季8:30～17:30

　　邮　　编：344000

　　电　　话：0794-8222249

新干县博物馆

基本陈列

《虎踞南国——大洋洲商代青铜文化展》 展示大洋洲程家村商代大墓出土地文物，展品为仿（复）制青铜器110件，及原始瓷器、陶器等。商代大墓发现于1989年9月20日，为"七五"期间全国十大考古发现之一，20世纪中国百项重大考古发现之一。2003年6月，在大墓墓址旁建成新干大洋洲商代青铜博物馆，展览分为六个部分，即"器以藏礼——青铜礼器"、"兵戎征伐——青铜兵器"、"渔樵耕织——青铜农具、工具、陶瓷器"、"狞厉之美——美石玉器"、"天人合一——青铜神器"和"王气南来——青铜器综合"。

珍贵藏品

伏鸟双尾虎 长53.5、高25.5厘米、重6.2千克。形类虎尊、坦腹、底不连，内空。虎身体庞大，怒目狰狞，虎视眈眈，作半起欲奔之势。

四足铜甗 通高105、甑口径61.2、鬲高39.5厘米、重78.5千克。为甑、鬲连体式。甑为盘口，立耳，斜腹，箅已失，但有箅托一周。口沿外侧饰斜角式雷纹。通体饰牛首纹四组。

双面神人头像 通高53、角距38.5厘米，重4.1千克。扁平，双面人头形，上宽下窄，中空。方銎。形象狰狞、恐怖、诡怪。

侧身羽神人玉饰 通高11.5、身高8.7、背厚1.4、胸厚0.8厘米。呈枣红色，纯润无瑕，属青田玉。用圆雕加浮雕琢成，作侧身蹲坐状，两侧面对称，"臣"字目。在腰背与臀部刻出鳞片纹，两侧及腿部用圆雕技法雕出羽翼。链环与羽神人为同一块玉料雕成。

基本信息

地　　址：江西省新干县大洋洲程家村（大洋洲青铜馆）
　　　　　江西省新干县滨阳路5号（新干县博物馆）
交通线路：105国道至大洋洲镇1821公桩
开放时间：淡季9:00～16:00　旺季8:30～16:30
邮　　编：331300
电　　话：0796-2783469（大洋洲馆）　7136690（县博物馆）

永丰县博物馆

基本陈列

《欧阳修纪念展》 将唐宋八大家之一欧阳修的生平、文学、史学、政治等方面的情况分3个展厅全面系统地进行介绍。将他勤政为民、刻苦好学、勇于改革、刚正不阿、关心民生等高贵品质以及道德文章精神向世人展示，教育后代。

珍贵藏品

《欧阳修全集》线装古籍　欧阳修诗词文集一套共153卷，清版。

基本信息

地　　址：江西省永丰县恩江镇永叔路1号
开放时间：淡季8:00～12:00，14:30～18:00
　　　　　旺季8:00～12:00，14:00～18:00
邮　　编：331500
电　　话：0796-2511392
传　　真：0796-2511332
邮　　箱：yfx2522898@126.com

泰和县博物馆

基本陈列

《江西第一汉城——白口城址发掘成果展》 白口城址位于江西省泰和县塘洲镇洲头村，面积25万平方米，分内外城，1983文物普查时发现，2001年考古试掘，2004年考古发掘。出土文物近千件，有多种陶片、花纹砖、陶鼎，以及大型建筑材料——长达40多厘米的板瓦、筒瓦，保存完好的圆型瓦当，"大泉五十"、"货泉五铢"铭文砖。有青铜箭镞、炼铁窑炉、大量的铁渣、铜渣、铜饰件以及陶纺轮、陶网坠。另外，还发现了大型建筑基址，两排规整的柱洞。经初步考证，该城址为距今2000多年的汉代古城址，是江西省"西汉十八县"之一的庐陵县县治，也是庐陵文化的发源地。

珍贵藏品

《太虚观净圣堂二长明灯田碑记》碑 郭子章撰书。该碑记述了郭子章致仕还乡后先后建造了净圣堂和太虚观，并使其灯火能够真正长明不熄的情况。

王直奉天诰命并杨士奇题词碑 一方二块，是明代刊刻的代宗皇帝褒扬并诰封王直为光禄大夫的诰命碑，中间嵌刻了杨士奇的题词。

黄庭坚《御制戒石铭》碑 该碑系清光绪壬午年（1882年）重修快阁时所刻。

基本信息

地　　址：江西省泰和县城工农兵大道110号
开放时间：8:00～12:00，14:30～17:30
邮　　编：343700
电　　话：0796-5335010
传　　真：0796-5324972
邮　　箱：zhoujianping999.hi@163.com

万安县博物馆

基本陈列

《历史文物展》 用文物、图片、文字展示了万安县辟地建县的悠久历史和万安人民创造的灿烂文化。

《康克清、朱德生平事迹展览》 采用声光电技术，通过油画、水粉画、文字、珍贵的历史照片和实物等展品，展示康克清、朱德同志光辉战斗的一生。

《万安暴动陈列展》 通过珍贵的实物、历史照片、文字等展品，运用喷绘等形式向观众展示20世纪20年代，万安人民在中国共产党的领导下爆发了工农武装大暴动，和暴动胜利后，建立了江西省第一个县级苏维埃政府的光辉历史。

珍贵藏品

青铜温酒器 为明代仿宋代器物。方形，高18厘米、宽39厘米。器物作狮状，有口、眼、耳、鼻、胡须等。其中头顶为炉口，呈长方形，作加热用，狮口为通风口。炉口两边各有承放酒器的圆形口子。器物两侧各有提梁。

手托酒器青铜俑 明代。高21.5厘米。青铜俑为单身立像，含笑，头戴幞帽，脑后有发髻，身穿圆领长衫、束腰带，足立覆莲座上，手托酒器。

江西红军万安赤色游击大队部布告 纸质，长39.5厘米、宽52厘米，时间为1930年。布告均为石印，楷书、直行书写，六字一句，押韵，共28句。

江西省苏维埃政府训令（附表格） 纸质，油印，宽37厘米、长24厘米，时间为1933年1月。

基本信息

地　　址：江西省万安县五云路428号
开放时间：8:00～12:00，14:30～17:30
邮　　编：343800
电　　话：0796-5705041
传　　真：0796-5701065
邮　　箱：waxbwg@gmail.com

宜春市博物馆

基本陈列

《宜春市历史文物综合展览》 共分为5个展厅，展出宜春市10个县市区的山川风光，历史人文实物和图片。第一展厅为袁州区、铜鼓县、万载县展区，以革命斗争为主；第二展厅为上高、奉新、宜丰、靖安四县市以历史文物图片资料为主；第三展厅为宜春市博物馆的文物展览厅以一般文物和月亮文化节摄影作品为主；第四展厅为樟树、丰城、高安三市的精品文物图片展；第五展厅为宜春市精品文物展厅，共展出珍贵文物38件。

珍贵藏品

铜铙 西周。通高38厘米，重12公斤。器身饰有弦纹、云纹细线纹和圆点纹。器身留有大片铜绿。

袁州杨家葵瓣镜 宋代。系袁州工匠铸造的品牌商品，1984年出土。外径17.9厘米。六弧形，圆纽无座，镜身平薄。镜面无锈处光亮呈银灰色。镜背的长方框内铸有阳文楷体铭文："袁州江北祖代杨家青铜照子"。

青白釉印花双凤瓷斗笠碗 宋代。1990年出土。口径17厘米、高5.8厘米。釉色青白，略呈天蓝色。白胎，薄壁，沙底，平足。碗内留有模印回纹与凤纹。

犀角杯 清代。高5厘米。色泽呈茶褐色，整体为荷叶形圆雕。有荷梗、荷花、蓼茎、蓼花。托荷叶形杯体，杯沿内外各雕饰螭龙一条。

基本信息

地　　址：江西省宜春市袁山大道中路18号
交通线路：2路、5路公交车
开放时间：9:00～11:30，14:30～17:00
闭 馆 日：星期日、一
邮　　编：336000
电　　话：0795-7056958
传　　真：0795-3281189
邮　　箱：ycbowuguan@sina.com

上高县博物馆

基本陈列

《上高会战》展览 发生于1941年3月15日～4月9日的"上高会战"是抗日战争中被誉为"最精彩之作战"、"媲美台儿庄胜利"的著名战役,成为中华民族抗战史上"以劣胜优、痛创强敌、寸土未失"的辉煌战例。上高会战给了日本侵略者极其沉重的打击,极大鼓舞了全国军民"抗战必胜"的决心,加快了夺取抗战胜利的历史进程。

珍贵藏品

铜墨盒 六方形,每边长2.6厘米、直径6厘米。盖面錾刻国民党党徽和"个个还要爱国"六字铭文。上高会战胜利后,时任"上高会战"总指挥的19集团军总司令罗卓英将此墨盒赠送给房东留作纪念。

镜山决战阵亡将士名录石刻 1941年上高会战结束后,由19集团军在上高县城北修建了烈士墓,安葬镜山决战中阵亡的将士4000多人,并立碑刻录烈士姓名,以志纪念。

特色活动

"上高会战抗日阵亡将士陵园"清明节祭奠活动 每年清明节,上高驻军、党政机关、中小学生及众多市民、游客参加"上高会战抗日阵亡将士陵园"烈士墓集体祭扫活动,观众可自由参加。

基本信息

地　　址：江西省上高县城和平路29号
交通线路：1路公交车
开放时间：8:00～17:00
闭 馆 日：星期一
邮　　编：336400
电　　话：0795-2512278
传　　真：0795-2512278
邮　　箱：yym54@163.com

樟树市博物馆

基本陈列

《樟树古代简史陈列》 以版面为主体,辅以图片、文物,展示樟树从原始社会到清代的历史发展进程。

《樟树药、酒、盐、化史展览》 主要展示具有樟树特色的药、酒、盐、化工产品以及樟树药、酒的历史发展进程。

《樟树市文物珍品展》 主要展示樟树市博物馆馆藏一、二、三级文物。

珍贵藏品

柳叶形云雷纹青铜矛 商代。矛作柳叶形,通长37厘米。脊部和骹连成一体,中间一条棱线直贯锋部,表面铸三组螺旋纹与云雷纹组合纹饰。

云雷饕餮纹一号列鼎 西周。宽沿外折,竖耳中空,腹较深,下腹外鼓,圜底,足中空与底部相通,饰云雷饕餮纹,通高77厘米、口径48.5厘米。

十字穿孔玉蛙 春秋。长1.4厘米、宽1.2厘米。十字穿孔微雕,蛙状,饰稻穗纹。

御制松花石砚 清代。长11厘米、宽6.9厘米、高2.3厘米。砚堂宽平,墨池随形而就,上下左右凸边饰云雷纹一周,砚壁四周平面浮雕夔纹。

基本信息

地　　址:江西省樟树市博物馆(广场路35号)

交通线路:乘1、2、3、4路公交车至中医院

开放时间:淡季8:00～12:00,14:30～17:00
　　　　　旺季8:00～18:00

邮　　编:331200

电　　话:0795-7332754

传　　真:0795-7332754

邮　　箱:weimin1012@163.com

高安市博物馆

基本陈列

《历史文物陈列展览》 展示新石器时代晚期至民国时期的文物。展品以古陶瓷为主,有石刀、石斧、青铜剑、铜镜、陶、原始青瓷、粉彩、青花、单色釉瓷器及雕塑瓷等。并陈列了战国木椁墓、明代女尸及其随葬物品等。

《元代窖藏精品文物展》 以元代窖藏青花、釉里红瓷器为主,并陈列了部分龙泉青瓷、青白瓷、卵白釉瓷、钧窑及磁州窑精品文物。

珍贵藏品

釉里红开光花鸟纹罐 直口,圆肩,鼓腹,浅圈足,无盖。主体纹是在四个对称的菱花形开光内饰鹤穿菊纹、孔雀栖牡丹图案,开光之间则饰对称三角灵芝云纹。

青花云龙纹兽耳盖罐 全器纹饰多达12层之多。器腹主体纹饰为两条云龙和缠枝牡丹,盖面、口沿和底足部的辅助纹饰分别为杂宝、卷草、双体莲瓣、缠枝菊钱纹、回纹、旋纹等。

青花缠枝牡丹纹带盖梅瓶 盖内壁及底均书"礼"字墨款。此器纹饰多达九层,肩腹部主题纹饰为如意披肩和缠枝牡丹纹,其他部位分别绘卷草、仰覆莲、锦地纹、弦纹等。

釉里红彩斑堆塑螭纹高足转杯 杯把与杯底结合处为"公母榫",可自由旋转。杯外壁下部堆塑一只蟠螭,惟妙惟肖。器内模印折枝梅、缠枝梅和回纹,口沿内外分别饰釉里红带状纹,外壁及底心洒有釉里红彩斑数块。施青白釉,釉色泛青,湿润光泽,釉里红呈暗红色。

基本信息

地　　址:	江西省高安市筠泉路1号
交通线路:	1路、2路公交车
开放时间:	8:30～17:30
闭 馆 日:	节假日
邮　　编:	330800
电　　话:	0795-5212378
传　　真:	0795-5212378
邮　　箱:	gabowuguan@163.com

南城县博物馆

基本陈列

《南城县历史文物陈列》 主要是南城县出土的历代陶瓷器、金银玉器、铜铁器，历代名人事迹介绍以及本县名胜古迹的图片陈列。

珍贵藏品

金七梁冠 明代益王墓出土。纯金铸造，半圆形，上有七道梁，通体铸有龙凤纹饰，冠两边各有一小孔，配有两根金簪。

水晶珠 明代益王墓出土。水晶质地，圆形，晶莹透明，光亮如新，无纹饰。

双鹿玉佩 明代益王墓出土。羊脂白玉质地，长方形，透雕有双鹿缠枝纹饰，形象逼真。

龙泉釉瓷盘 明代益王墓出土。豆青色，盘内外暗刻缠枝花纹，内底部刻有锦地纹，胎质厚重，釉面肥润，圈足内有一圈露胎。

基本信息

地　　址：江西省南城县建国路39号
开放时间：8:30～11:30，14:30～17:30
闭 馆 日：节假日
邮　　编：344700
电　　话：0794-7254971　13970404554
邮　　箱：ncxbwg@163.com

南丰县博物馆

基本陈列

《曾巩生平陈列》

着重展示曾巩刻苦功读、积极进取的求学历程和勤政为民,治绩卓著的仕途生涯,以及曾巩彪炳史册的文学成就。

《家谱掇英陈列》

主要介绍曾氏名门望族载诸史册的重要人物及其业绩。

《南丰傩文化展览》 系统展示南丰千年乡傩的悠久历史,神秘傩仪,古朴傩舞和新时期傩舞的发展成就。

珍贵藏品

水晶环 南宋。环状通体白色透明,无疵点。

青白瓷碗 宋。白舍窑出土文物。葵形,青白釉,碗内划花,牡丹春兰,芒口,口沿有冲口多处。

带座佛造像 北宋。佛座有镂空文饰装饰。佛像跌座。手做佛印像。身披袈裟,线条流利。

特色活动

傩舞表演 正月十六圆傩。可根据观众需要,联系傩舞班队,表演具有南丰特色的傩舞节目,让观众亲身体会到南丰千年古傩神秘风采。

基本信息

地　　址：江西省南丰县琴城镇河东21号
开放时间：8:00～17:30
邮　　编：344500
电　　话：0794-3231971　13197820369

乐安县博物馆

基本陈列

《古今乐安》 由序厅与"钟灵毓秀"、"地灵人杰"、"近代风云"、"山乡巨变"四部分组成。序厅以大屏幕展示乐安古今亮点,有流坑古建、文物珍品、儒释道的名山大华山、石桥寺、邓小平南村旧居、第四次反"围剿"主战场的登仙桥,及今天最能体现人民生活质量的县医院医技大楼、省重点中学一中、人民银行等。"钟灵毓秀"展示乐安的自然资源与名胜古迹。"地灵人杰"展示乐安历史沿革、各朝代的历史文物和历史名人简介。"近代风云"展示乐安近代史的光辉岁月,突出红色资源重大事件和革命文物。"山乡巨变"展示乐安城乡建国以后日新月异的建设成就,与解放前成鲜明的对比。

珍贵藏品

《流坑大宗祠》全景印版 介绍展示流坑明清古建筑村历史、规模、艺术价值,揭示中国封建社会能够长期延续的根基所在。

《龙图学士》牌匾 为明成化永丰状元罗伦为唐代工部尚书彭彦昭牌楼所题写。该牌楼为木质结构,为元末明初所建。

元代"枢府"瓷器组 枢府瓷是元代中后期景德镇瓷器创新品种,由当时最高统治机关枢密院在景德镇定烧,"有命则供,无命则止。"这组枢府瓷器是研究景德镇陶瓷发展史的重要历史见证。

吴澄画像 明代。吴澄故里在今敖溪镇咸口村,至今村中仍保留"草庐公祠"祠堂。吴澄为元代大理学家,是继朱熹、陆象山之后,中国儒学的重要人物。

基本信息

地　　址：江西省乐安县敖溪镇广场路38号

交通线路：2路公交车

开放时间：淡季9:00～11:30, 15:00～17:30
　　　　　旺季8:00～11:30, 14:30～17:30

闭 馆 日：星期日、节假日下午

邮　　编：344300

电　　话：0794-6592528　6591505

东乡县博物馆

基本陈列

舒同书法陈列展览

舒同书法作品及生平事迹

基本信息

地　　址：江西省东乡县恒安西路10号

开放时间：9:00～11:30，14:30～16:30

邮　　编：331800

电　　话：13755951848

传　　真：0794-4232205

邮　　箱：chinajxdxzy@163.com

广昌县博物馆

基本陈列

《红一方面军总前委会议旧址暨毛泽东同志故居陈列》

珍贵藏品

苏区时期的纸质地方通行证、布质袖章及一批自行制造的土枪、土炮。

20世纪60年代厦门生产的毛泽东同志的座式石膏像一尊。

20世纪70年代绘制的油画五幅,反映毛泽东同志在广昌的革命实践。

基本信息

地　　址：江西省广昌县盱江镇清水村沙子岭村小组、建设西路6号

开放时间：8:00～12:00,14:00～17:00

邮　　编：344900

电　　话：0794-3618350

上饶市信州区博物馆

基本陈列

《馆藏文物精品展》 展厅陈列了陶器、瓷器、铜器、玉器、字画等80余件精品。其中有恐龙蛋化石，造型生动的动物俑和人物俑，汉代到清代的铜镜。字画丰富，有康有为、于右任的行书对联、齐白石的渔翁图、"珠山八友"中的王琦、王大凡、汪平的人物和山水画等。瓷器种类繁多，有龙泉、吉州、景德镇等各窑系的产品，其中元青花玉壶春瓶，器型完整、青花呈色纯正，是本馆的镇馆之宝。

珍贵藏品

青花茂叔爱莲玉壶春瓶 元代。通体青花装饰，青花呈色青翠浓艳。口沿内侧绘草叶纹一周。颈腹部主题纹饰由柳树、莲池、人物、山石、花草、流云等构成，画面内容取材于宋代哲学家周敦颐的《爱莲说》。底部绘仰莲瓣纹。

青花荷莲纹玉壶春瓶 元代。通体青花装饰，青花发色灰暗。口沿内侧饰卷草纹一周和两道弦纹。颈上部绘蕉叶纹，下部绘覆莲瓣纹，中间以回形纹相间隔。腹部主题纹为池塘、荷叶、莲花。近底处绘仰莲瓣纹，与主题纹之间以卷草纹相间隔。

吉州窑木叶纹黑釉盏 宋代。内外施黑釉。口沿露出一道灰白色细边，盏内有一片展开的叶片，从盏壁一直延伸到盏底，在乌黑的釉色衬托下，叶脉清晰，色调明朗，为吉州窑装饰的一绝。

基本信息

地　　址：江西省上饶市信州区相府路17号
开放时间：9:00～11:00，14:30～16:30
闭 馆 日：星期六、日
邮　　编：334000
电　　话：0793-8223130　8232110
传　　真：0793-8223130

余干县博物馆

基本陈列

《余干县历史文物展》 展出了余干县出土自夏商以来历代青铜器、陶器、瓷器、玉器、金银器、丝绸、字画等，全面反映了余干县的文化历史。

珍贵藏品

西周应监甗 西周初期。该甗上部为环状双竖耳甑，下部为鬲。上下部分之间以箅相隔，可以开合。上部内壁铸有"雁监作宝尊彝"6字。全器形制规整，纹饰秀美，古朴典雅。据专家考证"雁"即指"应"国，乃周武王子孙所封地，故城在今河南省的宝丰县西南。

圆茎青铜剑 此剑为战国早期吴（干）越青铜剑，可印证春秋时余干县吴越楚之地的历史。

枢府釉双凤盘 元代。枢府瓷指元代中央机构枢密院在景德镇定烧的瓷器。此盘胎体、釉色、印花纹饰与常见枢府瓷相同，却无文字，说明枢府瓷并不全是有"枢府"、"江夏"、"太禧"等二字的。

南阳中护卫指挥使司经历司印 明代。铜质，直纽。印面为阳文九叠篆书"南阳中护卫指挥使司经历司印"。印背左方阴刻楷书"洪武一十五年□月□日"、"礼部造"，右方阴刻楷书同印文。

基本信息

地　　址：江西省余干县玉亭镇东山大街69号
交通线路：公交1、2路
开放时间：淡季10:00～16:00　旺季9:00～18:00
闭 馆 日：每月30号或31号
邮　　编：335100
电　　话：13576304321　13197936916（投诉）
传　　真：0793-3398304
邮　　箱：jxygww@163.com
网　　址：余干之窗

万年县博物馆

基本陈列

《万年历史文物》 第一部分介绍我国新石器时代早期文化的典型代表——万年仙人洞遗址。第二部分介绍本馆收藏的商、周、唐、宋、元、明、清历代陶瓷器以及部分铜镜和古砚等。

珍贵藏品

陶罐 世界最早的原始陶罐，距今17000年前。

瓷枕 宋代，保存完好。

瓷粉盒 宋代，保存完好。

基本信息

地　　址：江西省万年县博物馆

交通线路：六零中路

开放时间：8:30～11:00，14:30～17:30

闭 馆 日：周末

邮　　编：335500

电　　话：13576358766

邮　　箱：wnbwg@yahoo.com.cn

婺源博物馆

基本陈列

《婺源千年》　通过介绍历史沿革、重教兴文、徽商劲旅、和谐家园，展出相关实物来展现婺源的发展脉络。

《茶乡美器》　主要介绍婺源茶业历史和茶业知识，展出馆藏历代茶具精品。

《工艺珍宝》　展出馆藏各类工艺珍品，如猫眼宝石、翡翠鳌鱼佩、百花金莲烛等等奇珍异宝。

《砚国明珠》　展出馆藏歙砚、端砚、澄泥砚等珍贵砚台，重点介绍歙砚的生产历史、加工过程等这方面。

《明清书画》　展出馆藏明清时期书画精品。

《朱葵艺术及现代艺术馆》　展出婺源籍画家朱葵先生捐赠我馆的书画精品及现代艺术精品。

珍贵藏品

弘治官窑青花云龙盘　明代。盘内壁口沿绘一圈青花卷云纹；盘中绘青花五爪云龙纹图案；盘外壁绘一对青花五爪云龙纹图案。足底用青花料书双圈双竖排"大明弘治年制"六字款。

茶花纹犀角杯　明代。此杯主体造型为一朵盛开的茶花，设计巧妙，雕刻技法娴熟，花、枝、叶形态逼真。

弘仁《黄山图》　清代。用浅绛的画法写莲花。云门诸峰景色，层次深远，以刚劲如铁的横解索皴，突出山石之质，略加浅赭淡绿渲染。近处坡石上数株苍松，乔木挺立，掩映草亭，涧泉淙淙，云峰隐现。整个画面平淡简洁，意境深远。

基本信息

地　　址：江西省婺源县紫阳镇文公北路
开放时间：8:30~16:30
闭馆日：春节、星期一
电　　话：0793-7351790
传　　真：0793-7351790
邮　　箱：jxswybwg@126.com
网　　址：www.wywbw.com

南昌八一起义纪念馆

基本陈列

设于新陈列大楼中,和总指挥部旧址复原陈列,互相衔接,互为补充。基本陈列除了重点展示《南昌起义》这段英雄历史外,还新增了《中国人民解放军光辉历程》和《英雄城南昌》的陈列内容。共展示文物237件。

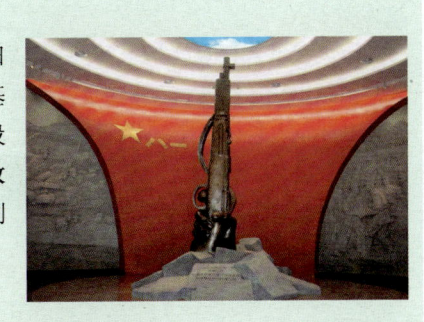

珍贵藏品

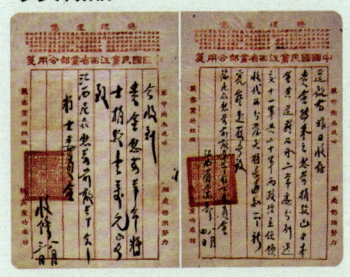

国民党江西省党部接受慰劳起义军捐款的收条和回信 1927年8月1日,南昌起义胜利后,江西济难会负责人朱大桢将10000元慰问金送到中国国民党江西省党部。江西省党部执行委员会出具了收条,并给朱大桢写了回信。

八一起义战士饮水的水缸 1927年7月下旬,南昌起义部队包租了江西大旅社。旅社工人每天烧好开水倒入此水缸中供部队同志饮用。

南昌八一起义纪念馆馆标 1958年9月5日,陈毅副总理参观完毕后,挥毫写下了"南昌八一起义纪念馆"九个字。

基本信息

地　　址：江西省南昌市中山路380号

交通线路：公交旅游1线、2线、5路、7路公交车

开放时间：9:00～17:00

闭 馆 日：星期一

邮　　编：330009

电　　话：0791-6613806

传　　真：0791-6613806

邮　　箱：ncuprising@163.com

网　　址：www.ncuprising.com

瑞金中央革命根据地纪念馆（中华苏维埃共和国历史纪念馆）

基本陈列

《人民共和国从这里走来——中华苏维埃共和国史陈列》 共分六个部分，围绕中华苏维埃共和国历史演变主题，再现了中国共产党领导苏区军民开展武装斗争、粉碎国民党多次"围剿"，创建和巩固革命根据地，建立中华苏维埃共和国临时中央政府，并进行治国安邦伟大实践的辉煌历史。

珍贵藏品

第一次全国苏维埃代表大会代表证 1931年11月7日，第一次全国苏维埃代表大会在瑞金叶坪召开，大会筹委会统一制作了代表证。

中华苏维埃共和国国家银行玉印 印面刻"国家银行"四字，两行竖排，繁体隶书。国家银行玉印是中华苏维埃共和国历史的重要见证物。

中华苏维埃共和国中央印刷厂石印机 为铁铸手摇平台式，机台中装有一块平面青石板，棍状摇柄。石印机在中央苏区时期印刷了大量的纸币、公债、邮票，为中央苏区对革命战争和经济建设起了重要的作用。

特色活动

观看红色小电影 循环播放《我的长征》、《闪闪的红星》、《红色故都瑞金》、《党的女儿》、《红孩子》等革命历史题材的影片。

基本信息

地　　址：江西省瑞金市龙珠路中华苏维埃纪念园内
交通线路：1路公交车至瑞金中央革命根据地纪念馆站下车；9路公交车至中山路，往前步行300米
开放时间：8:30～17:30
闭 馆 日：星期一
邮　　编：342500
电　　话：0797-2522063
传　　真：0797-2508358
邮　　箱：rjjngbgs@163.com

安源路矿工人运动纪念馆

基本陈列

《安源路矿工人运动革命史展览（1921-1930年）》 按时间顺序分六个部分，展出了安源路矿工人革命斗争的发展历史，陈列中运用了大量文物藏品，展出数十幅大型油画，并采用了部分高科技展示手段。

珍贵藏品

长篇叙事歌谣《劳工记》 这是1922年安源路矿工人大罢工胜利后，在工人中传唱的一首长篇叙事歌谣，以大罢工事件为中心，真实而生动地叙述了安源路矿工人运动的兴起过程。

消费合作社发行的股票 这是1923年2月7日我党在工人阶级中最早成立的经济组织——安源路矿工人消费合作社发行的股票，是我党领导的金融事业的最初尝试的见证。

《小学国语教科书》 这是安源路矿工人俱乐部教育股1924年编印的教科书。它不仅教工人识字、学诗词，更重要的是向工人宣传马列主义，启发阶级觉悟。

《安源旬刊》 1923年12月7日《安源旬刊》正式出版发行，它是上世纪20年代中国共产党领导下的安源路矿工人俱乐部对外宣传的经常性的革命刊物。

特色活动

安源革命歌曲表演唱 由安源纪念馆工作人员自编自演一台时间约30分钟的安源革命歌曲歌谣的连串表演，生动再现了安源路矿工人斗争的历史。

基本信息

地　　址：江西省萍乡市安源镇
交通线路：乘3路、19路公交车至终点站
开放时间：淡季8:00～17:00　旺季8:00～17:30
闭 馆 日：星期一
邮　　编：337035
电　　话：0799-6351085　6353658
传　　真：0799-6353958
邮　　箱：anyuan1085@sina.com

井冈山革命博物馆

基本陈列

《井冈山斗争史》 陈列采取编年体加专题叙述的方式，共分五个部分（第一部分：中国革命的艰难道路，第二部分：井冈山革命根据地的创立，第三部分：井冈山革命根据地的发展，第四部分：井冈山革命根据地的新局面，第五部分：走向全国胜利）。主要特点：采用了多媒体等现代化技术展示手段来渲染特定氛围，揭示陈列主题，延伸展示内容；充分注重灯光设计来烘托和渲染展厅氛围，对场景、景观模型等重点区域、重点展品和图文内容，作特殊照明处理；注重陈展内容及形式的需求，通过不同材质的对比组合，不同的质感效果来刻画展示内容，对重大历史事件运用场景再现和声光电技术展示，其中"八角楼的灯光"采用幻影成像真人比例动态演示。

珍贵藏品

宁冈县工农兵政府购物粮账簿 长方形，横本，红竖条格，共27页，墨字。封面与封底包有一层蓝色纱布。簿内主要记载了1928年5、6月间宁冈县三区四乡、四区一乡、四区三乡及桥上、东源、金源、焦坡等村农民售粮数量和付款金额，其中第三页上写有"付面交筱圃兄存款捌拾玖元伍厘"等账目记载。

永新县泥金乡党支部会议记录本 长方形，质地为土黄色毛边纸，线装，共29页，毛笔和铅笔书写，字迹清楚，内容完整。该记录本记录了该党支部1927年7月至1928年3月历次支部会议的内容，是研究井冈山斗争时期地方党组织的建设，尤其是党内民主生活的重要史料。

永新县委《三大纪律八个注意说明》油印小册子 1932年中共永新县委

编印。质地为毛边纸的土黄色油印小册子，长方形，竖本，纸线装订。封面四周有黑线框，框内中间有"三大纪律八个注意说明"十个字，竖行，墨字，楷书，"三大纪律八个注意"为双行排列在上，"说明"二字为单行排列其下。全册共7页，刻印本，字迹清楚，内容完整。小册子对"三大纪律八个注意"逐条作了浅释，是当年广大红军指战员学习"三大纪律八个注意"的辅导材料，对研究我军早期的政治建设和军纪作风以及为什么提出"三大纪律八个注意"有重要的史料价值。

朱德题写"井冈山革命博物馆"馆名手稿　质地为白色宣纸，长方形，竖幅，高70厘米、宽29厘米，装裱在宣纸上。楷书，竖行，墨字，字迹清晰。这件题字是朱德委员长于1962年3月5日，在井冈山宾馆题写的。

王佐赠给李嗣凤的青龙剑　长条形，两面刃。长74厘米、宽3厘米。剑鞘两侧各有一条青龙，故称青龙剑。此剑原为王佐所用。1928年春，井冈山罗浮乡成立工农暴动队时，王佐将此剑赠给该暴动队副队长兼军事教官李嗣凤。

段红皮使用的土枪　长124厘米、口径2厘米，重3.4公斤，主体由木托和一根铁管组成。1928年，永新县秋溪乡暴动队将这支枪发给该乡横溪村少先队员段红皮站岗放哨使用，同年6月23日，段红皮又用它参加了著名的龙源口战斗。

特色活动

《井冈山精神大型展览》　该展览以专题形式反映井冈山斗争史，诠释井冈山精神，先后在北京、上海、天津、南昌等大中城市巡回展览。

"清明节"扫墓活动　每年清明节组织本市中小学生到红军烈士墓瞻仰先烈，开展革命历史故事精彩演讲等活动，传承优良革命传统，增强青少年爱国主义理想。

基本信息

地　　址：江西省井冈山茨坪红军路5号
交通线路：茨坪汽车站绕一环路步行15分钟
开放时间：淡季8:30～17:00　旺季8:00～17:00
邮　　编：343600
电　　话：0796-6552248
传　　真：0796-6552248
邮　　箱：jgsgmbwg@163.com
网　　址：www.jgsgmbwg.com

秋收起义修水纪念馆

基本陈列

陈列重点反映湘赣边界秋收起义爆发的背景，工农革命军第一军第一师的组建，我党的第一面军旗在修水设计、制作、升起，师部和第一团以及第二、三、四团在秋收起义中的经历，修水地方党组织和农会、工会以及人民群众积极配合并参加秋收起义的史实，突出毛泽东和参加秋收起义的老一辈无产阶级革命家的丰功伟绩，讴歌秋收起义开创井冈山革命根据地，使星星之火燃遍全中国的历史功勋。展馆装饰和厅内布置互相依存，相辅相承，追求庄重、简洁、大气、典雅的氛围，史料详尽真实，得到社会各界的一致好评。

珍贵藏品

望远镜 该望远镜系秋收起义时工农革命军第一军第一师副师长余贲民烈士使用的。余贲民，湖南平江人，曾任平江农会会长、工农义勇队队长、湘鄂赣省苏维埃财政部长、军事部长等职，1933年4月牺牲。

CCP党旗 该文物是1928年中共修水第二区秘密发展党员，进行入党宣誓时使用的原物。

特色活动

影视放映 定期或根据观众需要播放由中央电视台和修水县委、县人民政府联合拍摄的电视专题片《秋收起义》。

基本信息

地　　址：江西省九江市修水县城凤凰山路136号
交通线路：县城1、2、3路公交车
开放时间：8:00～12:00，14:30～17:30
邮　　编：332400
电话传真：0792-7221414
邮　　箱：qiushouqiyixs@163.com
网　　址：http://www.xsqs.cn

兴国县革命纪念馆

基本陈列

通过宣传毛主席作长冈乡调查的革命实践，说明调查研究的重要性与调查研究的立场观点和方法，毛主席通过作长冈乡调查，总结了建设农村根据地的经验，从理论和实践上批判了王明的"左"倾路线和官僚主义、命令主义作风，说明了毛主席为什么要作长冈乡调查，怎样作调查，通过调查解决了什么问题。

珍贵藏品

饭袋子 头戴雨笠，脚穿草鞋，自带饭菜，风里来、雨里去，艰苦奋斗干革命，这是苏区干部艰苦奋斗的真实写照。

李玉英围裙 1933年8月，中央工农民主政府奖给长冈乡一面奖旗和两头耕牛，同时奖给耕田队长、女犁田能手李玉英一条围裙。

"乡苏工作的模范"奖旗 毛主席在第二次全国工农代表大会上介绍上长冈乡和才溪乡的经验，称赞长冈乡干部是模范的长冈乡工作人员，可尊敬的长冈乡工作人员，授予长冈乡"乡苏工作的模范"奖旗，并号召要造成几千个长冈乡，几十个兴国县，把革命发展到全国去。

特色活动

给观众演唱苏区兴国山歌 遇有团体和重要参观时，讲解员做到突出重点、详略得当，结合陈列内容给观众演唱苏区兴国山歌，增加了观众的趣味性，受到领导和观众的一致好评。

基本信息

地　　址：江西省兴国县长冈乡长冈村
交通线路：在县城红军路红军桥西端乘县城至长冈电站公交车可达
开放时间：淡季8:30～12:00，14:00～17:00
　　　　　旺季8:00～12:00，14:30～18:00
邮　　编：342400
电　　话：0797-5359180
传　　真：0797-5324273
邮　　箱：chxd5322746@126.com

秋收起义铜鼓纪念馆

基本陈列

秋收起义专题陈列 全馆共分五个部分。第一部分："军旗猎猎"，主要介绍铜鼓成为湘赣边秋收起义策源地之一的历史背景；第二部分："沙洲阅兵"，主要介绍毛泽东同志亲自领导三团和铜鼓人民举行秋收起义的光辉历程；第三部分："排埠思索"，主要介绍起义受挫后毛泽东同志率三团回师铜鼓排埠，在这里思索部队前进的方向；第四部分："引兵井冈"，主要介绍工农革命军第一、二、三团在浏阳文家市胜利会师，毛泽东同志率领部队到达井冈山，创建了一块农村革命根据地，指明了中国革命的航程；第五部分："星火燎原"，主要介绍了这支由毛泽东同志从秋收起义中带出来的经三湾改编后的革命军队，参加了中国革命武装斗争的全过程，为中国人民的解放和社会主义建设立下的不朽功勋。

珍贵藏品

水桶 1927年9月11日，毛泽东同志亲自领导秋收起义部队——第一军第一师第三团，从铜鼓桥头大沙洲出发，途经石桥，直攻白沙。这副水桶是上庄农民为三团部队送茶用过的，它凝结着军民鱼水深情。

马灯 这盏马灯的主人为李承清，是当年参加秋收起义驻铜鼓的浏阳工农义勇队的一名战士。

军徽 1992年，红一团这支优秀的人民军队抽调一部分部队，组建驻港步兵旅，为保卫香港繁荣稳定，书写了新的历史篇章。2007年7月，该军徽由驻港部队步兵旅赠送。

基本信息

地　　址：江西省铜鼓县定江东路489号
交通线路：武吉高速、南长公路直达
开放时间：8:00～12:00，14:30～17:00
闭 馆 日：星期五下午
邮　　编：336200
电　　话：0795-8722055
传　　真：0795-8722419
邮　　箱：tgflyhigh@yahoo.com.cn

南昌市博物馆

基本陈列

《南昌历史二千年》 位于南昌象湖旁的灌婴城一楼。展览以大量实物、模型、图表、图画形式，展示南昌自灌婴建城以来两千多年的悠久历史。展品中包括南昌近年出土的精品文物，展现南昌的"物华天宝，人杰地灵"。

《朱德军官教育团革命活动图片展》 位于朱德军官教育团旧址。该展以照片、图表等形式介绍朱德创办的军官教育团在南昌和全省各地开展革命活动，以及参加"八一"南昌起义的情况。

《朱德同志生平图片展》 位于朱德军官教育团旧址。该展共分10个部分，主要以图片资料的形式介绍了朱德同志光荣而伟大的一生。

《朱德军官教育团复原陈列》 位于朱德军官教育团旧址。该陈列主要恢复了朱德团长室兼卧室、军官会议室、参谋长室、团部、军医处、传达班等。

《绳金塔出土文物展》 位于绳金塔景区内。该展选取1988年重修绳金塔时从塔刹和地宫中出土的文物，展现了绳金塔建塔一千年来的历史变迁。

《南昌市博物馆馆藏文物展》 位于绳金塔景区内。该展拣选了我馆收藏的文物精品，向观众介绍南昌的悠久历史。

珍贵藏品

石函 该文物现展览于《绳金塔出土文物展》中。文物呈长方体,盖合于直口,盖面平,四沿呈下弧梯面状,平底。

佛龛 该文物现展览于《绳金塔出土文物展》中。佛通体刷金,双腿盘坐于莲花座上,左手持净瓶,搁置于左腿上,右手前置于右膝盖上。莲花座为檀木质地,椭圆型,中间束腰,前方雕刻对称的俯仰莲花图。

漆奁盒 竹胎木底,圆形直壁。内壁内底红漆,外壁上下以朱红漆饰宽带纹边,中间以朱红、赭、金三色勾勒车马人物,画面车马人物为三组,计两辆车,两匹马,十七人,人物体态丰腴。

青瓷贴花四系盘口壶 盘口内外壁对应各饰有六点褐色点彩,肩部饰四个对称条形横系,在条形系之间饰有四个圆形莲蓬纹贴花,两大两小。整器施青釉,略带米黄色,外不及底。

基本信息

地　　址：江西省南昌市八一大道376号(朱德军官教育团旧址)

交通线路：乘2号外线、10路公交车至江西中医学院站可达朱德军官教育团旧址;乘20路公交车至将军渡站可达灌婴城楼;乘5路、18路公交车至绳金塔站可达绳金塔景区

开放时间：8:00～17:00

邮　　编：330006

电　　话：0791-6221207

传　　真：0791-6277490

邮　　箱：nchmuseum@163.com

南昌市民俗博物馆

基本陈列

《南昌民俗风情展》 南昌民俗属于长江流域民俗文化圈。本陈列通过"南昌古城风貌"、"南昌风俗"、"南昌婚俗"、"南昌人生礼仪"等八大专题进行展示，比较鲜明地体现了"饭稻羹鱼"的江南渔耕文化特色。

《南昌生育文化习俗展》 生育文化是人们在生育及相关活动中形成的意识形态和相应的规范制度。本展览分为"生殖崇拜"、"传统婚姻"、"求子习俗"、"婚育新风"四个部分，通过参观，观众可以了解到新时期人口与计划生育工作的重要性。

珍贵藏品

绣品服装 男子四季的长袍、马褂、对襟小袄、大腰裤子、各式帽子、鞋子、各种佩饰；女子的绣花裙子、带大襟的上衣、裤子、旗袍、各式帽子、鞋子、各种头饰、佩饰；儿童的各式衣、饰、鞋、帽等；围涎、荷包、香包等。

饮具、炊具、食具、酒具、烟具、制作食品的模具等。

农业工具 水车、独轮车、斗、鼓风机等。

生活用具 果盒、茶具、糕点模、门神印版、礼篮、换茶包。

特色活动

动态演示民俗礼仪，定期举行民间艺术展演，设立民间说唱等服务项目，使观众在参观过程中有一个回味、松弛的过程，视觉、听觉都得到有益的调整。

基本信息

地　　址：江西省南昌市子固路165号

交通线路：2路（内、外线）、旅游1线、旅游2线公交车

开放时间：9:00～16:30

闭 馆 日：星期一

邮　　编：330008

电　　话：0791-6793024

传　　真：0791-6793024

邮　　箱：ncmsg@163.com

安义县博物馆

基本陈列

《匾额书法雕刻复制工艺展》 匾额书法雕刻复制工艺，是在木板上雕刻书法，并以匾额为载体传播民族文化，弘扬民族精神。此次展览展出了邹氏兄弟雕刻复制的近百块工艺品，如王羲之的楷书《兰亭集序》、张旭的草书《张旭古诗四帖》、米芾的行书《苕溪诗》、赵孟頫的小楷《洛神赋》、毛泽东的诗词《沁园春·雪》、《沁园春·长沙》等。

珍贵藏品

北宋铜质象棋 现存三十只。每只象棋重60克，呈圆形，正面楷书阳文，背面阳图，文图相符，红黑各半。

青花龙纹大花盆 圆形直口，色泽青白。口沿上饰叶状环绕纹，上腹饰一周铜钱纹，中腹饰云龙纹和缠枝花纹，下腹饰水波纹。高20.05厘米、口径53.4厘米、底径48.6厘米，重16千克。

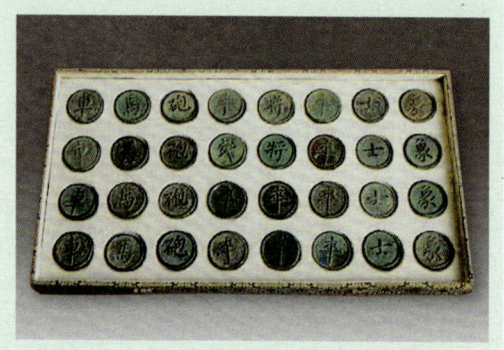

蟠螭纹青铜尊缶 无盖，平唇，圆口，广肩，宽腹。腹有四系，且饰有两条弦纹，弦纹之间饰蟠螭纹，有圈足。高33.8厘米、口径16.8厘米、底径16.8厘米。

蟠龙纹青铜器座 上为梯形，下为方形，内空，有立杆，上雕有绚纹，器身满饰蟠龙纹，龙口张，尾卷，蟠曲。通高49.5厘米、边长17.8厘米。

基本信息

地　　址：江西省安义县文峰路68号
开放时间：8:30～11:30，14:30～17:30
闭 馆 日：休息日
邮　　编：330500
电　　话：0791-3427047
传　　真：0791-3427047
邮　　箱：xinshuzen196407@163.com

瑞昌市博物馆

基本陈列

全部陈列面积1200平方米,展出藏品330余件及图、表、照片等。

《瑞昌历史文物陈列》 展示瑞昌出土的各时期的陶、瓷,铜、木质文物;

《铜岭古铜矿遗址陈列》 展示在铜岭铜矿遗址历次发掘出土的文物;

《爱我家乡 爱我瑞昌》大型图片展 展示瑞昌人民在太平天国时期的斗争史和第二次国内战争时期的革命史;

《瑞昌市11.26地震纪念展厅》 展示2005年11月26日瑞昌市发生里氏5.7级地震后,在党中央、国务院的亲切关怀和省、地及全国人民的关心支持下,瑞昌人民同心协力,日夜奋战,抗震救灾,重建家园的过程。

珍贵藏品

商代木辘轳 出土于夏畈镇铜岭村,是目前国内考古发现中年代最早的提升运输机械,表明我国早在数千年前就将木制机械用于矿山开采。

基本信息

地　　址：江西省瑞昌市人民北路167号

交通线路：2、3路公交车

开放时间：淡季8:30～11:30,15:00～17:00 旺季8:30～17:00

闭 馆 日：星期六、日

邮　　编：332200

电话传真：0792-4220901

邮　　箱：rcbwg-0901@163.com

宜丰县博物馆

基本陈列

　　展品主要分两大类。第一类：历史文物，有石器、陶瓷、金属、竹木、书画、玉器、钱币等类，其中有新石器时代晚期的石矛、石斧、石锛、石刀；有唐代堆塑缠枝卷草纹陶仓、清代茶叶末釉天球瓶、清代洞山青花龙纹香炉；春秋时期纽钟、东汉竖耳鱼纹铜洗、宋代崇宁二年元康观铁钟、清代银鼎、银杯；清代楠木雕渡海八仙、黄杨木雕武士像；清代八大山人桃石小鸟图、明代袁彬家族墓志石；清代翡翠盖碗等。第二类：近现代文物，有公文证件、工具器皿、陶瓷等，其中有周恩来书信手迹、熊雄烈士生前所用实物、红军传单、赤卫军袖章、互济会会员证等；民国程意亭粉彩花鸟蝠耳瓶、堆塑粉彩四季花卉屏、粉彩渊明赏菊瓷板等。

珍贵藏品

　　青铜铙　商代。通高56厘米、甬长17厘米、宽45.5厘米、重量40公斤。1985年出土。系青铜打击乐器，上有明显的合范铸造痕迹和沙眼。铙身饰兽面纹，以云雷纹为地，古朴庄重。

　　根雕子母狮　清代。高21厘米、长14.5厘米。棕红色，系用茶树根自然弯曲形态雕琢成子母二狮，周身的根结俨然狮毛。二狮双目圆睁，栩栩如生。

基本信息

　　地　　址：江西省宜丰县博物馆
　　开放时间：8:30～17:00
　　闭 馆 日：国庆节、假日
　　邮　　编：336300
　　电　　话：0795-2765081
　　传　　真：0795-2765081
　　邮　　箱：zhangjian2758722@163.com

吴有训科技教育馆

基本陈列

《吴有训生平事迹展》 主要展出吴有训生平事迹及重大科学贡献，其中相关珍贵历史图片200余幅，实物资料1000余件。

《高安名人展》 共展出高安古今70位名人的生平事迹。

《两弹一星展》 共展出23位获奖科学家的先进事迹及原子弹、氢弹、导弹、卫星、火箭、歼十飞机模型各一个。

《青少年科普展》 主要展出自然科学知识和科技创造发明、增强青少年学科学爱科学的热情。

珍贵藏品

德国自然科学院聘书 吴有训因为在科学研究上的杰出贡献，1935年被德国自然科学研究院授予外籍院士称号，成为被当时先进西方国家授予科学院院士称号的第一名中国人。

中国第一颗原子弹模型 吴有训是我国核物理学的奠基人之一。为了纪念他在核科学方面的杰出贡献，本馆制作了全国首个中国第一颗原子弹模型进行展出。

毛泽东接见吴有训照片 1953年毛泽东接见吴有训（左二）、侯德榜（左一）、竺可桢（左三）三位科学家。这是新中国成立后毛泽东首次接见国内著名的自然科学家。

基本信息

地　　址：江西省高安市吴有训科教馆

交通线路：乘3路公交到终点站，按路牌指示向北走500米

开放时间：8:00～18:00

邮　　编：330800

电　　话：0795-5253235

传　　真：0795-5253235

兴国县将军馆

基本陈列

将军广场 正中安放由汉白玉雕刻的高6米的毛泽东主席巨型雕像,园内按长征路线进行规划,安放朱德、陈毅元帅和兴国籍54位共和国开国将军的雕像,并利用12块奇石分别雕刻肖华上将所作的12首长征组歌。

将军馆和苏区干部好作风陈列馆 两馆利用图片、实物、文字等形式,再现了将军们的英雄事迹,苏区干部的优良作风。

珍贵藏品

"神舟号"飞船模型 模型为模拟真船按比例缩小精制而成,由轨道舱、返回舱和推进舱之舱组成。

肖华上将礼服 1955年肖华将军授衔时穿过的上将礼服,由肖华将军的夫人捐赠。

马灯 邓小平同志在苏区工作时期使用过的马灯。

特色活动

唱兴国山歌 兴国是著名的山歌之乡,每批来参观将军馆或苏区干部好作风馆的游客,讲解员都会演唱苏区时期的兴国山歌。

基本信息

地　　址:江西省兴国县将军大道
交通线路:乘县城至洪门、县城至埠头公交车至将军园
开放时间:淡季8:30～17:30 旺季8:30～18:00
邮　　编:342400
电　　话:0797-5318997
传　　真:0797-5317300
邮　　箱:xgjjy_3699@sina.com

大余县博物馆

基本陈列

《梅关和古驿道》 内容为梅关和古驿道的历史沿革、时代背景、历史作用和自然与人文环境，向观众展示大余县的悠久历史和"世界钨都"的风采，并向观众介绍了第二次国内革命战争时期，项英、陈毅等在梅岭一带坚持了艰苦卓绝的南方三年游击战争，以及红军在大余的活动和战斗，激起人们对革命先辈的敬仰和怀念，增强民众的爱国主义信念。该陈列是我县爱国主义教育之地，为不定期对外开放陈列。

珍贵藏品

瓷　器　青花梅瓶20余件，包括三友梅瓶、青花折枝梅瓶和青花缠枝梅瓶等。
铜　器　龙首柄镰斗、有铭神兽纹镜、葡萄纹镜、海兽葡萄纹镜等。
石　器　新石器时代穿孔石斧、穿孔石铲、石刀、石球、石锛等。
革命文物　红军第四军第四纵队司令部政治部布告多张等。

基本信息

地　　址：江西省大余县金莲山大道县文化中心
开放时间：淡季8:30～11:30，15:00～17:00
　　　　　旺季8:30～11:30，14:30～17:30
邮　　编：341500
电　　话：0797-8722314
传　　真：0797-8722314
网　　址：dyxwhj@jxwh.gov.cn

于都县中央红军长征出发纪念馆

基本陈列

《中央红军长征出发纪念基本陈列》 以中央红军长征前夕在于都的主要活动以及中央长征历程为主线，以中央红军集结于都出发长征为重点，以苏区军民艰苦奋斗及军民雨水关系为内容。陈列展览分为"出击赣南 开辟苏区"、"集结于都 出发长征"、"浴血奋战 长征胜利"、"长征精神 代代相传"四个部分。

珍贵藏品

门板 由杉木制成，通高174厘米、宽72厘米、厚5厘米，系农村中普通的单页门。此门板是1934年中央红军战略转移时，在于都河西门渡口搭浮桥用过的，是研究中央红军长征历史的重要实物资料。1986年征集。

行军锅 铜质，圆形，口径82厘米、底径55厘米、高40厘米。口沿有一对铜系并有铜环。1934年秋，中央分局和中央政府办事处机关来到于都黄麟地区进行革命活动时使用。1968年征集。

基本信息

地　　址：江西省于都县贡江镇东门渡口
交通线路：于都县城滨江大道东段县第八小学旁
开放时间：淡季8:30～12:00，14:00～17:30　旺季8:30～18:00
邮　　编：342300
电　　话：0797-6233352
传　　真：0797-6233352
邮　　箱：ydbwg2008@163.com

景德镇官窑博物馆

基本陈列

《珠山藏珍》 不仅展示了明代官窑精湛制瓷工艺,而且反映了各朝制品的承递关系和时代特征。展品为明清御窑遗址出土的修复品,大多是海内外罕见孤品,年代可靠,为观众提供了断代标尺。

珍贵藏品

洪武釉里红花卉纹大碗 明代。造型、纹饰为洪武时特有,未见有传世品。

永乐甜白三壶连通器 明代。该器造型奇特,口作盅状,通过颈部的内管及其下的三扁管与三个带圈足的球状皿相连通。器身锥刻阿拉伯鋬金纹饰。结构复杂,成型难度大,未见有传世品。

宣德青花龙纹蟋蟀罐 明代。坐盖式,青花绘双角五爪龙纹,说明此器系宣德皇帝的御用器。

成化斗彩高士杯 明代。该器分别绘携琴访友、羲之爱鹅图。人物生动,设色淡雅,为成化之精品。

基本信息

地　　址:江西省景德镇市中华北路龙珠阁
交通线路:11路、26路公交车
开放时间:8:30~17:30
邮　　编:333000
电　　话:0798-8221390　8223580
传　　真:0798-8223580
邮　　箱:kgs350@yahoo.com.cn

景德镇民窑博物馆

基本陈列

《景德镇民窑部分窑口出土器物展》 景德镇有着优越的地理环境及丰富的制瓷资源。"一方水土养育一方人",人们依山筑窑,沿山设厂,创造了千年辉煌的瓷文化。本展览展出景德镇部分窑口出土的器物。

《景德镇湖田窑出土器物展》 陈列了湖田窑各个历史阶段产生的各类典型标准器物,和历次考古发掘出来的珍贵文物及考古标本等,向人们展示了古代制瓷的工艺、历史,让人们感受和触摸历史的真实。

珍贵藏品

青白釉盘龙盘口樽 宋代。形体精巧,做工精细,通体施以青白釉,釉色温润而明亮。樽的上部为盘口,樽身盘龙,龙为五爪,在我国宋代同类产品中为数甚少,反映了陶工娴熟高超的技艺。

青白釉瓷印章 宋代。器形规整精巧,是宋代同类产品中的上品。除印面外通体施青白釉,印面为"得斋"二字。

枢府瓷标本 该标本釉呈乳浊状,色白微青,颇似鹅蛋色。枢府瓷器装饰以印花为主,有缠枝花卉纹、龙纹等,在这些纹饰中对称印有"枢府"或"太禧"二字,故名。

特色活动

民窑陶艺 让游客亲身体验制瓷的乐趣,感受泥与火的魅力。

基本信息

地　　址：江西省景德镇市新厂湖田航空大道18号
交通线路：迎宾大道—广场北路—朝阳路—林荫路—陶阳路—湖田
开放时间：8:30～17:00
邮　　编：333001
电　　话：0798-8487577　8481071
传　　真：0798-8487577
邮　　箱：wy53962006@126.com
网　　址：www.jdzwh.com

福建博物院

基本陈列

《福建古代文明之光》 全景式地展现了福建从远古到鸦片战争以前的历史长卷，荟萃历代珍贵出土与传世文物。

《福建近代风云》 反映了近代以林则徐、严复为代表的一批闽籍仁人志士勇于探索的爱国精神和福建船政文化的兴起。

《福建戏曲大观》 曾获2004年全国十大陈列精品奖。福建作为戏曲大省，剧种及剧本留存均居全国前列，木偶表演艺术更是奇葩绽放，令文艺百花园春意盎然。

《工艺藏珍》 以馆藏历代工艺精品为主，重点展示寿山石雕、脱胎漆器、德化瓷塑、木雕等福建最著名的传统工艺品种，强调文化品味，突出名家名作。

《福建古代外销瓷》 以出土外销瓷展品为主，反映福建自南朝以来，工艺技术不断进步，大批陶瓷器远销海外，为中外文化的交流和人类文明的进步做出的卓越贡献。

《恐龙世界》、《动物万象》 为自然馆陈列展，前者模拟古生态环境、"活体"恐龙等，展现了恐龙在中生代称霸地球的雄姿；后者以馆藏的标本为主，反映了生物界的多样性。

积翠园艺术馆作为书画艺术专门展区，其《馆藏中国历代书画展》荟萃自唐宋以来历代名家的翰墨丹青，不乏沈周、石涛、黄慎等大师的旷世精品之作。

珍贵藏品

青铜大铙 西周。高76.8厘米、甬长29.8厘米，重100.35千克。20世纪70年代出土。大铙为双范合铸，两面各有18个乳突状枚。器体布满以云雷纹为主的纹饰，甬的上半部两面各饰有兽目一对，与云雷纹组成变体兽面纹。旋带以细云雷纹为地，饰突出的勾连C形纹。舞面饰对称的粗云雷纹四组。钟面饰粗大深刻的云雷纹，只鼓部中央的隧部略高起，上饰浅细的图案化兽面纹。该铙形体之巨大，纹饰之精美，在国内都属罕见。

德化窑文昌坐像 明代。坐像背有阴文"何朝宗印"篆书款，胎质洁白细腻，釉色乳白。文昌正面端坐，眉目清秀，神情庄重。其右手执如意，左手扶膝藏于袖内，外穿宽袖袍，腰束带，衣褶线条清晰流畅。该藏品是德化白瓷中的精品。

吕纪《梅花天鹅图轴》 明代。纵240厘米、横151.5厘米。绢本，无款。以细笔作八哥、蝴蝶、天鹅与梅花等，以粗笔画树干、顽石。画风古朴淳厚，设色艳丽，幅面宽阔，为明代花鸟画大家吕纪之传世巨作。

高髻拱手女俑 五代。高102厘米，泥质灰陶。福州市新店刘华墓出土。俑面庞丰满，神情端庄。头梳高髻，穿对襟广袖过膝外衣，袒胸，双手拱于胸前广袖内，着如意鞋。

特色活动

"博物馆之友"组织 组织热心于收藏、历史、文化、艺术的市民，开展联谊与互动，经常性请馆内专家举办讲座，直接面向观众进行交流。也举办过现场民间收藏鉴定等专门活动。

基本信息

地　　址：福建省福州市鼓楼区湖头街96号
交通线路：乘948路直达终点站，1路、811、960等至西湖公园站
开放时间：9:00～17:00
闭 馆 日：星期一
邮　　编：350001
电　　话：0591-83757670
传　　真：0591-83757637
邮　　箱：fjwb96@yahoo.com.cn
网　　址：www.fjbwy.com

福州市博物馆

基本陈列

《国家历史文化名城——福州》、《茶园村宋墓出土文物展》
通过展示各个历史时期的重大事件和珍贵文物，体现福州历史悠久、人文荟萃、文物丰富等方面深厚的文化底蕴，展示福州这座国家历史文化名城的主要价值。

珍贵藏品

魏汝奋雕寿山牛角冻罗汉坐像 魏汝奋是清康熙年间人，留存的作品极少，本馆所藏其雕刻的罗汉像刀法娴熟，神态兼备，艺术水平极高。

寿山石精品 馆藏品中寿山石猪是迄今发现最早的福州寿山石雕件，还有大量的明清时期的福州著名艺人雕刻的精美的寿山石章。

丝织品 南宋墓葬中出土了大量珍贵的丝棉麻织品和雕漆、金银器等，其中丝织品和雕漆件填补了中国历史上此阶段的实物空白。

珍贵字画 本馆珍藏的字画中，既有珍贵的宋元小画，还有历代的名人之作。各种形式俱备，内容丰富多彩。

特色活动

定期开展闽都大讲坛活动，宣传福州名城文化。

基本信息

地　　址：福建省福州市晋安区文博路8号
交通线路：乘971路、16路至青少年活动中心站下
开放时间：8:30～12:00，13:30～17:00
闭 馆 日：星期一
邮　　编：350001
电　　话：0591-83924683　83924687
传　　真：0591-83925728
邮　　箱：fzbowu_123@sina.com

罗源县博物馆

基本陈列

《罗源地方发展史》 以罗源县地方历史为主，全面系统的阐述了罗源县民族悠久文化历史及重要革命史的综合性博物馆。展厅分为五个展区28个展柜。

珍贵藏品

皇帝诏书 清代的皇帝诏书多幅。

福禄寿禧匾 清代木雕精品。

活字印本 明代《元亨疗马集》活字印本。

畲族古老服饰 近代地方民族特色的手工服饰等。

特色活动

畲族民俗风情展示节 畲族民俗风情、服饰、生活用品展示的表演节活动。

基本信息

地　　址：福建省罗源县九大中心二号楼

开放时间：9:00～11:30，14:30～17:00

闭 馆 日：星期日、一

邮　　编：350600

电　　话：0591-26822300

传　　真：0591-26858279

邮　　箱：ly.wb@163.com

网　　址：http://ly.wb.blog.163.com

厦门市博物馆

基本陈列

《厦门历史陈列》（总馆） 陈列分为序厅、"史前文化与文明"、"汉人南拓与社会发展"、"海防重镇与复台基地"、"贸易港口与城市发展"和"志士仁人与英勇篇章"六大部分，系统地概括出厦门历史的发展脉络。

《厦门古石雕大观》（总馆） 恰当运用地域文化符号，利用广场地形，按石雕功能进行组合，突出地域文化特征，体现闽台石雕文化特色。

《郑成功历史陈列》（分馆） 以海上世家、抗清与海上贸易、郑成功收复台湾、开发台湾等四个主要展区，生动简洁地将郑成功一生纳入17世纪的大海洋的角逐中，提升了他在中国和世界历史上的地位。

珍贵藏品

青釉建筑图案纹大盖罐（总馆） 宋元时期流行于闽南的一种墓葬用具。造型硕大敦实，灰黄色胎，施青黄釉。器身由上至下施10层装饰。

"朱成功银币"（分馆） 郑成功军队使用，20世纪60年代在福建漳州一带发现。著名历史学家郭沫若考证其背面花押为"朱成功"三字草书的合文。

基本信息

地　　址：福建省厦门市体育路95号（总馆——厦门市博物馆）；厦门永春路73号（分馆——郑成功纪念馆）

交通线路：乘厦2路、8路、86路至体育路文化艺术中心站，可到总馆；乘27路、3路、19路、28路、31路、806路、812路，至厦门轮渡换乘厦鼓渡轮至鼓浪屿，进日光岩景区，可达分馆

开放时间：淡季9:00～16:30　旺季9:00～17:00（总馆），8:30～17:00（分馆）

邮　　编：361012

总馆电话：0592-5371658　5371669　5371668（投诉）

分馆电话：0592-2571857　2061921　2068016　2069219（投诉）

总馆邮箱：bowuguan2006@163.com

分馆邮箱：zcg@zhengchenggong.com.cn　zcg1661@126.com

网　　址：http://www.zhengchenggong.cn（分馆）

厦门市同安区博物馆

基本陈列

《同安史迹陈列》 利用文庙两廊陈列，介绍古同安（今厦门市、同安区、翔安区、金门县）历史和重要人物。

《古代石雕艺术展》 几十件石翁仲、石象生整齐排列，是闽南地区最具规模的古代石雕群。

珍贵藏品

宋代石雕武士 采用圆雕手法，线条流畅，造型古拙纯朴，雕工粗犷豪放，栩栩如生，为宋代桥梁构件。

宋代石雕狮子 采用圆雕手法，造型古拙纯朴，饶有趣味，雕工粗犷豪放，为宋代桥梁构件。

清代石翁仲 （文臣）头戴七梁冠，足蹬云头履，双手抱朝笏，温文尔雅。

清代石翁仲 （武将）戴盔披胄，双手按剑，威风凛凛，形象逼真。

基本信息

地　　址：福建省厦门市同安区孔庙

交通线路：同安车站转车至东桥站下步行五分钟

开放时间：8:00～12:00，14:30～17:30

闭 馆 日：星期一（只接待团体）

邮　　编：361100

电　　话：0592-7022478

传　　真：0592-7023724

尤溪县博物馆

基本陈列

文物展厅、卢兴邦展厅 馆藏文物900多件数。其中比较珍贵的文物有几万年前的蚌壳化石、明代宰相张居正撰额的"孝廉先生墓志铭"和明代三朝宰辅叶相高篆文的墓志铭,近代福建呼风唤雨的一代枭雄卢兴邦家藏的系列文物,有宋代壁画墓以及宋代著名教育家朱熹的遗物等重要文物。

珍贵藏品

卢兴邦馆藏文物 现有8面博古木制脱胎挂屏、6张卢兴荣委任状、苏绣屏风、织绣山水挂屏、北伐军制服、各类印章、枪支弹药、手雷和佩剑等。而最珍贵的是邵力子、周佛海、陈布雷、包惠僧为卢兴邦祝寿的四幅金属压模寿匾。

蚌壳化石 据鉴定,年代在万年以上,石化程度较高,是馆藏文物中年代最早的一件标本。

北宋青釉莲花瓣攒顶谷仓 说明北宋时蒙古文化已传到南方。中部为莲花座,说明宋时佛教氛围还很浓厚。

基本信息

地　　址:福建省尤溪县城关水南路5号
开放时间:8:30~11:30,15:00~17:30
闭 馆 日:星期一
邮　　编:365100
电　　话:0598-6323964
邮　　箱:g@163.com

沙县博物馆

基本陈列

《馆藏文物陈列》 主要以唐宋时期的陶瓷器为主,宋代器物较有特色。

《沙县民俗文化陈列》 以反映当地民生为主的生活生产用具实物陈列;民俗方面有当地特色的婚嫁场景复原;仿真人制作的非物质文化遗产"沙县肩膀戏"民间艺术场景。

基本信息

地　　址:福建省沙县文化街

交通线路:乘2路、3路面至政府广场

开放时间:9:00~11:30,14:30~17:00

邮　　编:365500

电　　话:0598-5827730

传　　真:0598-5827730

泉州海外交通史博物馆

基本陈列

反映我国古代海洋文明风采为主题的博物馆，目前固定陈列馆有6个：1. 泉州湾古船陈列馆；2. 泉州港与古代海外交通陈列馆；3. 中国舟船世界陈列馆；4. 泉州宗教石刻陈列馆；5. 泉州海交民俗文化陈列馆；6. 庄亨岱藏品馆。还计划于2008年底开放泉州伊斯兰文化陈列馆。

珍贵藏品

宋代海船 1974年出土，系当时国内发现年代最早、体量最大的宋代海外贸易海船。伴随出土大量文物。

宗教石刻 宋元时期，泉州作为东方第一大港，吸引大量外国移民。泉州出土的大量伊斯兰教、基督教、印度教等宗教石刻。

外销陶瓷器 陶瓷器是我国古代海外贸易的主要商品。藏品中德化瓷器尤为珍贵。

古代航海 拥有大量古代航海用具，如明代四爪铁锚、宋代木爪石碇等。

基本信息

地　　址：福建省泉州市丰泽区东湖街425号
交通线路：17路、19路、27路公交车
开放时间：8:30～17:30
邮　　编：362000
电　　话：0595-22100939
传　　真：0595-22100939
邮　　箱：qzhjgbgs@163.com

泉州市博物馆

基本陈列

《**泉州历史文化**》 是泉州市通史陈列。展览分为"早期开发"、"刺桐崛起"、"东方第一大港"、和"泉南雄风"四个部分。

《**泉州南音·戏曲艺术**》 是泉州地方戏曲的专题展览。分为序厅、"乐史寻踪"、"世界遗产"、"乐坛瑰宝"、"艺术传承"等五大部分。泉州素有"戏窝子"之称,地方戏曲主要有:南音、梨园戏、傀儡戏、高甲戏、打城戏、掌中木偶戏等艺术瑰宝。2007年,"泉州南音"被命名为第一批国家级非物质文化遗产。

珍贵藏品

羽翼双飞使墓碑 元代。宽56厘米、高51厘米、厚7.5厘米。碑面正中两侧各有一浮雕飞天,两侧的飞天均双手捧持"圣物",头顶各浮刻一个小十字架。该墓碑极为少见,见证了宋元时期泉州"东方第一大港"与海外的文化交流。

江加走雕刻木偶头 一组14件,高8.5~10.5厘米、宽3.5~4.5厘米。为20世纪早中期木偶雕刻大师江加走所刻。雕刻人物形象有素生、臭头、红猴、蓝素、笑生、花童、却老、乌大北、陷浮、须文等11类。

特色活动

木偶表演 观众在参观了"泉州南音·地方戏曲艺术"陈列馆之后,能观摩提线木偶的现场表演。

基本信息

地　　址:福建省泉州市丰泽区西湖公园北侧
交通线路:乘202、203、37路公交车直达;乘26、17、21、2、27、33、6、39路公交车至西湖站
开放时间:淡季8:30~17:00 旺季8:30~17:30
邮　　编:362000
电　　话:0595-22757006
传　　真:0595-22757001
邮　　箱:qzbwg@hotmail.com
网　　址:www.qzmuseum.net

郑和史迹陈列馆

基本陈列

介绍伟大的航海家郑和七下西洋的光辉业绩。

珍贵藏品

"天妃灵应之记"碑 俗称郑和碑。明宣德六年（1431年），郑和、王景弘等人在第七次下西洋前立此碑于长乐南山天妃宫。

三清宝殿铜钟 明宣德六年，郑和在第七次下西洋前，为新建的长乐南山三清宝殿铸造的。原钟现藏中国国家博物馆，此为复制品。

基本信息

地　　址：福建省长乐市吴航街道郑和公园路2号
交通线路：乘3路公交车至市医院站
开放时间：8:00～11:00，14:00～17:00
闭 馆 日：星期一
邮　　编：350200
电　　话：0591-28924529
传　　真：0591-28818155
邮　　箱：alei0924001@sina.com.cn

闽西革命历史博物馆

基本陈列

《闽西人民革命史》、《闽西儿女战斗在祖国大地》《共和国将帅的摇篮》 展览充分运用大量的文物、历史照片和资料,再现了闽西人民在中国共产党的领导下所进行的波澜壮阔、不屈不挠的斗争,以及坚持"二十年红旗不倒"的辉煌历史;讴歌了闽西儿女为了民族的独立、人民的解放,浴血奋战在中华大地的壮志豪情。共和国众多将军都曾在闽西进行过伟大的革命实践,留下光辉的业绩,同时锤就了68位闽西籍的开国将军等许多优秀儿女。馆内的各陈列展览,既为单独专题,又可有机联结,较为完整地展现了20世纪闽西红土地的百年光辉历史。

珍贵藏品

刘亚楼的上将服 新中国成立以后,刘亚楼被授予上将军衔,出任空军司令员。

杨成武使用的望远镜 杨成武在抗日战争期间,指挥黄土岭战役时使用的望远镜。此役,击毙日军1500人,其中有被称为"名将之花"的日军中将阿部规秀。

明龙泉瓷瓶 高16厘米、腹径8.57厘米,明代瓷器,保存完好。

《双状元》剧本 1863年,庆荣号禄余手抄的汉剧,内容完整。是闽西汉剧的主要剧本之一,对研究闽西汉剧有重要的意义。

基本信息

地　　址:福建省龙岩市北环西路51号
交通线路:火车站—汽车站—韭菜园—裕锦园
开放时间:8:00～12:00,14:30～17:30
邮　　编:364000
电　　话:0597-2291479
传　　真:0597-2299037
邮　　箱:fjmxbwg@163.com

漳浦县博物馆

基本陈列

　　典藏紫砂壶展览　漳浦是工夫茶区，历史上宜兴的紫砂壶和潮州朱泥壶大量进入漳浦，也使漳浦保存了大量相关文物，2007年新开辟的展览，展出漳浦博物馆馆藏200余件出土的以及旧的紫砂壶，相关的明清工夫茶具，系统介绍闽南地区明清葬俗与茶俗。

珍贵藏品

　　时大彬制款紫砂壶　1987年出土于明万历三十八年户工二部侍郎卢维祯墓，为目前出土的时大彬制款最早的紫砂壶。
　　陈鸣远仿古款朱泥壶　1991年出土于清乾隆二十三年墓，为全国唯一出土的、有绝对年代的陈鸣远款紫砂壶。
　　明十三档六仔木算盘　1987年出土于明万历三十八年户工二部侍郎卢维祯墓，为目前绝对年代最早的木算盘实物，且为菱形上一珠下五珠。

基本信息

地　　　址：福建省漳浦县绥安镇西湖公园内
交通线路：国道324漳州南52公里
开放时间：夏季8:30～17:00　冬季9:00～17:00
闭 馆 日：星期六、日
邮　　编：363200
电　　话：0596-3230276
传　　真：0596-3230576
邮　　箱：zpbwg@163.com

长泰县博物馆

基本陈列

《长泰县文物、图片展》 图片展览分为武安古城、长泰八景、文物保护单位、古寨堡、古墓葬、古桥、古井、古塔、古民居、石雕、石刻、重要文物点、长泰历史名人、闽越文化遗址等15部分组成；出土文物部分展出戈林山商代、汉代古文化遗址出土的陶器、石器，以及碗盒山南宋窑址采集到的青瓷碗、影青瓷碗、碟、匣钵、垫饼等标本。

珍贵藏品

涡纹双立耳三足铜鼎 商代。双立耳，腹微鼓，圆底，三柱足，腹部饰有涡纹、鼓钉纹，并有弦纹二道。此鼎是福建省内保存最完好的商代早期青铜器。

青铜钁 西周。銎部有弦纹一道。刃口延展而成弧形，素面无纹饰，造型简朴。此钁的出土，说明长泰在商周时期已进入青铜时代。

石戈 商周。灰黄色，质地坚硬，表面磨制光滑、细腻。内直而方，一穿，为单面钻孔。援一侧平直，另一侧至前端折收成锋尖，锋尖微残。

绫地"奉天敕命" 明代。横190厘米、纵30厘米，系正统二年（1437年），英宗皇帝赐封宣德五年状元长泰林震继室黄氏为安人（六品夫人），而送至其家中的喜报。字迹清晰。

基本信息

地　　址：福建省长泰县武安镇人民西路40号

交通线路：县汽车站向人民西路800米

开放时间：9:00～11:30, 15:30～17:30

闭 馆 日：每月15日

邮　　编：363900

电　　话：0596-8332536

传　　真：0596-8332536

邮　　箱：ctwwzaz@163.com

华安县博物馆

基本陈列

《新石器陈列》 以分类为次序，系统介绍石锛、石斧、石戈、石镢、石钺、石刀等石器的相关知识。

《玉器陈列》 以类别为次序，系统介绍明清时期玉龙带钩、发簪、花片等玉器的基本知识。辅以图片及文字介绍，简明扼要，直观明了。

《东溪窑瓷器陈列》 由明清时期华安高安东溪窑青花瓷为代表，依次展出青花花卉盘、青花小茶杯、青花花卉茶盘等。

珍贵藏品

石器 主要有石戈、石斧、石镢、石锛等，为商周时期人类生产工具和生活用具。

漆金木刻 主要有漆金木刻花蝶纹板、漆金木刻戏曲人物板、漆金木刻刘海戏蟾、漆金木刻曹国舅、漆金木刻龙烛等。

瓷器 有宋青釉碗、青花小茶杯、米黄罐、青瓷罐、明清青花花卉盘、青花折肩罐等。

东溪窑瓷器标本 主要器形有碗、杯、勺、汤匙、碟、盘、烟斗、鼻烟壶等30多个品种。反映了明清时期高安东溪窑生产瓷器的鼎盛规模。

基本信息

地　　址：福建省漳州市华安县大同路58号县文化中心六楼

交通线路：乘1、2路公交车至华安县文化中心

开放时间：淡季9:00～16:30　旺季9:00～17:30

闭 馆 日：淡季星期日、一、二；旺季星期一

邮　　编：363800

电　　话：0596-7362103

传　　真：0596-7359236

邮　　箱：linyimou@126.com

南平市博物馆

基本陈列

历史文物陈列 陈列以展示当地出土、征集、捐赠的文物为主。第一部分：展示新石器时代至秦汉时期闽越土著的生活生产遗存，有石器、印纹陶器等；第二部分：反映东汉末，南平正式成立县治，逐渐成为闽中的政治重镇和军事要塞的史实，展品为当地出土的陶瓷器；第三部分：反映宋代以后，南平的文化教育事业出现了高潮，闽学四贤，杨、罗、李、朱等理学家在南平的遗迹、遗物及宋元时期南平的经济发展概况，展品为四贤文物及当地窑址出土的宋代陶瓷器皿。第四部分：明清时期，民间信仰的宗教竟相昌明，各种工艺美术代有珍品，展品为明清时期的陶瓷器。

珍贵藏品

环耳瓶 元代。青釉瓷器饰以褐色斑彩，是一种釉下装饰，最早出现于西晋后期越窑，东晋盛行，元代龙泉窑亦很普遍。此瓶造型仿青铜器，是龙泉窑的典型器。

褐彩青灰釉盖罐 元代。盖罐系当地茶洋窑产品，腹部绘有褐彩牡丹。

青花盘 明代。此盘是景德镇民窑作品，烧制于万历时期。盘内图案吸收了当时西方的绘画技法既带有异国情味，又包含民族题材故深受欧洲各国上流社会的喜爱。

基本信息

地　　址：福建省南平市新华路4号
交通线路：市区内各路车都可达
开放时间：8:00～17:30
邮　　编：353000
电　　话：0599-8824882
传　　真：0599-8824882
邮　　箱：npbwg@163.com

顺昌县博物馆

基本陈列

《顺昌古建构件展》 展出顺昌当地乡土的古代建筑构件。顺昌遗存大量的古建筑，主要包括古代寺观、明清民居、祠堂、古桥、古塔、古墓葬等。主要展品为在当地乡土建筑中具有历史、艺术、科学价值，且集雕饰艺术和民俗风情为一身的建筑构件，有花篮式隔架、窗楣花板、魁星点斗·福禄寿门楣雕板、牡丹香草龙挂落、象鼻月梁、柱底柁墩，各式窗花、隔扇，各式砖雕，以及瓷天沟、陶水鸽子等。

珍贵藏品

宋塑青釉酱彩双婴戏龟笔架山 宋代。通高13厘米、长15厘米，椭圆形底座上堆塑形似龟身的小山峰。左右两旁各塑一婴儿，身躯向左右两边倾斜，头发分扎两耳边，双眼凝视前方。右婴唇口紧闭，两手交叉；左婴唇口微张，两手分别靠在膝上。表面施青釉，局部酱彩，底座露灰白胎，内凹。

褐釉亭式谷仓 宋代。通高26.5厘米，形如亭台楼阁。谷仓四周密封，仅开一小口。亭台四周饰有栏杆，正面有一门及台阶，门左右饰有一鸡一狗。器表施酱褐釉，大部分釉色已脱落露灰白胎。

三层带盖暖砚 明代。砚为朱砂岩质，1958年出土。高8.5厘米、长12厘米、宽6.8厘米。分盖、墨池、水池（池）三层。

陨石 为外表不规则之"丑石"。体积约0.6立方米，重约500千克，铁质。

基本信息

地　　址：福建省顺昌县中山中路49号
交通线路：乘1、2、3、5、6、7、8路公交车至总工会站或文化大厦
开放时间：8:00～12:00，14:30～17:30
闭 馆 日：淡季星期六、日
邮　　编：353200
电　　话：0599-7821732

松溪县博物馆

基本陈列

历史文物综合展厅 展示地处闽浙边陲的松溪数千年来农耕、矿冶、制瓷、交通诸业的进步，古代名人重臣的史迹，和近代以来松溪人民英勇斗争的业绩。

珍贵藏品

圣旨缎绣中堂 为明代万历、天启两位皇帝颁给真宪时的敕命和诰命。把七道圣旨集中绣在一幅巨大的黄缎上，制成中堂。全幅共2841字。绣幅全长251厘米、宽133厘米。

青釉瓶 元代。口沿外壁印花瓣纹、雷纹，颈部饰蕉叶纹、卷草纹，肩部、腹中部模印龙虎纹、卷云纹、莲瓣纹。腹下部为长条形莲瓣纹。

青釉五管插瓶 宋代。方唇、直口、圆肩，腹被凹弦纹分成三段，上部附五花口直管。圈足。灰胎，内外壁施青釉，腹部刻双层莲瓣纹，盖面刻直线纹。

原始青瓷豆 周代。方唇，口沿外折，上腹较直，下腹内折，外底中心内凹，圈足外撇。灰胎，施青釉。表面多处饰凹弦纹。

基本信息

地　　址：福建省松溪县解放街220号（县文化馆四楼）
开放时间：8:30～11:30，14:30～17:30
闭 馆 日：星期一
邮　　编：353500
电　　话：0599-6913818
传　　真：0599-2336288
邮　　箱：sxww2323357@163.com

武夷山市博物馆

基本陈列

《武夷文化之谜》 以武夷山地区以架壑船棺为象征的古越部落文化（距今3800年左右），以城村古汉城为标志的西汉文化（距今2000多年），和以朱熹为代表的宋代理学文化（距今800多年）三个鼎盛时期为主线，撷取文物精华，举办武夷山历史文化陈列，形象生动地向人们展示武夷山悠久的历史和文化。

珍贵藏品

馆藏文物丰富，尤以青铜时代的船棺、西汉时期闽越王城出土的陶器、宋代遇林亭窑址出土的黑釉金彩碗和唐宋时期墓葬出土的随葬品最具特色。

特色活动

武夷船棺吊装演示。

观众可亲自参与陶器制作。

基本信息

地　　址：福建省武夷山市武夷宫仿宋古街

交通线路：6路公交车在上埔南入口、赤石北入口乘景区专用车进入

开放时间：8:30～11:30，14:30～17:30

闭 馆 日：星期一

邮　　编：354302

电　　话：0599-5252729

永定县博物馆

基本陈列

以建于清代的宗祠、革命旧址作为展馆，全面展示永定县革命斗争历史，涉及1926年地方党组织建立、永定农民武装暴动、红四军在永定、革命根据地建立、三年游击战争、解放战争等。

珍贵藏品

林心尧日记 福建第一个农村党支部——中共永定支部主要创建人林心尧，在日记中记载了1926年夏党支部建立前后的革命活动。

张鼎丞给父老乡亲的照片 1950年1月张鼎丞寄给家乡父老的照片，照片背后写有家信。

戴镜元使用过的望远镜 1941年前苏联领导人斯大林派米高扬来中国时，送给朱德十架望远镜，朱德将其中一架奖给戴镜元。

基本信息

地　　址：福建省永定县城关九一大街164号
交通线路：永定县城
开放时间：8:30～11:30，15:00～17:00
闭 馆 日：星期日
邮　　编：364100
电　　话：0597-5832139
传　　真：0597-5832139
邮　　箱：fjydbwg@163.com

漳平市博物馆

基本陈列

《漳平历史陈列》 主要展示漳平的历史沿革。氏族渊源。文化艺术。历代名人。乡风民俗，是漳平历史文化发展的真实写照。

《漳平革命史陈列》 主要介绍漳平在苏区创建过程中的艰苦曲折的斗争历程。

《王景弘史迹陈列》 主要介绍与明代航海家郑和同为正使，七下西洋的漳平人航海家王景弘的航海事迹。

《陈性初生平事迹》 介绍漳平的印尼爱国侨领陈性初支持孙中山领导的新政权，积极参加抗日救国的爱国事迹。

《知青情缘展》 主要展出闽南到漳平上山下乡的知青当年生产生活的照片及实物。同时，介绍闽南知青回漳平第二故乡投资创业，捐助公益事业的事迹。

珍贵藏品

长石锛 商周。长30厘米、宽5厘米、厚2.5厘米。长方形扁体，通体磨制，单刃呈弧形，是闽西目前发现的最大的商周石锛。

漳平县建城记石碑 漳平于明成化六年（1470年）建县。该碑为明户部侍郎吴仕典撰。内容有："漳郡据全闽之胜，以控岭表，逮我皇明成化六载，始辟漳平为郡属邑……"为研究漳平建县的历史提供了第一手资料。

四蒲牢系铜钟 铸造于明隆庆五年（1571年），原为漳平城隍庙用钟。铜钟顶端铸有4只龙头，腹围铸铭文40字。

基本信息

地　　址：福建省漳平市东山公园内
交通线路：外环东路东山公园路口
开放时间：8:30～11:30，15:00～17:30
闭 馆 日：星期一
邮　　编：364400
电　　话：0597-7539800
传　　真：0597-7539800
邮　　箱：zpbug7834808@126.com

宁化县博物馆

基本陈列

《宁化革命斗争史》 宁化是第二次国内革命战争时期的22个中央苏区县之一,毛泽东、朱德、彭德怀等老一辈无产阶级革命家都曾在这里进行过革命活动,是中央红军二万五千里长征的集结出发地之一。为了民族的解放事业,宁化人民做出了巨大的牺牲与贡献,享有"扩红模范区"、"苏区乌克兰"的美誉。馆内陈列的《宁化革命斗争史》展览运用了丰富的图片和实物资料,经过四次改版,生动地再现了宁化的革命斗争历程。

珍贵藏品

《中国工农红军军用号谱》 由宁化失散老红军罗广茂捐献,毛边纸油墨印制而成。收集有红军生活、训练、作战及部队番号、职务等曲谱340多首。这本号谱是目前国内保存最为完整,内容最为具体的一本红军军用号谱。

毛泽东《如梦令·元旦》词匾 1930年,古田会议结束后,毛泽东同志率领红四军二纵队离开古田,翻越武夷山向江西广昌进发。就在这次行军途中,毛泽东豪情满怀,挥毫写下了脍炙人口的《如梦令·元旦》。

基本信息

地　　址：福建省宁化县翠江镇城西路71号
交通线路：宁化县汽车站—北山革命纪念园
开放时间：8:00～18:00
邮　　编：365400
电　　话：0598-6823454
传　　真：0598-6823454
邮　　箱：fjnhbwg@126.com

明溪县博物馆

基本陈列

《历史文物陈列》 展出距今2~3万年以上的华南动物群化石，这些动物化石被列为福建省1988年十大文物考古发现之一。"南山遗址"是福建省首次发现并保存较的史前人类居住遗址。该遗址出土的文物主要有陶片、石斧、石锛、石剑头等90余件，其中有肩石斧、有肩石锛为福建省罕见。

《历史名人史料陈列》 我县龙湖村是宋代理学家杨时（号龟山）的出生地，主要展出"杨龟山故里"等史料，反映杨时先生尊师重教"程门立雪"精神。

《革命文物陈列》 主要展出1934年春，驻县红军画的五幅红军壁画和1931年红军第一次运动会颁发的银质奖章等。另外，还展出太平天国李世贤所部用过的石臼。

珍贵藏品

青白釉长颈执壶 宋代。口径3.8厘米、腹径11厘米、足径7.2厘米、高20厘米。直口长颈，鼓腹，浅圈足。把上有两道阴压纹，嘴尖稍有破损。素色青白釉，釉不及足。

青白釉褐彩花卉直口罐 宋代。直口，长颈，溜肩，椭圆腹，浅圈足。上青白釉，釉不及足。腹部正面背面各有绘有一朵褐色三叉形花卉，圆形花朵，半圆花瓣，两片带状叶向两面展开。

基本信息

地　　址：福建省明溪县雪峰镇解放路57号
交通线路：福州—三明—明溪
开放时间：淡季8:00~12:00，14:30~17:30
　　　　　旺季8:00~12:00，15:00~18:00
闭 馆 日：星期六、日
邮　　编：365200
电　　话：0598-2813765
邮　　箱：smmxbwg@163.com

大田县博物馆

基本陈列

《大田县历史文物展》 展出馆藏的二、三级文物139件，及在大田境内出土的文物，有青铜时代的石器、宋元明清时期大田窑址的瓷器，及文物标本等。

《大田革命历史展》 展示从1937年2月大田县建立第一个中共支部——中共武陵小学支部，到1949年9月6日均溪游击大队解放大田，在第二次国内革命战争、抗日战争和解放战争三个历史时期，大田革命斗争的历史。

《大田县三个文明建设展览馆》 展览回顾了党的十六大以来，大田人民乘着海峡西岸经济区建设的东风，解放思想，实事求是，抢抓机遇，开拓进取，在三个文明建设取得的可喜成绩，展现全县各行各业的精神风貌。

珍贵藏品

明清白釉双耳瓶 二级文物。一对。
明青花人物筒炉 二级文物。一件。
大田县抗敌会义卖纪念"渴饮匈奴血杯" 三级革命文物。
"山水清音"菱形盘 林大蕃烈士遗物，三级革命文物。
"湘山烟雨"茶壶 林鸿图烈士遗物，三级革命文物。

基本信息

地　　址：福建省大田县建山路14号
交通线路：乘公交1号线至影剧院站
开放时间：淡季9:30～11:30，14:30～17:30　旺季9:30～17:30
闭 馆 日：星期一
邮　　编：366100
电　　话：0598-7230968

将乐县博物馆

基本陈列

历史文物陈列室 展出了我县石器时代的石器、陶器、石箭镞,三国至明清时代的陶瓷器、青铜器、玉器及砖雕等珍贵文物,这些文物是我县悠久历史和灿烂文化的见证。博物馆是我县重要的爱国主义教育基地、科普教育基地和中小学学生德育教育基地。

基本信息

地　　址:福建省将乐县文化广电大楼内
交通线路:1路、2路、3路公交车
开放时间:8:00～11:30,14:30～17:30
闭 馆 日:星期六、日
邮　　编:353300
电　　话:0598-2324949　2322231(投诉)

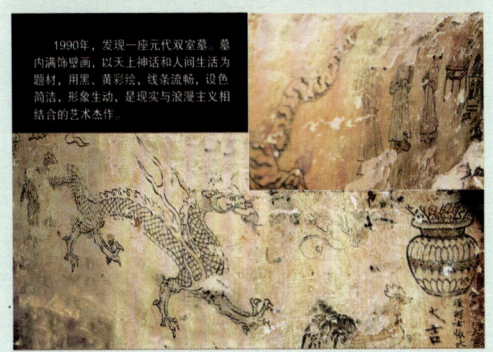

晋江市博物馆

基本陈列

《晋江历史风景线展》 包括"泉南首邑"、"海疆重镇"、"海上丝路"、"陶苑奇葩"、"桥甲天下"、"宗教圣境"、"海滨邹鲁"、"华侨之光"等八个主题，展示了晋江历史文化和社会发展的历程。

《晋江华侨史馆》 包括两个展览，一是《海天万里故园情——晋江华人华侨展》分为"远渡重洋"、"开拓异域"、"情系故土"三个部分。二是《晋台缘港澳情——晋江港澳同胞展》分为"晋台缘"、"港澳情"两大部分。两个展览展示了"三百万"海外晋江人拼搏创业的血泪辛酸史，他们融入当地社会，心系祖国和家乡，为祖国和家乡的建设事业做出的巨大贡献。

珍贵藏品

"明教会"黑釉碗 宋代。晋江磁灶窑产品。碗内壁阴刻楷书"明教会"3字，为宋代草庵摩尼教徒的生活用具。

绞胎弥勒造像 宋代。光头、长耳、咧嘴，盘腿而坐，跣足，足盘露于袈裟外。身披袈裟，右手执乾坤袋，左手握一念珠串。全身釉色分为两部分：袈裟部分为绞胎，釉面呈黄、褐色相间；通身施一层米黄釉。身躯上布满冰裂纹，底部露胎。

越窑青釉刻花盒 唐代。扁圆柱形，施青黄色釉。盖面中间刻团花牡丹，花朵盛开、姿容娇娆；周边刻四朵折技牡丹，两两相对，婀娜俊俏；器底刻缠枝迎春花。

基本信息

地　　址：福建省晋江市青阳镇世纪大道382号
交通线路：泉州802路公交车、晋江3路公交车
开放时间：淡季9:00～17:00　旺季9:00～17:30
闭 馆 日：星期一
邮　　编：362200
电　　话：0595-85681046
传　　真：0595-85667921
邮　　箱：jjbwg@jjbwg.com
网　　址：http://www.jjbwg.com

南靖县博物馆

基本陈列

《浮山文化遗址品展》 陈列1955～1986年采集的商周时代石戈、石锛、石剑以及陶器类和青釉双耳缸等。其中有穿孔石戈等45件，石锛65件，石矛14件，绳纹釉陶等20件。

《南靖东溪窑瓷器展》 展出明清时期南靖东溪窑的各种瓷器和标本，有青花碗、汤匙等。

基本信息

地　　址：福建省南靖县山城镇兰陵路11号
开放时间：8:00～12:00，14:30～17:30
邮　　编：363600
电　　话：0596-7825136
传　　真：0596-7825136

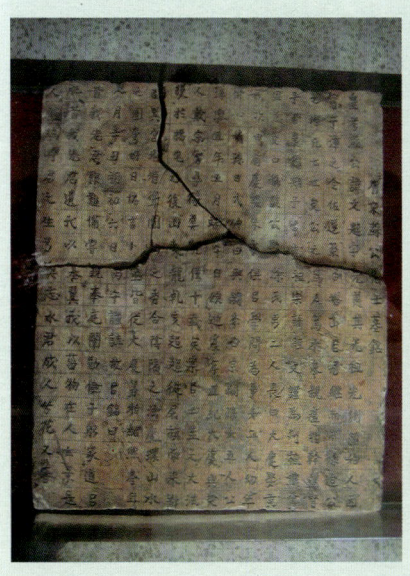

宁德市蕉城区博物馆

基本陈列

馆藏部分文物 主要展品有自商周至民国各个时期的青铜器、铁器、陶器、瓷器、雕刻、塑像等藏品。

珍贵藏品

青铜戈 商周，采集。

鎏金扁纽铜方印 明代。方形，5×5.8厘米、厚1厘米，有柄。印文为篆书"泉城衔隐图书"。

特色活动

每年的5·18"国际博物馆"日、全国"文化遗产日"、寒暑假及春节等，举办"文物摄影图片展"、"文物书画作品展"以及"文物鉴定"、"文化遗产知识讲座"等，许多观众热心、积极参与互动。

基本信息

地　　址：福建省宁德市蕉城区福山路60号
交通线路：乘公交3、5、6、7、8、301路车至东湖市场站往前约150米
开放时间：淡季8:30～11:00，15:00～17:00
　　　　　旺季8:00～11:30，14:30～17:30
闭 馆 日：星期二
邮　　编：352100
电　　话：0593-2823995　2822947（投诉）
传　　真：0593-2823995
邮　　箱：fjjingxin@163.com

古田县博物馆

基本陈列

　　库房面积80平方米，内有高低文物展柜21个，现有馆藏文物430余件，三级文物100多件，其中青铜时代石器52件，宋、明、清时期瓷器83件。

珍贵藏品

　　骑马俑　明代墓葬随葬品。披甲鞍马上坐一俑，头与身躯可脱离，身穿圆领窄袖衣裙，头戴圆形高帽，脸部表情生动，施深蓝釉与孔雀蓝釉。

　　三彩立俑　明代墓葬随葬品。头戴尖顶高帽，身穿有衽窄袖长袍，外披马甲，双手捧书卷，立于椭圆基座上，脸敷白粉，身施绿釉。

基本信息

地　　址：福建省古田县城关614路301号

交通线路：乘1、7路公交车至松台口

开放时间：目前只有重要节假日或特殊情况才开放

邮　　编：352200

电　　话：0593-3833282　　13959331907

邮　　箱：llj8661@sina.com

山东省博物馆

基本陈列

《齐鲁瑰宝展》 本馆收藏文物达20余万件,其中包括数量可观的一级文物。为了向广大观众汇报文物工作成就,我们开辟了这间文物精品展厅,定期更换展品,以期利用有限的空间,尽可能多地向广大公众展示山东的文物精品,介绍山东的历史发展轨迹。展品分陶器、瓷器、玉器、工艺品和青铜器五个部分,年代上起新石器时代,下迄清代。通过展品,观众将直观地了解山东地区古代文明的发展脉络,欣赏勤劳智慧的山东人民创造的艺术杰作。

珍贵藏品

巨型山东龙化石 1964年发现。此类恐龙头骨较长,额扁平,嘴扁如鸭子的嘴,因此也叫"鸭嘴龙"。巨型山东龙个体高大,长14米,体高可达8米,是目前世界上最大的鸭嘴龙。

亚丑钺 商代,1965年出土。通长32.7厘米、刃宽34.5厘米。长方形,方内,双穿,两肩有棱,弧形刃,器身作透雕人面纹,极富威严。钺正反两面各铭"亚丑"二字,故得此名。同出的其它铜器上也见有"亚丑"铭文,因此,专家推测这里可能是"亚丑"族的墓地,该墓主人则可能是仅次于商王的方伯一类的人物。

黄玉鹿首壶 长方形，通高11.8厘米、长17厘米、宽4.5厘米。采用一整块新疆和阗黄玉雕刻而成，质地温润，色泽纯正。束颈，宽腹，圈足，盖作覆斗形。壶外用圆雕的技法雕有一鹿首，长吻伏角，面部神态安详，作负壶状，另一侧有一只象首衔活环耳。

胡汉交兵画像石 凸面线刻。画面内容为：（1）征伐，左端山丘中胡人执弓，飞矢如雨，两列汉骑兵冲杀；（2）报捷，中间门楼二人手悬胡人首级，即古代谓之的"悬首阙下"；（3）凯旋，右侧依次三人，其中蓄长发者为被俘或求和的胡人形象。一马及马上倒立的艺人，一持书使节对一轺车，当为汉军凯旋献俘之意，画面反映了汉朝与匈奴经过长久战争，最后大获全胜的历史场景。

基本信息

地　　址：山东省济南市经十一路14号
交通线路：51路、2路、68路公交车
开放时间：9:00～17:00
邮　　编：250014
电　　话：0531-82967179
传　　真：0531-82943694
邮　　箱：shandongmuseum@sina.com.cn
网　　址：http://www.sdmuseum.com

孔繁森同志纪念馆

基本陈列

《孔繁森同志生平事迹图片实物》 展览共分六个部分，"齐鲁赤子"，展示了孔繁森的成长历程；"汗洒雪域"，展示了孔繁森两次赴藏工作10年间，为西藏的建设和繁荣，恪尽职守、忘我拼搏、开拓进取、求真务实的精神风貌；"情系高原"，展示了孔繁森热爱人民、服务人民、为民解难、无私奉献的满腔热忱；"廉洁清正"，展示了孔繁森艰苦朴素、廉洁自律、一身正气、克己奉公的高贵品质；"深切怀念"，展示了孔繁森不幸殉职后，全国各地干部群众深切悼念孔繁森的感人情景；"光耀神州"，展示了党和国家领导人对孔繁森的高度评价。

珍贵藏品

孔繁森同志日记本一套36件 1988年10月～1994年11月，孔繁森在第二次援藏工作期间，为做好各项工作，记录了36本工作日记。这些笔记充分体现了孔繁森为藏族人民恪尽职守、呕心沥血的高贵品质。

孔繁森同志为藏族群众治病用的听诊器 1988年孔繁森到尼木县考察教育情况的途中，发现一位藏族老人因患肺病，浓痰堵住喉咙，已处于昏迷状态，便用听诊器上的胶管，一口一口为他吸出浓痰，使老人转危为安。

基本信息

地　　址：山东省聊城市繁森路1号
交通线路：火车站乘2路、6路、9路、23路、27路，汽车总站乘9路
开放时间：淡季8:00～12:00, 13:30～17:30
　　　　　旺季8:00～12:00, 13:30～18:00
闭 馆 日：每月闭馆两天，主要在星期一
邮　　编：252000
电　　话：0635-8421662　8978686
传　　真：0635-8901066
邮　　箱：kfstzjng@163.com

台儿庄大战纪念馆

基本陈列

《台儿庄战役展览》 设六个长期展厅，系统介绍了台儿庄大战前的形势、战前的台儿庄、台儿庄歼灭战、日军在台儿庄战役期间的罪行、影响全国、影响世界等八个方面的内容，全景再现了台儿庄大战中国民党爱国将士浴血奋战报效祖国的壮举。

珍贵藏品

《血战台儿庄》全景画 画面高16.5米、周长124.1米，画面首尾相连，由绘画、地面塑性、灯光、音响和解说五个方面组成，选择大北门激战、清真寺争夺战、西北门争夺战等典型战斗场景为表现重点，艺术地再现了中国军队在台儿庄以阵地战迎击日军，浴血奋战，直到取得胜利的历史过程。

第二集团军总司令孙连仲将军在台儿庄战役期间使用过的物品 第二集团军总司令孙连仲将军在台儿庄战役期间（1938年2月～4月）使用过的床、梳妆台、手表等物品。

马克沁重机枪 台儿庄战役期间，我军使用过的先进武器之一。

特色活动

台儿庄大战胜利日纪念活动 每年的大战胜利日（即4月8日）举办系列纪念活动，内容为以台儿庄大战为主题的征文、台儿庄大战诗歌朗诵、少儿武术表演等。

基本信息

地　　址：山东省枣庄市台儿庄区沿河南路6号
交通线路：台儿庄长途汽车站转乘公交车即可达
开放时间：淡季9:00～16:00　旺季8:30～17:00
闭 馆 日：星期一、五下午（法定节假日除外）
邮　　编：277400
电　　话：0632-6612711
传　　真：0632-6612711
邮　　箱：tezwar@163.com

地雷战纪念馆

基本陈列

分为6大部分：1."民族危机　共赴国难"；2."地雷战日寇丧胆　卫海防壮我国威"；3."反'扫荡'105天动魂魄　盆子山60余村响雷声"；4."英雄造雷乡　雷乡出英雄"；5."光辉事迹垂青史　革命精神照后人"；6."实现新跨越　建设新海阳"。整个展览重点突出，把海阳人民在抗日战争中利用地雷村村布防，户户备战，广大民兵开展地雷战、麻雀战的史实，和艰苦奋斗，打击日寇，驱除外辱，战无不胜的伟大民族精神展现给广大观众。

珍贵藏品

土炮　全国民兵英雄赵守福在地雷战中用过的土炮。
地雷　民兵在地雷战中用过的各种地雷。
石雷　民兵自造的石雷。
奖章、枪支　全国民兵英雄赵守福、于化虎、孙玉敏在地雷战中用过的枪支和获得奖章等遗物。

特色活动

海阳民兵在地雷战中发明了10多种地雷和30多种埋雷方法，我们选出10多种埋雷方法，利用电子模拟场景，观众可以参与埋雷及引爆进行演习，真实感受地雷杀敌的场景。

基本信息

地　　址：山东省海阳市文山街11号
交通线路：海阳火车站乘徐家店至东村客车至市区城北车站，东行500米；海阳长途客车站东行至新元广场，向北1000米
闭 馆 日：星期一
邮　　编：265100
电　　话：0535-3260021　3263287（投诉）
传　　真：0535-3263287
邮　　箱：hybwg326@163.com

中国甲午战争博物馆

基本陈列

该馆是利用原北洋海军提督署等清代建筑为陈列展示场所,以北洋海军和甲午战争为主题的大型纪念遗址性博物馆。现开放参观的景点有:**北洋海军提督署、龙王庙与戏楼、丁汝昌寓所、威海水师学堂、黄岛炮台、旗顶山炮台、东泓炮台**等。其中北洋海军提督署是全国唯一保存完好的清代海军衙门。

陈列总面积3000多平方米。通过大量的历史文物、丰富的档案史料,结合原状复原、大型沙盘、舰船模型、超写实塑像、幻影成像等艺术形式,生动地再现了北洋海军兴衰的历史,讴歌了丁汝昌、邓世昌等爱国将士浴血杀敌、以身殉国的民族气节和爱国情操。

珍贵藏品

济远舰前主炮 济远舰由德国制造,1883年下水,1888年编入北洋舰队中军左营。甲午战败后,被日本所用。1904年冬天,在旅顺口触雷后沉没。其前双主炮长7.6米、口径为210毫米,每门重20多吨,为国内外仅存,故称为"镇馆之宝"。

济远舰桅杆 济远舰大桅杆,全长18.8米。

甲午战争时期炮弹 展厅内陈列的甲午战争时期炮弹。

基本信息

地 址:山东省威海市刘公岛
交通线路:威海旅游码头至刘公岛轮渡
开放时间:淡季8:30~16:00 旺季7:30~18:00
邮 编:264208
电 话:0631-5324184
传 真:0631-5324184
邮 箱:jiawumuseum@163.com
网 址:www.jiawumuseum.com

济南革命烈士陵园

基本陈列

　　济南战役以其大规模攻坚战和歼灭战的伟大胜利震惊全国,揭开了人民解放战争战略决战的序幕。为使人们了解历史,不忘历史,继承和珍惜现在美好生活,济南战役纪念馆以其真实而丰富的陈列内容,再现史实。展示有原战斗部队军史以及首长和亲历者撰写的文献资料、300余幅珍贵战时照片、近400件珍贵文物。壮观的**全景画馆**再现济南战役城区攻坚战的悲壮、气势磅礴的战争场面以及老济南城区古典秀丽的自然景观。

珍贵藏品

　　带血迹的党费
　　烈士名册
　　烈士生前奖状
　　烈士清册

基本信息

　　地　　址:山东省济南市英雄山路18号
　　交通线路:4路、35路、36路、76路、K52路、K93路到英雄山站
　　开放时间:9:00～11:00,13:30～16:00
　　闭 馆 日:星期一、四、五
　　邮　　编:250002
　　电　　话:0531-82030600
　　传　　真:0531-82904078
　　网　　址:www.jnzhanyi.com

河南博物院

基本陈列

《河南古代文化之光》 河南博物院最重要的大型基本陈列。展览分布在主展馆一、二层八个展室内，总面积3200平方米。展览由序厅、"文明曙光"、"三代辉煌"、"兼容并蓄"、"盛世荣华"、"余光明媚"及观众参与部分组成，汇集河南出土的精美文物约2000件，按照历史发展的脉络，展示发生在河南的最突出的古代文化科技成就。主展馆三层西侧展厅，有六个专题性文物展览，分别是《河南古代玉器馆》《楚国青铜艺术馆》《明清工艺珍品馆》《天地经纬——地动仪与观星台》《河南古代石刻艺术馆》《国之重宝馆》。展览选择河南历代古玉、河南淅川楚国墓地的青铜器、馆藏石刻等文物精品，分门别类向观众开放。而《天地经纬》展览则是从古代天文学、古代科技史的角度，向观众进行科普教育，有多种可供参与的模型与仪器。中原远古文明辉煌成就的震撼会使观众在精神上得到升华。

珍贵藏品

莲鹤方壶 春秋。1923年8月25日出土。为河南博物院第一批收藏品，开启了河南文物事业的先路。壶上有冠盖，器身长颈、垂腹、圈足。该壶造型宏伟气派，装饰典雅华美。壶冠呈双层盛开的莲瓣形，中间平盖上立一展翅欲飞之鹤；壶颈两侧附壁回首之龙形怪兽为耳；器身满饰蟠螭纹，腹部四角各攀附一只立体小兽；圈足下有两个侧首吐舌的卷尾兽，倾其全力承托重器。构思新颖，设计巧妙。

骨笛 出土于舞阳贾湖裴李岗文化遗址，被誉为"中华音乐文明之源"。它是用鹤类动物的腿骨钻7个音孔制作而成。在第6孔与第7孔之间还有一个用来调节音差的小孔。经测试，用它能吹奏出七声齐备的下徵调音阶。这支骨笛证明早在七八千年之前，我们的祖先已经发明了七声音阶。

云纹铜禁 春秋。长方形的箱形器身由五层铜梗支撑的透雕云纹构成；禁底有12只龙形怪兽张口吐舌，有不胜重负之感；而禁的四周攀附的12条夔龙勾首伸舌，仿佛要吞饮禁上的美酒。这件造型奇妙的铜禁的出土说明，早在2500年前，中国古代工匠就已熟练地运用了称为"失蜡法"的青铜铸造工艺。

象牙萝卜、象牙白菜 两件艺术品造型自然，形神兼备。萝卜由深到浅的红色，直到下端的象牙白非常自然，连萝卜上面的根须，和须上没有洗干净的泥土，都看得清清楚楚。白菜翠绿鲜嫩，形象逼真，叶子脉络清晰，显得生机盎然。趴在萝卜、白菜上的大肚蝈蝈，造型饱满逼真。

特色活动

河南博物院华夏古乐团 以动态的方式，复原古代音乐文物、古代服饰、古代乐曲、古代表演，全方位再现历史文化鲜活的背景，使观众真正走入古代文化的氛围，感受中国文化的魅力。

中原国学讲坛 利用自身资源优势，本着弘扬中原文化、传承经典国学的宗旨，我院推出"中原国学讲坛"系列学术讲座。它已成为中原地区最具影响力的国学传播平台。

基本信息

地　　址：河南省郑州市农业路8号
交通线路：32路、39路、42路、61路、69路、96路公交车
开放时间：9:00～17:00（15:30停止入馆）
闭 馆 日：星期一
邮　　编：450002
电　　话：0371-63511063
传　　真：0371-63850860
邮　　箱：lanenqiang@sina.com
网　　址：www.chnmus.net

镇平彭雪枫纪念馆

基本陈列

《彭雪枫将军生平事迹展览》 共分3个展室，14个部分："峥嵘岁月稠 风华正茂时"、"理想壮青春 革命志不移"、"万里赴戎机 一路奏凯歌"、"铁肩担大义 沥血铸长城"、"播火大中原 抗日风雷动"、"雄风啸陇海 威震豫皖苏"、"火线育英才 治军三件宝"、"长淮挥金戈 洪泽饮战马"、"风雨结连理 战火砺真情"、"晴空响霹雳 浩气贯长虹"、"壮哉身殉国 遗爱万民怀"、"忠诚彪千秋 英灵铸丰碑"、"正气行天地 品行启后代"、"继承英烈志 接力绘宏图"，全面系统、生动形象地展示了彭雪枫将军由一个贫苦农民的儿子成长为一个共产主义先锋战士的奋斗历程和可歌可泣的光辉一生。

珍贵藏品

彭雪枫与周恩来等同志的合影 1937年11月5日，彭雪枫和张震陪同周恩来撤离太原前与邓小平等同志的合影。

彭雪枫与朱德、邓小平等同志的合影 1938年彭雪枫在八路军总部与左权、彭德怀、朱德、邓小平、肖克在一起的合影。

彭雪枫在淮北的照片 1941年，"皖南事变"爆发后，彭雪枫率领的新四军第四师进行了三个月的艰苦卓绝的反顽斗争，后奉命转移到皖东北的淮北地区，巩固和扩大淮北抗日根据地。

彭雪枫遗照 1944年9月11日，彭雪枫在收复河南省夏邑县八里庄战斗中以身殉国。

基本信息

地　　址：河南省镇平县建设东路378号
交通线路：6路公交车
开放时间：淡季8:00～12:00，14:00～18:00　旺季8:00～18:00
邮　　编：474250
电　　话：0377-65921774
邮　　箱：zppxfjng@163.com

鄂豫皖苏区首府革命博物馆

基本陈列

《风云大别山》 共分四个部分，介绍鄂豫皖革命根据地的创建与统一、巩固与发展、坚持与保卫直到迎来全国胜利的这段革命斗争历史，系统展示了大别山人民在中国共产党领导下，掀起了轰轰烈烈的土地革命运动，为中国革命输送了红四方面军、红二十五军、红二十八军三支主力红军和一支抗日武装——新四军第五师的史实。

珍贵藏品

黄麻起义使用过的军号 1927年秋，黄麻起义爆发，起义领导人吴焕先、吴先筹用这把军号指挥战斗，领导农民义勇队攻克黄安县城。

吴焕先烈士用过的罗盘、怀表 吴焕先（1907～1935年），中共党员，鄂豫皖革命根据地创始人之一，参加并领导了"黄麻起义"。曾任红二十五军军长兼政委、鄂豫陕代理省委书记。1935年在甘肃泾川牺牲。

"列宁号"飞机 1930年2月缴获的一架国民党双翼军用飞机。为了纪念十月革命的胜利，飞机被命名为"列宁号"，这是红军拥有的第一架飞机。

基本信息

地　　址：河南省新县文博新村4号
交通线路：6路公交车
开放时间：淡季8:10～17:00　旺季8:10～17:30
邮　　编：465550
电　　话：0376-2987315　2966198
传　　真：0376-2987315
邮　　箱：eywsqsfbwg@sina.com
网　　址：www.eywsqsfbwg.com

濮阳单拐革命旧址

基本陈列

宋任穷同志旧居 北屋：宋任穷同志住室复原陈列。东屋：抗日战争时期曾在冀鲁豫边区工作和战斗的百名将军图片展。

平原分局旧址 北屋：冀鲁豫边区创始人之一陈平住室复原陈列展。东屋：冀鲁豫边区大生产运动劳动工具陈列展。

邓小平同志旧居 北屋：邓小平同志住室复原陈列。西屋：邓小平同志生平图片展。

冀鲁豫军区第一兵工厂旧址 中共中央北方局、冀鲁豫分局冀鲁豫军区司令部暨军工史迹图片展览。

珍贵藏品

盖亮号"九二式七十毫米步兵炮" 这是我军兵工史上自行研制的的第一门大炮，适用于山地和平原作战。

邓小平、宋任穷用过的顶子床 这两张床是房东提供给邓小平、宋任穷使用，做工精美，古色古香，为清代制式。

基本信息

地　　址：	河南省濮阳市清丰县双庙乡单拐村
交通线路：	从濮阳市区乘31路公交车，从清丰县城乘5路公交车均可到达
开放时间：	淡季8:30～17:30　旺季8:00～18:00
邮　　编：	457300
电　　话：	13346829001　13619865336　13303938390（投诉）
传　　真：	0393-7232016
邮　　箱：	sgglc@sina.com
网　　址：	http://www.qingfengw.com

湖北省博物馆

基本陈列

《曾侯乙墓出土文物陈列》 曾侯乙墓,是一座战国早期的诸侯国国君的墓葬,距今已有2400多年。位于今随州市西北,共出土文物15000余件。主要出土器物有九鼎八簋、编钟、编磬,体现了周代贵族的等级制度,表达了人们对天地、祖先的敬畏以及追求社会与人伦和谐的愿望。反映了先秦时期中国在艺术、技术、天文等方面的极高成就。

珍贵藏品

曾侯乙编钟 战国。曾侯乙编钟是双音钟的典范。它由不同批次的多组编钟组成,共65件。全套编钟音域跨五个半八度,十二律齐备,可以旋宫转调。编钟上共刻有3755字的铭文,内容涵盖编号、记事、标音、乐律理论等。

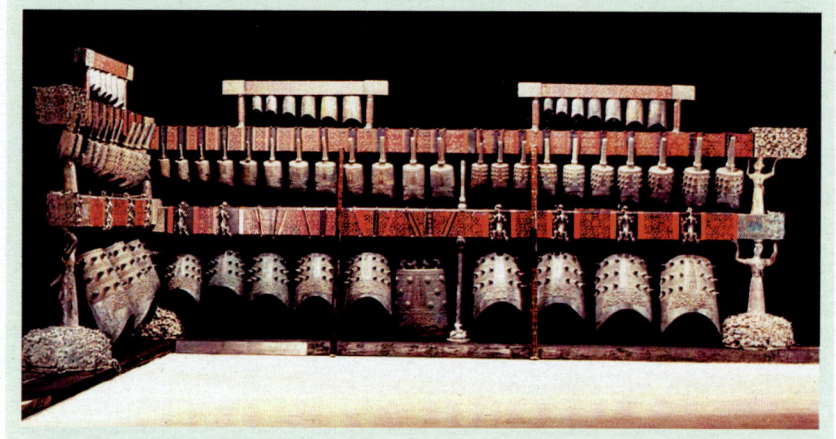

越王勾践剑 1965年12月出土于湖北望山一号楚墓。剑通长55.6厘米,剑格宽5厘米,剑身上满饰黑色的菱形暗纹,剑格的一面由绿松石镶嵌组成美丽的图案,而另一面则镶嵌着蓝色琉璃,靠近剑格处有两行错金鸟篆铭文,内容为:"越王鸠浅自乍用剑"。

青花四爱图梅瓶 元代。2006年出土于钟祥市郢靖王墓。瓶身腹部分别绘有王羲之爱兰图、陶渊明爱菊图、周敦颐爱莲图、林和靖爱梅鹤图,足部饰仰覆莲纹。三层纹样以卷草纹、锦带纹为界。白釉泛青,色彩青翠艳丽。堪称元代青花瓷器中的珍品。

郧县人头盖骨 旧石器时代。1989年5月18日出土于郧县学堂梁子。是长江中游发现的旧石器时代早期古人类,属直立人类型。距今约85万年。与中国和亚洲已经发现的古人类化石相一致,类似于欧洲古人类;郧县人的发现为人类起源"多地区进化论"提供了新证据。

特色活动

编钟表演 以曾侯乙墓出土的编钟、编磬等乐器的复制品进行演奏。

基本信息

地　　址：湖北省武汉市武昌区东湖路156号

交通线路：701、552、709、411、402、14、578、605、712、108路公交车

开放时间：9:00～17:00（15:00停止入馆）

闭 馆 日：星期一（法定节假日除外）

邮　　编：430077

电　　话：027-86794127　86783171（投诉）

传　　真：027-86783171

网　　址：www.hubeimuseum.net

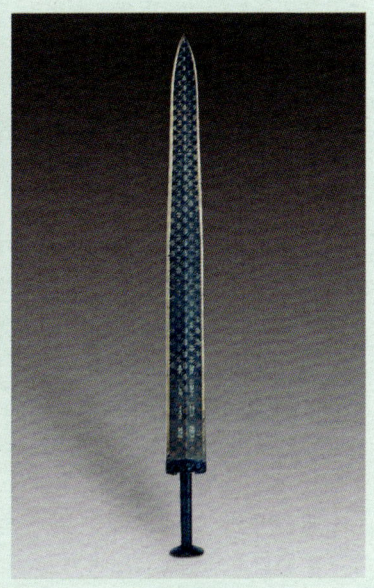

武汉市博物馆

基本陈列

《武汉古代历史陈列》 由"江汉曙光"(史前时期)、"商风楚韵"(夏商周时期)、"军事要津"(秦汉魏晋南北朝时期)、"水陆双城"(隋唐宋元时期)、"九省通衢"(明清时期汉口开埠前)五个部分组成,展现了武汉地区从史前时期的蒙昧原始逐步发展成为明清繁荣的商贸城市的历史进程。

《走向近代的武汉》 反映了1861年汉口开埠至1911年辛亥革命,武汉在新的历史契机下由传统的封建市镇向近代都会转化的历史发展轨迹。展览将"九省通衢"的武汉近代文明史的演变真实、形象地表述出来。

珍贵藏品

青花四爱梅瓶 元代。景德镇窑元代青花器中的精品。该器造型秀美、线条流畅、色泽浓艳。腹部主体纹饰为四爱图,即王羲之爱兰,周茂叔爱莲,林和靖爱梅鹤,陶渊明爱菊。

凤纹青铜方罍 商代。通体花纹以云雷纹衬地,自上而下分为五组,第一、二、三、五组为两两相对的飞凤纹饰,第二组正中有饕餮浮雕,第四组腹部饰大飞凤纹饰。器身庄重华美、纹样精细、装饰性强。

《江汉览胜图》 明代,绢本设色。作品记录了明代武汉山水风光与物事繁盛实证。结构严谨大气、笔法工整精致、设色古雅清秀,是一幅集艺术欣赏性和历史研究性于一体的青绿山水佳作。画幅右下角题款:"实父仇英制"。

青瓷坞堡 三国吴。坞堡内有房屋3座,院墙四隅均设有碉楼,另有门楼两个。坞堡内的九个建筑物皆为五脊庑殿顶。坞堡既可住人,又可储存粮食。盛行于于三国两晋南北朝时期。

特色活动

  青少年互动空间　定期组织开展知识讲座、演讲比赛、知识擂台赛等各类主题活动，让青少年积极主动地参与到学习历史、提高自身素质的教育活动中来。

基本信息

地　　址：湖北省武汉市汉口青年路373号
交通线路：38、79、411、509、536、542、603等路公交车
开放时间：9:00～17:00
闭 馆 日：星期五（法定节假日除外）
邮　　编：430023
电　　话：027-85601720
传　　真：027-85625587
邮　　箱：whmuseum@126.com
网　　址：www.whmuseum.com.cn

武汉市江夏区博物馆

基本陈列

《江夏历史文物展》 展示江夏境内从新石器时代到明清时代出土、征集或收缴的百余件精品文物，内容按时代先后分八个部分。重点展出江夏从汉代至明清时期的一批精美瓷器，反映了江夏地区悠久的历史和灿烂辉煌的文明。

珍贵藏品

青铜编钟 5件。最大的高46厘米，最小的高30.4厘米。钟体狭长，横断面呈合瓦形。钟的正反面各有18个钟枚，呈圆柱状，周身饰云雷纹、变形蝉纹、夔龙纹、窃曲纹。

青瓷坞堡 长方形。由围墙、前门楼、四隅角楼、左右厢房和四个盖钵式谷仓组成。门楼内站立一个武士俑，周边一圈有回廊栏板。

龙泉窑狮纽大罐 元代。直口、溜肩、鼓腹、大圈足、底部内凹。盖纽为一卧狮，狮头仰视，似对天咆哮。盖及腹部均刻划有折枝花纹为主体纹饰。

"真子飞霜"铜镜 八瓣葵花式。龟形纽，莲叶形纽座，叶茎曲连于下方的山石水池中。镜背整体纹饰作浮雕，分为四区。镜上有"真子飞霜"及"凤凰双镜南金装，阴阳各为配日月，恒相会，白玉芙蓉匣，翠羽琼瑶带，同心人，心相亲，照心照胆保千春。"铭文。

基本信息

地　　址：湖北省武汉市江夏区纸坊兴新街269号
交通线路：武昌南站乘901、902、903、907路公交车至江夏纸坊旅游汽车公司，转2、4、9路至兴新街图书馆站
开放时间：淡季9:00～16:00（15:00停止入馆）
　　　　　旺季8:30～17:00（15:30停止入馆）
闭 馆 日：星期五（法定节假日除外）
邮　　编：430200
电　　话：027-87952056
传　　真：027-87953939
邮　　箱：erw145@yahoo.com.cn

黄石市博物馆

基本陈列

《天地一洪炉——黄石矿冶文化展》 黄石地区丰富的矿产资源,为中国青铜文化的产生和冶金事业的发展,做出了卓越贡献。展览以"矿冶"为主题,抓住了黄石历史进程中最本质的特征,是一个具有鲜明个性和地方特色的展览。

珍贵藏品

青铜工具系列 春秋时期的采矿工具,有不同大小、重量的铜斧以及铜锛、铜钁、铜凿等,代表了当时社会生产力的发展水平。多件为国家一级文物。

铁工具系列 铁斧、铁钻、铁锤、凹字型铁锄、铁耙等铁制工具,是战国至汉代的采矿工具,是青铜时代过渡到铁器时代的产物。

木绞车轴 出土于铜绿山古矿遗址,是战国时期用于矿井提升的工具,为目前我国发现时代最早的一件木绞车轴,是研究古代采矿提升技术的珍品。

重砂测量木斗系列 为船形、元宝形、长方形等木斗,是古代用于检测矿石品位高低的工具。用以指导矿井井巷的掘进方向。

特色活动

古矿井复原 按战国时期古矿井的结构,用1∶1的比例,复原古代井巷并配以声、光效果,观众可进入矿井,体验古代采矿工匠的生产活动。

矿井提升 复制古代矿井提升的木绞车,可供观众操作使用,让观众了解绞车的结构、功能及科学原理,以提高展览的趣味性。

基本信息

地　　址：湖北省黄石市团城山开发区广会路
交通线路：乘5、8、11、12、13、18路公交车至人民广场
开放时间：9:00～17:00
闭 馆 日：星期一及农历除夕
邮　　编：435000
电　　话：0714-3066371
传　　真：0714-3066371
邮　　箱：hssbwg@sina.com

大冶市博物馆

基本陈列

以青铜文化史为主，兼顾地方发展史、革命斗争史、历史名人史等。共有五个陈列，分别为《各类矿石晶体标本陈列》、《青铜文化史陈列》、《历史文化发展文物陈列》、《革命斗争史陈列》、《历史名人录陈列》；另有一个流动性陈列。

珍贵藏品

良金四朱 东周楚式货币。形体为牌状，通体饰卷弦纹、正面二道突圆，中间铸"良金四朱"铭。

莲花形影青瓷碗 南宋。胎薄，口沿呈莲花状，通体施釉，有小冰裂纹。

周安仁笔记本 大革命时期，湖北举办农民运动讲习所。周安仁作为学员参加了第一期学习班，记录了学习内容。

基本信息

地　　址：湖北省大冶市青铜文化广场
开放时间：8:00～11:00，14:00～17:00
闭 馆 日：每月15号
邮　　编：435100
电　　话：0714-8737790
邮　　箱：dayebwg@tom.com

十堰市博物馆

基本陈列

《走入恐龙时代》 以十堰地区出土的恐龙、恐龙蛋化石为依托,向观众传播关于恐龙的科学知识,如恐龙的生存环境、恐龙的繁衍、恐龙的种类、恐龙的习性和恐龙的灭亡之谜。

《远古人类家园》 以十堰出土的古人类化石、伴生动物化石及石制品为依托,向观众普及人类起源、进化和文明发展的知识。

《仙山琼阁武当山》 绍武当山的历史沿革、建筑文化,从独特的角度展示世界文化遗产——武当山古建筑群的文化内涵和文化特性。

其他有《十堰与水》、《东风之路》、《南水北调湖北库区出土文物展》。

珍贵藏品

恐龙蛋化石 十堰恐龙蛋化石数量大、种类多,埋藏浅,在国内外罕见。十堰发现的"龙蛋共存"现象对研究恐龙的生存及其灭绝等有重要的价值。

铜佛像 这批流失外地、险被熔炼的6尊武当山铜像,均系铜铸鎏金,分别是:3尊真武坐像、1尊灵官像、1尊周公站像、1尊桃花站像。

玉柄铁剑 出土于新中国成立以来湖北境内首次发现的一处春秋殉人墓地——郧县乔家院墓群。

特色活动

与恐龙同行 在《走入恐龙时代》展厅有与霸王龙赛跑、恐龙拼图的观众参与、互动活动,增添了展览的参与性、趣味性。

基本信息

地　　址:湖北省十堰市北京北路91号
交通线路:6路或28路公交车
开放时间:9:00~17:00
闭 馆 日:星期一
邮　　编:442000
电　　话:0719-8489398
邮　　箱:sybowuguan@163.com
网　　址:www.10ybwg.com

宜昌博物馆

基本陈列

《三峡·宜昌出土文物展览》 共分为"宜昌石器时代至夏商时期文物陈列"、"宜昌楚文物陈列"、"三峡·宜昌秦汉文物陈列"三部分。展品中既有约40万年前的秭归玉虚洞旧石器时代遗存和10多万年的"长阳人"文物；又有奇异浪漫、繁缛绮丽的楚文化文物；亦有极富特色的巴文化文物；还有因兴建三峡水利枢纽工程而抢救发掘的各类出土文物。

珍贵藏品

长阳人化石 1956年发现，距今已有10多万年。化石有左侧上颌骨一部分和两枚附于颌上的牙齿。颌骨特征已脱离北京猿人原始特征。

秦王卑命钟 东周。甬钟，出土于当阳季家湖春秋战国时期的楚城内，钲部和鼓左侧铭有"秦王卑命"和"竟墉王之定救秦戎"12字。

漆木瑟 春秋。该瑟是我国发现的同类器物中结构最复杂、器形最大、花纹最繁缛、时代最早的一件，堪称国家珍宝。

磨光黑皮陶罐 春秋。下层贵族享用的一种带有磨光暗纹的黑陶器，制作精美考究，多饰三角几何纹和"S"纹。

基本信息

地　　址：湖北省宜昌市夷陵大道115号
交通线路：1路、25路公交车
开放时间：8:30～16:30
闭 馆 日：腊月三十及正月初一、初二
邮　　编：443000
电　　话：0717-6443785　6447121
传　　真：0717-6443785
邮　　箱：yichangbwg08xia@yeah.net
网　　址：www.yichangmuseum.com

长阳土家族自治县博物馆

基本陈列

《清江流域考古成果及馆藏文物展》 陈列有旧石器时代的"长阳人"化石、新石器时代各类石质、陶质、骨质生产工具、生活用具；商周时期的甲骨、西周时期的陶印章；战国、秦汉时期的青铜器；六朝及明清时期的瓷器；大革命时期的代表性实物；具有土家族特色的生产工具和生活用品，充分展示了清江流域古代民族文化。

《文化长阳展》 系统的介绍了长阳非物质文化名录、保护措施、创新交流、产业发展等重要成果。

珍贵藏品

石熊 新石器时代。墨石制成，通体打磨光亮。吻部尖突，短颈微折，身略呈椭圆，四足均未伸出体外。雕刻技法简洁。

猪形卷云纹铜磬 商代。整体呈板状，猪嘴微张，唇上翘，短尾，脊似立凤，缺后足，腹两侧各有10枚乳钉。云雷纹铺地。

铜甬钟 战国。呈扁圆柱，合范线清晰，舞面有错范现象，铸工较粗糙，四列枚式甬钟，有48枚乳钉。

彩绘瓶 元代。厚圆唇，直颈，双耳，鼓腹，束腰，矮圈足，以黑色、淡赭色彩绘云雷纹，麒麟、飞鸟、小马、仙鹤等图案。

特色活动

西兰卡普制作演示 西兰卡普俗称"土家织锦"，具有浓郁的生活气息及鲜明的民族特点。在民俗文物陈列部分，现场展示土家族传统工艺——西兰卡普制作过程，观众可参与。

基本信息

地　　址：湖北省长阳土家族自治县龙舟坪镇环城路1号
交通线路：长阳广场文物展览馆向东1公里
开放时间：8:30～17:00
闭 馆 日：春节期间
邮　　编：443500
电　　话：0717-5322762
传　　真：0717-5322762
邮　　箱：cybwg762@126.com

武汉国民政府旧址纪念馆

基本陈列

《武汉国民政府史迹展》 1926年12月,国民政府由广州迁到武汉。1926年12月-1927年3月在这栋楼里召开了武汉临时联席会议和著名的国民党二届三中全会。国共两党许多著名人物毛泽东、董必武、林伯渠、谭平山、吴玉章、苏兆征、宋庆龄、孙科、邓演达、陈友仁、何香凝、徐谦、宋子文等相聚在这里,做出了两百多项重大决议,最重要的、最有影响的是领导中国人民收回了汉口、九江英租界,将武昌、汉口、汉阳并为京兆区,定名"武汉",一度被誉为"赤都"。1927年3月10日~17日在南洋大楼召开了国民党二届三中全会,这是共产党人和国民党左派对国民党右派进行斗争并取得重要成果的会议。会议坚持了孙中山的联俄、联共、扶助农工三大政策,在中国现代史上占有重要地位。

珍贵藏品

国民党二届三中全会代表合影 国共两党许多著名人物毛泽东、董必武、林伯渠、谭平山、吴玉章、苏兆征、宋庆龄、孙科、邓演达、陈友仁、何香凝、徐谦、宋子文等参加,会议坚持了孙中山先生提出的联俄、联共、扶助农工三大政策,反对了蒋介石军事独裁的野心。

基本信息

地　　址：湖北省武汉市中山大道708号南洋大楼三楼

交通线路：乘电车1路、2路至六渡桥站,公交车24、559、207、603、588、601、801、563、9路至江汉路站

开放时间：9:00~17:00

闭 馆 日：星期四

邮　　编：430021

电　　话：027-85663790

传　　真：027-85663790

邮　　箱：yujianjunok@yahoo.com.cn

八路军武汉办事处旧址纪念馆

基本陈列

旧址复原陈列和"武汉抗战陈列馆" 纪念馆内复原了周恩来和邓颖超、秦邦宪、董必武、叶剑英的办公室兼卧室,以及副官室、接待室、办公室、会客室、会议室、电台室、机要科等。旧址内一楼大厅还举办了《武汉抗战陈列》,展览共选用照片303张,文物89件,并运用了声、光、电等现代科技手段,全方位展现了武汉抗战的历史。

珍贵藏品

周恩来、邓颖超1938年在武汉用过的围巾 1937年12月办事处由安仁里迁至大石洋行后,"八办"工作人员将此围巾送给周恩来与邓颖超。

董必武的公文包 是董必武于1938年在武汉担任中共中央长江局民运部长和中共中央代表团成员时使用的,以后长期保留在身边。

八路军驻武汉办事处工作人员佩带的证章 为直径3.2厘米的铜制徽章。

钱之光名章 水晶石印章。八路军驻武汉办事处处长印章是钱之光于1937年12月至1938年10月在武汉担任八路军办事处处长时为办公所用。

基本信息

地　　址：湖北省武汉市汉口长春街57号
交通线路：乘520、402、721、707、727、30、626、548、601、606路公交
　　　　　车至芦沟桥站;或乘712、电车3、549路公交车到永清街站
开放时间：9:00～17:00
闭 馆 日：星期三
邮　　编：430010
电　　话：027-82735576　82726420(投诉)
传　　真：027-82735576
邮　　箱：baban57@126.com

武昌中央农民运动讲习所旧址纪念馆（武汉市革命博物馆）

基本陈列

《农讲所旧址陈列》 复原陈列武昌农讲所常委办公室，武昌农讲所教务处，武昌农讲所大教室，武昌农讲所大操场。

《武昌毛泽东旧居陈列》 复原陈列毛泽东、杨开慧夫妇的卧室，毛泽东岳母和毛岸英、毛岸青的卧室，毛泽民、蔡和森住过的房间，彭湃、毛泽潭住过的房间，夏明翰住过的房间。

《中共五大会址陈列》 复原陈列中共五大开幕式会场，陈潭秋夫妇卧室，陈潭秋任教、伍修权上课的教室。

《起义门陈列》 复原陈列起义门城楼。

珍贵藏品

农讲所旧址 农讲所证章、农讲所师生在农讲所学习和在日后革命斗争用过的物品。

武昌毛泽东旧居 毛泽东用过的铁箱、夏明翰用过的蚊帐、木箱等。

中共五大会址陈列 李维汉用过的木箱、罗亦农为母亲制作的拐杖等。

基本信息

地　　址：湖北省武汉市武昌区红巷13号
交通线路：乘14路、15路、576路、19路、521路等公交车至中华路站
开放时间：8:30～16:30
闭 馆 日：星期一
邮　　编：430061
电　　话：027-88873616　88850322
传　　真：027-88860365
网　　址：www.whr-museum.com

八七会议会址纪念馆

基本陈列

《八七会议历史陈列》 1927年8月7日,中共中央在汉口三教街41号(今鄱阳街139号)召开了紧急会议,确定了土地革命和武装反抗国民党反动派屠杀政策的总方针。展览展出的300多件文物、照片和珍贵历史资料,再现了八七会议的历史,讴歌我党不畏艰险、力挽狂澜、挽救中国革命于危难之中的光辉历史,毛泽东于此提出"枪杆子里面出政权"的论断。

珍贵藏品

"八七会议"会址纪念馆馆标 邓小平同志1980年为纪念馆题写。

八七会议记录 记录了会议参加者的名单、会议议程和部份会议代表的发言。

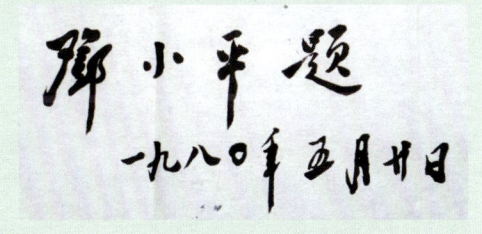

李维汉亲笔信函 李维汉1971年给纪念馆寄来的亲笔信函,回忆当年召开八七会议的地址以及参加者的有关情况。

基本信息

地　　址:湖北省武汉市汉口鄱阳街135～139号
交通线路:乘2路、38路至大智路,或乘30路、68路、606路至沿江大道兰陵路站
开放时间:8:30～12:00,14:30～17:00
邮　　编:430017
电　　话:027-82835088
传　　真:027-82835088
邮　　箱:bq139@sina.com

秭归县屈原纪念馆

基本陈列

秭归县博物馆——屈原祠包括山门、屈原青铜像、东西碑廊、陈列馆、屈子衣冠冢,五大部分依山排列,古朴清幽、壮观肃穆。中心为屈原青铜像东西碑廊镌刻有屈原《离骚》、《九歌》、《九章》、《天问》等22篇诗作和历代文人墨客歌颂屈原诗句手迹。

珍贵藏品

越王州勾剑 1980年出土。保存完好,出土时剑刃仍很锋利。镂刻最细处仅0.1毫米。近剑格处有两行鸟篆铭文:"越王州勾、自乍(作)用(剑)"八字,清晰精美。

兵书宝剑峡悬棺 战国。为一棺两套、三棺重叠的悬棺。棺木外装饰彩色漆绘和雕刻,内有完整布块。其主人应是巴人中的"贵族"。

特色活动

赛龙舟 屈原祠前赛龙舟,搏击平湖竞风流。龙舟因屈原而诞生,屈原精神因龙舟而传承光大,在屈原故里撑舟划桨,不但可以强身健体,而且精神因之升华,心灵为之震撼。

号子魂 由"峡江号子王"和"三峡活化石"之美誉的胡振浩老人担纲主演的《船工号子》,是一台不同凡响的民俗歌舞,一曲撼人心魄的千古绝唱,一段魂牵梦绕的三峡恋情。

基本信息

地　　址:湖北省宜昌市秭归县归州镇杨家堡村
交通线路:陆路:宜昌市—屈原祠,或神农架—屈原祠;水路:宜昌市—屈原祠,或重庆/巫山/奉节港—屈原祠
开放时间:8:00~17:30
邮　　编:443600
电　　话:0717-2888588
传　　真:0717-2888588

黄冈市李四光、陈潭秋纪念馆、黄州博物馆

基本陈列

《李四光生平事迹展览》 展览共分七个部分，展示了著名科学家李四光先生一生的丰功伟绩和人生历程。

《李四光与科普系列展》 共分为李四光与能源、李四光与冰川、李四光与地震、李四光与古生物、李四光与地质力学五个展厅。

《陈潭秋生平展》 展览共分为"少年好学 立志救国"、"革命先驱 激流勇进"、"转战南北 不折不挠"、"为党为民 血洒边疆"、"缅怀先烈 继承遗志"五个部分，展示了陈潭秋烈士一生的革命历程。

《历史文化名城——黄州展》 以省级历史文化名城黄州为主线，系统地介绍了自新石器时代至今黄州古城的历史发展变迁。

珍贵藏品

李四光生前使用过的部分实物 有地球仪、相机、显微镜及国务院配发的中山装等生活用品。

波涛隐纹黄釉罐 明代嘉靖官窑瓷器。

陈潭秋烈士遗物 陈潭秋在新疆使用过的围巾及其它生活用品。

特色活动

科普活动 有观众参与、互动项目，如地震震感平台、中国能源全景图、太阳系九大行星运行动画演示、地震灾难墙、地球岩层及断层景观模型等。

基本信息

地　　址：湖北省黄冈市黄州体育路21号

交通线路：乘2路、6路公交车至龙王山站

开放时间：淡季9:00～11:00，14:30～17:30　旺季9:00～17:00

闭 馆 日：星期一

邮　　编：438000

电　　话：0713-8357540　8522119

邮　　箱：bwg8888@sian.com

蕲春县李时珍纪念馆

基本陈列

《李时珍纪念展览》 位于仿明建筑的四合院内。由序厅和纪念展厅组成。序厅陈列了明代蕲州城的模型和复原的明代诊所。纪念展厅由"伟大的一生"、"卓越的贡献"和"深远的影响"三部分组成。

《博大精深的中医药学》 位于仿明代王府的楼中。由"中国古代十大名医展"、"动植矿物药标本展"、"繁荣昌盛的医药事业"三个展览四个展厅组成。

珍贵藏品

李建元墓碑 李建元是李时珍第二个儿子,参加了《本草纲目》的编撰。

书业堂版《本草纲目》 该版为清朝乾隆四十九年冬刻,苏郡后学张云中重订,张青万同参。万方针线并刻。有吴太冲序,吴毓昌序,钱蔚起小引,李建元进书疏,蔡烈先自序,药图同武林钱衙本图。

日文春阳堂版《本草纲目》 昭和4年(1929年)东京春阳堂刊行(15册)。《头注国译本草纲目》和《新注校订国译本草纲目》是目前国外仅有的两种《本草纲目》全译本。

基本信息

地　　址：湖北省蕲春县蕲州镇时珍大道111号
开放时间：8:30～12:00,14:30～17:30
闭 馆 日：农历除夕
邮　　编：435315
电　　话：0713-7504552
传　　真：0713-7504551

麻城市革命博物馆

基本陈列

麻城市博物馆 陈列内容分七个部分，从追寻历史，探索文化至家园更新，迈向复兴，再现麻城人民走过的艰难曲道折路。同时展示了麻城从古至今的历史和改革开放取得的成就，展出了大批珍贵的革命文物和历史文物。

珍贵藏品

《湖北全省第一次农民代表大会宣传大纲》 该藏品为纸质单面印刷的长方形铅印文件，记载了大革命时期湖北农民运动的历史背景和会政治条件。

高平两射机枪 1932年，红四方面军在苏家埠战役中缴获的高平两射机枪。

树刻标语 1928年，工农革命军第七军树刻标语。上面阴刻有"从爆动中学习革命常识，从爆动中学习斗争……"。

土地使用证 1932年，红四方面军颁发的土地使用证。为竖式长方形纸质，上端中部圆圈内有一五角星和镰刀、锤子的组合图案。图案下横向自右至左为"土地使用证"，正文竖式直行五列。

基本信息

地　　址：湖北省麻城市陵园路
开放时间：淡季8:00～18:00　旺季7:30～18:30
邮　　编：438300
电　　话：0713-2912827

宜都市博物馆

基本陈列

《宜都原始社会文化展》、《宜都两汉三国文化展》、《宜都博物馆馆藏精品文物展》、《杨守敬生平业绩纪念展》和《杨守敬故居原状陈列》。

《杨守敬生平业绩纪念展》 展览分三部分：即"杨守敬生平展览"、"杨守敬业绩成就展"、"弘扬杨守敬名人文化"，包括中日文化交流、杨学研究、杨守敬纪念书画作品等内容。

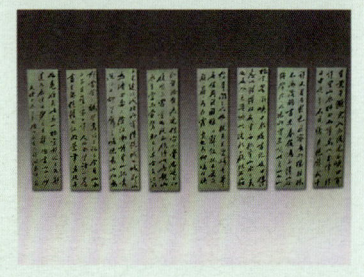

珍贵藏品

石器、陶器、骨器、青铜器、瓷器、字画、文房四宝 该馆主要陈列展出的文物是城背溪、红花套、石板巷子等新石器时代遗址出土的石器、陶器、骨器，清江高坝洲库区发掘的先秦文物，陆城发掘的100余座两汉三国、隋唐墓葬出土文物以及窖藏货币、铜镜、瓷器、字画等。以城背溪遗址出土的7500年前罐、釜、盘；王家渡遗址出土的商代早期青铜罍；潘家湾乡熊渡村出土的战国虎钮錞于以及西汉早期墓椁墓、三国偏将军墓、吕敬墓出土的漆器；五眼泉乡丑溪村出土的秦至宋代17000枚货币最为著名；杨守敬字画、文房四宝等。

基本信息

地　　址：湖北省宜都市陆城园林大道27号
交通线路：宜都长途客运站右侧200米（文峰公园对面）
开放时间：8:00～11:30，14:30～17:00
闭 馆 日：星期六、日
邮　　编：443300
电　　话：0717-4823040
传　　真：0717-4823040
邮　　箱：ydbwg@163.com

老河口市博物馆

基本陈列

《抗日战争第五战区史料陈列》"旧址"陈列以珍贵的史料，客观反映李宗仁容共抗日，胡绳、碧野、臧克家等一大批共产党人和进步文化人士云集老河口，使得老河口成为抗战时期继桂林、重庆之后的另一个抗战文化名城的史实。

珍贵藏品

漆木箱 战国。长方体，子母口承盖。前后壁上有四个铜质兽面纹铺首衔环纽。底上有四个铜质矮蹄足。表面髹黑漆。

彩绘漆木方豆 战国。由盖、盘、柄和座组成。表面髹黑地，其上用红、黄和棕红彩绘成变形凤纹、蟠螭纹、波浪纹和点纹等图案。

透雕凤纹玉璜 战国。青黄色，温润微透。体扁平略弧，透雕对称变形凤纹，凤体上浮雕云纹，其间阴刻网纹。

铜戈 战国。深绿色。长援上扬，援中脊起棱，两侧有刃，尖锋，短胡，阑侧三穿，内外端有刃，一面刻有铭文八字，共二行。

特色活动

陈义文南派木版年画 陈义文木版年画是我国南派木版年画的优秀代表之一。雕版线条细致、构图饱满，印制的年画色彩艳丽、红火热烈。观众在不仅可以参观陈义文老先生的雕刻实版，而且可以自己动手印制年画。

基本信息

地　　址：湖北省老河口市北京路66号
交通线路：博物馆与火车站毗邻
开放时间：8:30～17:30
邮　　编：441800
电　　话：0710-8221121
邮　　箱：lhkwlb@163.com

鄂州市博物馆

基本陈列

《鄂州市特色文物展》 鄂州是古铜镜之乡，文物资源十分丰富。现馆藏文物达7万余件。陈列展出了包括战国青铜器、古铜镜及六朝青瓷等近200件。

《鄂州市文物工作成果展》 展出鄂州先秦、秦汉、三国两晋南北朝、隋唐宋元、明清民国等5个时期的文物精品80余件。

《张裕钊生平及书法艺术展》 张裕钊（1823～1894年），清晚期书法家、教育家、文学家。《张裕钊生平及书法艺术展》共分4个部分，主要介绍张裕钊书法艺术生平、和日本门徒的师承情谊，以及张体书法在日本的继承发展情况。

珍贵藏品

青铜爵 盛酒器，菌状柱，圜底，三扁棱形锥足。有兽首扳。柱顶饰囧纹，腹饰兽面纹。

青铜觚 盛酒器，外侈口，束颈，圈足。颈饰仰叶纹，腹和圈足饰雷纹组成的兽面纹，圈足兽面纹的上下各有一圈连珠纹。通体以云雷纹作衬地，并有四道棱脊。

白釉褐彩瓷梅瓶 宋代。瓶身呈椭圆形，上方饰花卉纹，腹部绘相对称的两株绛褐彩的梅花和竹叶，两梅花之间又各绘有飞舞的蝴蝶，下方饰回字纹一圈，图案清晰，线条随意自如。

基本信息

地　　址：湖北省鄂州市武昌大道西段西山坡1栋222-4号

交通线路：乘16、7、8、1路车西山坡站

开放时间：8:30～12:00，14:30～17:00

邮　　编：436000

电　　话：0711-3223467　3223395

传　　真：0711-3223467

邮　　箱：ezbwg@163.com

网　　址：www.ezbwg.com

孝昌县博物馆

基本陈列

《孝昌县出土文物精品展》 按历史顺序展示孝昌建县以来出土的有代表性的历史文物，展现孝昌历史及深厚的文化底蕴。

珍贵藏品

  铜印章 东周。桥形纽，龙纹铜印章。
  铜矛 东周。圆脊三角锋。
  铜鼎 东周。弦纹蹄形足，带盖。
  白陶盆 东汉。方唇、折沿，饰水波纹。

基本信息

  地 址：湖北省孝昌县城区花园大道150号
  交通线路：花园大道（107国道）1路公交车
  开放时间：淡季8:30～11:30，14:00～16:30
      旺季8:00～11:30，14:00～17:30
  闭 馆 日：星期日（预约除外）
  邮 编：432900
  电 话：0712-4762408

枝江市博物馆

基本陈列

《枝江历史文物陈列》 分为五个专题：1."远古的枝江"，介绍枝江近年发现的旧石器，大溪文化关庙山类型的各种典型器物等；2."楚文化发祥地"，展示境内的西周至战国文物及楚、巴、徐、越各国铜器；3."汉砖艺术"，介绍一组东汉晚期画像砖，内容涉及拱桥技术、车马礼仪、楚风乐舞、巴渝舞姿及汉代民俗；4."陶塑奇葩"，陈列西汉早期至宋明时期的陶塑艺术品；5."古瓷集锦"，这是从历代瓷器的角色反映古代商道上的商贸繁荣。

珍贵藏品

铜金工 春秋。为宫殿建筑构件。器体呈方筒形曲尺状，中空，一端弯曲，四角有铆钉眼，通体装饰细密的云雷纹和变形夔龙纹、"S"纹。

虎纹巴式剑 战国。通体泛绿，保存完整。扁平式，剑身似柳叶，剑格两侧分别饰有栅栏纹和勾连纹。剑身双面雕刻虎纹和巴文字符号。

陶魂坛 宋代。是一件四灵魂坛。肩部塑灵堂、孝子和佛教道场僧人。坛腹部塑青龙、白虎、朱雀、玄武"四灵"，姿态生动。

十殿图 民国时期道教神画，共十幅，分别为十殿阎君及其司职图解。

特色活动

枝江民俗文物展演 《过去的日子——枝江民俗生活文化展》专题展览中，部分展品如水车、织布机、纺车、碾子、砻子、皮影等，观众既可欣赏，又可自己动手演示、表演。

基本信息

地　　址：湖北省枝江市马家店镇南岗路中段
交通线路：枝江市马家店镇南岗路汽车站右侧
开放时间：8:40～11:00，14:40～16:30
闭 馆 日：双休日
邮　　编：443200
电　　话：0717-4213375
邮　　箱：zjbwg1011848@163.com

南漳县博物馆

基本陈列

《荆楚文物陈列展》 分为两大部分：第一部分为"三国文化"，以湖北寺庙风格的徐庶故里为场所，反映三国历史、徐庶生平简介、名人字画、明清碑刻拓片及古今碑刻；第二部分在博物馆，展示新石器时代至汉代出土文物，唐宋以后各时代的传世文物和地方革命史迹等。

珍贵藏品

南漳湖北鳄化石 1956年出土，为1.8亿年前的鳄鱼化石，是目前世界上发现的唯一一件完整化石标本，属国家珍稀动物化石。

空心画像砖 东汉。两正立面竖向模印画像，由上至下以单弧、双弧状高山分隔五层，形成崇山峻岭之势，其间装饰有单亭、双阙、人物、动物（虎）、车马出行、狩猎、几何、圆钱、树木组合图案，制作工艺精细。

双带玉砚 明代。长方体，无雕刻纹饰，磨制精细，砚的二端各有二条天然石纹，形如白带，故称双带玉砚。

绿釉青瓷龙柄鸡首壶 盘口、圆唇、束颈、鼓腹、平底。口及肩连竖钩形龙柄，龙口含盘口。柄对应的肩部另一侧饰一鸡首。另外两侧附有对称双系（合为四系）。器体施绿釉，釉不及底，釉色晶莹。

基本信息

地　　址：湖北省南漳县城关镇徐庶路5号
交通线路：毗邻南漳县汽车站
开放时间：淡季9:00～12:00，14:30～17:30
　　　　　旺季8:00～12:00，13:00～18:00
闭 馆 日：星期二
邮　　编：441500
电　　话：0710-5242393
传　　真：0710-5231265

荆门市博物馆

基本陈列

《包山楚墓专题陈列》 展示了当时楚国贵族阶级的礼乐制度及奢华生活，同时反映了劳动人民非凡的创造力和想象力。

《战国女尸及郭店楚简展览》 郭家岗战国女尸是目前我国保存最好的湿尸，墓葬出土的丝绸则是楚国的又一"丝绸宝库"；郭店楚简是世界上最早的原装书，其内容大都为先秦佚籍。

《精品文物展》 展示了荆门60余件精品文物的丰富内涵。

珍贵藏品

郭店楚简 1993年10月出土，共804枚，简上有字13000千余个。郭店楚简18篇儒家和道家著作均为先秦时期的学术典籍，被称为世界上最早的原装书。

战国女尸 距今2300多年，是目前我国保存最早的湿尸。

《迎宾·出行图》漆奁 漆奁是盛梳妆品的用具。上有迄今保存最为完好的先秦漆画，代表了先秦时期我国绘画艺术的高度成就。

特色活动

以包山楚墓现场发掘过程为主要内容，采取影视放映与文物考古专家现场解答的形式，生动形象地再现战国时期楚国贵族阶层生前生活的场景以及墓主人死后庞大的送葬场面。

基本信息

地　　址：湖北省荆门市象山大道19号
交通线路：1路公交车
开放时间：9:00～17:00
闭 馆 日：星期一（法定假日除外）
邮　　编：44800
电　　话：0724-6057293　6057289（投诉）
传　　真：0724-6057286
邮　　箱：hbjmbwg@yeah.net
网　　址：www.jmmuseum.com

京山县博物馆

基本陈列

《京山县出土文物展》 展示屈家岭文化：京山出土西周青铜器、各代瓷器等出土文物精品。

《京山县革命斗争史展》 展示出李先念等在京山创建新四军五师、进行抗日斗争的丰富史料及实物。

《张文秋生平业迹展》 展示主席双儿女亲家——张文秋的传奇革命经历。

《张文秋居室书房复原展》 为张文秋在北京的卧室、书房、工作环境复原展。

珍贵藏品

曾太师鼎 西周。直立双耳。口沿下饰一周重环纹，腹部饰窃曲纹，有三个马蹄形足。腹部饰有铭文："曾太师 □□作鼎"。

曾子单鬲 西周。宽折沿上铸有铭文："曾子单鬲用吉金自作宝鬲"。颈部饰一周重环纹，分裆较高，袋足上各有一个扉棱，三柱形足。

李先念签署的布告 抗日战争时期。纸质。系日本宣布投降后，新四军五师对收复区实行军事管制的布告。落款为"司令员兼司长李先念，民国三十四年八月"。

基本信息

地　　址：湖北省京山县新市镇文峰西路10号
交通线路：京山县城
开放时间：淡季8:30～11:00，14:00～17:00
　　　　　旺季8:00～11:00，14:00～17:30
闭 馆 日：星期一
邮　　编：431800
电　　话：0724-7331370
邮　　箱：jsbwg@tom.com

钟祥市博物馆

基本陈列

《国家历史文化名城——钟祥历史文物陈列》 为弘扬钟祥的历史文化而举办的历史文物陈列，分四个部分："历史悠久　源远流长"、"荆楚文化独领风骚"、"大明圣地　祥瑞所钟"、"文物艺术　溢彩流光"。

另有《钟祥历代字画陈列》和《清代女尸陈列》。

珍贵藏品

苏轼端砚 长方形，中间凸起，砚池椭圆形。做工精细，石质温润，呈紫色。砚面刻"苏轼"二字。

佛像 明代。左手横置双膝上结定印，右手向上曲指，为说法像。

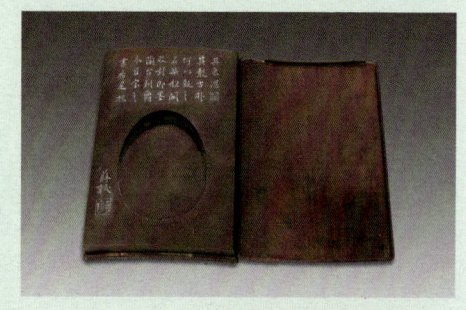

"阳春白雪"碑 长220厘米、宽64厘米，是清代客居钟祥的江苏常熟人毛会建所书，古城人叶莲所刻。

《幽兰图》 是郑板桥作品中少见的题材。错落有致的布局、浓淡咸宜的水墨及生动的描绘出兰花的形态，并配以自成一体的书法，是一幅珍贵的艺术佳作。

基本信息

地　　　址：湖北省钟祥市郢中街办元佑路7号
交通线路：乘1、2路公交车至游泳馆或利涉桥
开放时间：淡季8:30～11:30，14:30～17:30
　　　　　旺季8:00～11:30，14:00～17:30
闭 馆 日：星期一、二
邮　　编：431900
电　　话：0724-4222904
传　　真：0724-4228990
邮　　箱：zxbwg666@sina.com

云梦县博物馆

基本陈列

《睡虎地秦简陈列展览》 该陈列采用文字说明、图片展示、秦简仿（复）制品及同墓出土的铜、陶、漆木器等，从总体上介绍睡虎地秦简的发现经过、基本内容及这一考古发现的重大意义和巨大影响。另外，该展览还展出了云梦出土的部分精品文物。

珍贵藏品

睡虎地秦简 1975年12月，云梦睡虎地出土简1155枚。简文均为墨书，篇名有《编年记》、《法律问答》等十种，内容极为丰富，反映了从商鞅变法到秦统一全国一个世纪政治、军事、经济、文化各方面的内容，在全国属首次发现。1999年，云梦秦简被国家文物局列为新中国成立五十周年全国十大考古发现之一。

漆器 秦代。1975年以来，云梦先后出土漆器560余件，胎骨有木胎、竹胎和夹纻胎，大部分有优美的彩绘花纹图案。

磨光彩陶 战国。1978年出土，为一套组合完整的仿铜陶礼器，器形有鼎、罍、壶、盖豆等，其中大部分为磨光彩陶，着色鲜艳，纹饰流畅，制作精美，且保存完好，堪称陶器中的极品。

陶楼 东汉。分前后两重，前重主体面阔三间、高两层，后重倚建着三层高的宝塔状望楼，厨房、厕所和猪圈设施齐全。整座建筑体型宏大，造型别致，具有古代江汉内陆平原建筑的典型特点，在建筑史学上具有重要的研究价值。

基本信息

地　　址：湖北省云梦县城南文化路文化巷
开放时间：8:30～12:00，15:00～18:00
闭 馆 日：星期一
邮　　编：432500
电　　话：0712-4322651

荆州市博物馆

基本陈列

1997年以来对展室进行了全面的改造更新，先后推出了《江汉平原原始文化展》、《江汉平原楚汉文化展》、《荆州出土简牍文字展》、《凤凰山168号汉墓展》、《古代漆木器精品展》、《楚汉织绣品展》、《传世文物展》、《荆州楚墓暨熊家冢出土玉器展》等八个具有浓郁地方特色的专题展览。这八个陈列全面反映了荆州的古代文化。其中《江汉平原楚汉文化展》1999年荣获国家文物局"全国十大陈列展览精品奖"。

珍贵藏品

凤鸟莲花豆 出自荆州天星观二号楚墓，由莲花豆盘、凤鸟和蛇分件雕刻组合而成。

虎座鸟架鼓 楚文化中很有特色的漆器，以荆州出土最多，是古代楚国的大型乐器。

玉龙佩 荆州院墙湾一号楚墓出土。整体由一人、两龙、两凤组成。中部为一直立神人。

特色活动

楚乐演奏 博物馆设有楚乐宫，由楚国编钟、建鼓、笙、筝、瑟等乐器演奏的古代音乐。听楚乐演奏已是博物馆游览的一项重要内容。

基本信息

地　　址：湖北省荆州市荆中路142号
交通线路：19、101、102路公交车终点站
开放时间：9:00～17:00
闭 馆 日：星期一
邮　　编：434020
电　　话：0716-8494808
传　　真：0716-8496338
邮　　箱：http://www.jzbwg.com
网　　址：http://www.jzmuseum.com

石首市博物馆

基本陈列

明代丝绸展厅 主要展出杨溥及明代官宦人家的随葬纺织品，其中弥足珍贵的是杨溥绣金麒麟朝服。

历代文物精品展厅 陈列了我市历年出土的文物精品，以青铜器和瓷器为主，其中商代青铜镈钟堪称镇馆之宝。石首地下出土的瓷器涵盖了战国至汉代、三国两晋、南北朝、隋唐、宋、元、明、清的各个历史时期有，可谓琳琅满目。

史前文明展厅 主要陈列我市唯一国保单位——走马岭遗址出土的近百件磨制精美的石器的陶器。

革命文物展厅 主要陈列石首九位开国将军的一些宝贵图片资料和实物，包括成钧、顿星云将军授衔时的将军服。

珍贵藏品

镈 商代青铜器。是目前湖北发现时代最早的青铜乐器。高环状钮，合瓦形腔体，舞平，于平。两面钲部主纹均为兽面纹，双眼圆大，以突出的连勾状扉棱为鼻，角向内翻卷。四周设12枚，枚上饰涡纹，中间有凸突的圆形乳钉。枚间饰米字形纹。双圆眼下侧饰有二个方形乳钉。

瓠 商代青铜器。为喇叭形口，长颈，腹圆柱形，喇叭形圈足，足下部折成直筒形，颈部饰四叶蕉叶纹，蕉叶内饰云雷纹衬底的变形兽面纹；颈下饰变形夔纹；腹部、圈足部饰四扉棱，间以云雷纹衬底的兽面纹。通体翠绿而有光泽，足和口部有少许红锈。

基本信息

地　　址：湖北省石首市南岳山路3号
交通线路：乘1路公交车至终点站
开放时间：8:30～11:30，14:30～16:30
闭 馆 日：星期一
邮　　编：434400
电　　话：0716-7773555
传　　真：0716-7273223

黄冈市博物馆

基本陈列

《黄冈市历史文物陈列展》 展示了黄冈市出土旧石器时代晚期至清代各个历史时期的化石、石器、陶器、字画等各类文物。

《黄冈市珠宝玉器展》 展出上起春秋时期下至清代的各类玉器、翡翠、珠宝各类艺术品,反映了鄂东地区各个历史阶段的玉器工艺水平以及艺术状况。

珍贵藏品

许公买铜簠 春秋。簠平面为长方形,口部平直,下腹斜直,平底附曲尺形四足。上下二部分两侧各有对称环状耳。除器底外,通体饰繁密的蟠螭纹。上下盖底内各有刻铭8行35字。

鸟钮盖"五铢"铭三足圆石砚 东汉。整体呈圆形,由砚身、砚盖及砚石三部分组成。盖里中间阴刻一正方形,两边外刻"五铢"二字。盖上浮雕一只鸟。

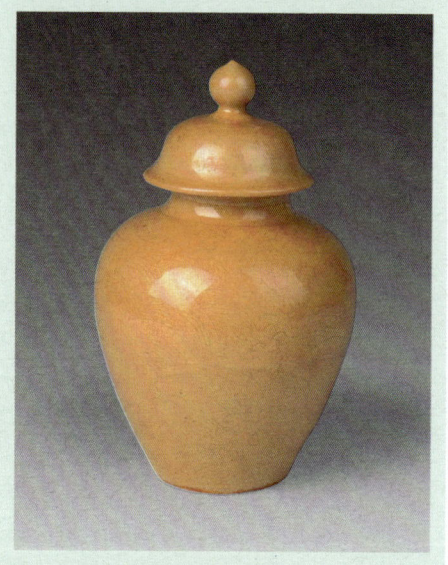

娇黄釉隐纹盖罐 明代。器身内外通体施娇黄釉。釉下刻花,盖面刻一龙纹,器肩部刻缠枝莲一周,器身余部满刻波涛海水纹,足底釉下刻双圈楷书"大明嘉靖年制"六字款。

基本信息

地　　址:湖北省黄冈市黄州区公园路7号
交通线路:乘1路至黄商集团、8路至赤壁广场
开放时间:淡季8:00~17:00　旺季7:00~18:00
闭 馆 日:星期一
邮　　编:438000
电　　话:0713-8354810
传　　真:0713-8354810
邮　　箱:hgbwg@163.com

浠水县博物馆

基本陈列

《浠水革命史陈列》 分为大革命时期、土地革命时期、抗日战争时期、解放战争时期、社会主义建设时期五个阶段,介绍了浠水党组织的发展与斗争情况及浠水人民为革命事业所做出的牺牲与贡献。

《馆藏书画精品展》 展出馆藏精品书画70余件,大部分为清代及民国书画作品,其作者既有政要名流,也有艺界大家,更有本土知名人士。

珍贵藏品

礼亲王行书《曲江春望》立轴 清代。卷云纹绢地。落款"礼亲王",款下钤朱文"礼亲王宝"和白文"兰豪人"印章。

铁保行书律诗长卷 纸质。清代。内容为三首七言律诗,分别是张泌的《晚秋过洞庭》、温庭筠的《南胡》、俞琰的《西湖》,落款"庚午年春三月铁保",款下有两印。

基本信息

地　　址：湖北省浠水县清泉镇新华正街10号
交通线路：乘3路公汽至南门口即可
开放时间：淡季8:30～16:30　旺季8:00～18:00
闭 馆 日：星期二下午
邮　　编：438200
电　　话：0713-4232721
传　　真：0713-4232721
邮　　箱：xsbwg@yahoo.cn
网　　址：www.xsbwg.com.cn

黄梅县博物馆

基本陈列

《焦墩卵石摆塑龙展》 1993年6月,在焦墩新石器时代遗址出土了"长江流第一龙——焦墩卵石摆塑龙",证明了黄梅—鄂东—长江流域也是中华文明的发源地之一。

《黄梅古塔古石刻展》 黄梅一度是中国佛教的中心,被誉为"小天竺"。这里保留了大量佛塔建筑及唐代以来的摩崖石刻题咏,其中尤以毗卢塔、众生塔,柳公权的"碧玉流"、柳宗元"破额山前碧玉流"诗咏、苏东坡的"流响"题字石刻最为著名。

珍贵藏品

焦墩卵石摆塑龙 是在予先填平的红烧土台面下,按照画好的图案,用色彩各异大小不一的洒卵石摆塑而成。龙长4.46米,高2.26米。整条巨龙形态成熟,气势宏大,动感极强,状若腾飞。

高塔寺塔出土文物 以石函、银瓶、舍利、舍利子、金丝纽、水晶珠、各类铜钱及建塔铭文碑最为突出。

五祖寺部分文物 主要有五祖寺镇寺之宝——五祖大满真身宝印、清代五祖仙山盛景全图的木刻底板、两件宋代木雕精品——男、女侍俑。

四祖寺部分文物 主要包括六祖坠腰石和铜质、木质累卢佛像各一尊。六祖坠腰石是六祖慧能苦修求佛并最终得授衣钵的物证,重约50斤,正面刻有"六祖坠腰石","唐龙朔元年"等字。

基本信息

地　　　址：湖北省黄梅县黄梅镇五祖大道134号
交通线路：2路公交车
开放时间：淡季9:00～11:30,14:30～17:00
　　　　　旺季8:30～12:00,14:00～17:30
闭馆日：星期三
邮　　　编：435500
电　　　话：0713-3339608
传　　　真：0713-3323599

武穴市博物馆

基本陈列

《历史文物陈列》 分"鼓山遗址"出土文物专题展览和"武穴地区历史文物通史陈列展览"。让广大观众了解武穴地区的历史文化面貌和文物状况。

《吴楚文化民间文物工艺品图片展》 武穴地区地处吴头楚尾,通过这一展览主要反应武穴地区吴楚文化文物及民间和工艺的传承和特点。

珍贵藏品

青花缠枝莲龙纹瓷碗 明代。用国产回青料绘制。碗外壁纹饰繁密,腹部饰缠枝双龙纹,足底为双圈"大明万历年制"六字楷书款,造型规整。

新石器时代玉铲 青玉质。长条状,双面刃外弧,铲面平整,靠顶端有数道磨制痕迹,中间有一双面钻孔,整体呈乳白色泛绿。

甬钟 春秋。甬钟23件,勾镰2件,共25件。甬钟钟体较长,作合瓦形,正面饰较粗花纹,反面仅有枚。

基本信息

地　　址：湖北省武穴市玉湖路239号
交通线路：2路公交车
开放时间：淡季9:00～17:00　旺季8:00～18:00
闭 馆 日：星期一
邮　　编：435400
电　　话：0713-6275488
传　　真：0713-6275488

通山县博物馆

基本陈列

通山文物展 长期展出有新石器时代的石斧、石刀、石锛、石杵、纺轮等远古遗宝；商周时代的青铜礼乐器和兵器等，包括青铜瓿、甬钟、錞于、勾鑃国家一、二级文物。

珍贵藏品

甬钟 西周青铜器。
青铜瓿 战国青铜器。
錞于 战国青铜器。
勾鑃 战国青铜器。

特色活动

民俗馆 用明清时代文物还原一个清代地方官员的生活起居状况。有厅堂、书房卧室、厨房三个展室。

基本信息

地　　址：湖北省通山县南门社区圣庙巷6号
交通线路：乘1、2路共交车至刀圣庙路
开放时间：淡季8:00～11:30，15:00～17:00
　　　　　旺季8:00～12:00，14:30～17:30
闭 馆 日：星期六、日
邮　　编：437600
电　　话：0715-2395580

赤壁市博物馆

基本陈列

《赤壁鏖战》浮雕 讲述赤壁之战前孙、刘联军共谋抗曹的历史片断。

《三国汉晋文物展》 展示以赤壁古战场出土文物为核心的81件三国汉晋时代文物，充分反映了赤壁的三国文化底蕴。

《历史文物展》 展示赤壁市境内出土、旧藏、收缴的，从新石器时代到第二次国内革命战争时期的文物，共计117件。

珍贵藏品

弩机 通长17厘米，宽3.8厘米，望山9.3厘米，柄长7.5厘米。重1100克。望山顶部有小孔。出土于赤壁市赤壁古战场。

箭镞 是赤壁古战场出土最多的古兵器之一，1958年以来，先后在赤壁出土箭镞达数千枚，有三棱形、四棱形和六棱形等，分为铁、铜箭镞。

鎏金神兽镜 直径13.7厘米，厚0.5厘米。圆纽上有错金兽纹，主纹为四神四兽，外有半圆主枚一周，主枚上每枚一字。

石雕文臣立像 明代。高210厘米，宽60厘米，石灰岩质。石像虔诚拱手，沉寂慈祥，雕刻工艺精湛，是典型的明代文臣立像。

基本信息

地　　址：湖北省赤壁市陆水湖大道229号
交通线路：2、6、8路公交车
开放时间：淡季8:30～16:30　旺季8:00～17:00
闭 馆 日：星期一、二
邮　　编：437300
电　　话：0715-5355322
传　　真：0715-5354078
邮　　箱：hbcb5355322@126.com

恩施州博物馆

基本陈列

《巴风土韵》 由"历史文物篇"和"民族民俗篇"两个部分组成。"历史文物篇"重点从"建始直立人"、清江流域的巴文化到鄂西南地区元、明、清土司文化和奇特的崖葬文化,展示恩施地区人类形成、发展、壮大的整个历程。"民族民俗篇"则从土家族、苗族的吃、穿、用、行等方面,重点反映恩施州各民族创造的丰富多彩的民族民俗文化。

《红色土地》 革命文物陈列主要展示了第二次国内革命战争时期贺龙领导的红二、六军团在湘、鄂、川、黔革命根据地活动的文物及图片。

珍贵藏品

双虎纽錞于 虎纽錞于是土家先民巴人所使用的一种军乐器,也是巴人进行祭祀、娱乐等活动时所使用的乐器。该器物是我国唯一具有明确出土时间、出土地点的双虎纽錞于,特别珍贵。

金凤冠 明代。该凤冠为西王母乘坐凤凰状。凤凰呈展翅飞翔状,凤凰尾部设花卉装饰,西王母盘坐在莲花上,四周环绕金丝飘带。共由29小件组成。

马鞍 是贺龙同志在红三军负责时使用的马鞍。

湖北省农民协会告示 纸质。内容为号召农友们团结起来,组织红枪会、硬肚会、大刀会等多年没有田种的农友,加入农民协会。

基本信息

地　　址:湖北省恩施市舞阳大道博物馆路2号
交通线路:乘2路、8路、11路、13路公交车至地质队或恩施州妇幼保健院站
开放时间:9:00～16:00
闭 馆 日:星期一
邮　　编:445000
电　　话:0719-8222329
传　　真:0719-8222329
邮　　箱:office@bwg.org.cn
网　　址:www.bwg.org.cn

鹤峰县博物馆

基本陈列

《湘鄂边苏区革命文物陈列》 主要反映第二次国内革命战争时期，鹤峰土家儿女创建、巩固和发展以鹤峰为中心的湘鄂边革命根据地的斗争历史全过程。

《民族文物陈列》 主要陈列本县域内发现的各种古生物化石；溇水流域考古发掘、出土的商周至魏晋南北朝时期的部分典型器物；容美土司时期的相关文物；近、现代民族民俗文物等。从土家族的衣、食、住、行、用等方面，重点反映本地区以土家族为主体的少数民族创造丰富而又绚丽多彩的民族民俗文化。

《民族碑林》 主要陈列以明清时期容美土司宗教信仰、制度公约、学校教育、疆域版图、诰封加爵、著名战例、农业经济、文化交流、进京朝贡等为主要内容的碑刻。

珍贵藏品

河图洛书砖图 方形，灰陶。砖面阴刻以八卦为基础的河图洛书图案。

虎纽錞于 1983年9月出土。扁圆肩单虎纽直口式，通高42厘米、腹径27.2厘米，纽高6.5厘米。

容美土司官印 长方形，通高8.16厘米、边长6.9厘米。黄铜铸造，印面阳文镌刻九叠篆"容美宣慰司元帅府经历司印"12个字，印背面用楷书阴刻有"礼部造 洪武二十二年二月 日"及"信字五十二号"字样。据考证此印为容美土司田光宝和其子田胜贵执政时使用的一方印。

基本信息

地　　址：湖北省鹤峰县容美镇陵园路24号
交通线路：乘八峰公交至陵园路
开放时间：淡季10:00～16:00　旺季9:00～17:00
闭 馆 日：星期一
邮　　编：445800
电　　话：0718-5263516
传　　真：0718-5282235
邮　　箱：hfbwg@sina.com

仙桃市博物馆

基本陈列

《仙桃历史五千年》 展出馆藏石器、青铜器、陶瓷、漆木器、砚台、书法等各类文物200余件，其中有东汉四耳网纹陶瓮、南朝铜鐎斗、隋朝四神铭文铜镜、隋朝青釉四系盘口壶、明朝兰亭石砚、明朝龙泉盘等珍贵文物。陈列内容丰富，集艺术欣赏性、文物鉴赏性于一体，是广大市民和青少年朋友学习历史、了解仙桃的生动教材。

珍贵藏品

四耳网纹陶瓮 东汉。敞口，无颈，鼓腹，平底，四耳。腹部饰网状纹。施半身棕黄色釉，釉有泪迹。

四神铭文铜镜 隋代。半球纽，柿蒂纹纽座，座外方框，框外饰青龙、白虎、朱雀、玄武四神。外有楷书铭文一周："灵山孕宝，神使观炉。形圆晓月，光清夜珠。玉台希世，红妆应图。千集娇影，百福来扶。"

龙泉窑青釉盘 明代。敞口，卷沿，斜腹，圈足外撇，盘内有一朵莲花纹，较厚实，施深绿色釉，质色俱佳。

基本信息

地　　址：湖北省仙桃市仙桃大道60号
交通线路：乘5、6、8路环城车至市政广场
开放时间：淡季8:00～11:30，14:30～17:30
　　　　　旺季8:00～12:00，14:30～18:00
邮　　编：433000
电　　话：0728-3310050
传　　真：0728-3310049
邮　　箱：song_yong_ping@yahoo.com.cn
网　　址：wgx.cnxiantao.com

大悟县革命博物馆

基本陈列

湖北省大悟县革命博物馆，下设有宣化店纪念馆和白果树湾纪念馆。县博物馆陈列一至三厅为大悟县从第一次国内革命战争时期到解放战争时期的斗争史实展示，四厅为徐海东大将生平事迹展览。

宣化店纪念馆的陈列 分别是周总理与美蒋代表谈判、宣化店十个月的战略坚持和全面胜利的中原突围三个陈列。李先念领导的中原军区部队在宣化店打响了解放战争第一枪。

白果树湾纪念馆 以李先念领导的新四军第五师抗日斗争史展览为主。

基本信息

地　　址：湖北省大悟县陵园路广场后巷2号，宣化店纪念馆在宣化店镇会馆村，白果树湾纪念馆在芳畈镇白果树湾村

开放时间：8:30～12:00，15:00～18:00

邮　　编：432800

电　　话：县博物馆：0712-7222517；宣化店馆：0712-7623328；白果树湾馆：0712-7429052

监利县周老嘴湘鄂西革命根据地纪念馆

基本陈列

《湘鄂西革命斗争史展》 以洪湖为背景，生动再现了土地革命战争时期贺龙、周逸群、邓中夏、段德昌等老一辈无产阶级革命家，开创以监利为中心的湘鄂西革命根据地的光辉历程。

周老嘴革命旧址群 大都坐落在延绵千余米的古镇小街两旁。古镇小街的房屋始建于明、清两代和民国初年，均为前后多进的砖木结构民宅。其建筑风格古朴典雅而独具江南特色，现已集革命旧址群、古建筑群于一体，极富历史、艺术、科学价值和革命纪念意义。

珍贵藏品

马克沁重机枪 该重机枪是土地革命时期红二军团使用的武器。具有极其重要的革命历史价值。

六〇迫击炮 该迫击炮是土地革命时期红军使用的武器。炮为钢质，圆形炮筒，方形炮座，两根可调节高度的支架与炮筒连接。

基本信息

地　　址：湖北省监利县周老嘴镇老正街96号
交通线路：监利县汽运站—监利县周老嘴镇老正街
开放时间：淡季8:30～11:30，14:30～17:30
　　　　　旺季8:30～12:00，14:00～18:00
邮　　编：433300
电　　话：0716-3182019
传　　真：0716-3182019
邮　　箱：loveun@yeah.net

浠水县闻一多纪念馆

基本陈列

《闻一多生平事迹图片展》 有铜像、序厅、三个展厅。总标题为"千古文章未尽才",分六章介绍闻一多生平事迹,其内容为:"风华少年 佼佼学子"、"华夏红烛 一代诗骄"、"博古通今 学贯中西"、"拍案而起 血洒千秋"、"精笔书画 游心佳冻"、"人民英烈 永垂不朽"。

珍贵藏品

刻刀　1944~1946年闻一多挂牌治印时使用过的刻刀。
校徽　1937年闻一多在临时大学任教时佩带的校徽。
手杖　1938~1946年闻一多使用的手杖。
《山海经笺疏》　20世纪40年代闻一多写了眉批的《山海经笺疏》。

基本信息

地　　址:湖北省浠水县清泉镇车站路纪念馆巷44号
开放时间:8:00~17:00
邮　　编:438200
电　　话:0713-4215581　4215603　4215601
传　　真:0713-4215601
邮　　箱:wbwg1964@yahoo.com

湖北省艺术博物馆

基本陈列

《湖北原生态艺术展》 展现湖北省在非物质文化遗产保护、抢救、研究、利用等方面的优势和成果，以及湖北省民间文化的绚烂与辉煌。

《湖北近现代美术文献展》 是对湖北近现代美术发展脉络的梳理与审视，涵盖了从民国时期至上世纪90年代湖北美术的基本面貌。

《国内外当代艺术陈列展》 以推进当代艺术为宗旨而举办的当代艺术展览，包括自主策划展览与外联展览等。

珍贵藏品

剪纸作品《回娘家》 胡锦涛总书记在甘肃省定西市青岚乡大坪村民家与民同乐的见证。

湖北民间工艺作品 "西兰卡普"、"黄梅挑花"、"蓝印花布"等作品，是湖北最具特色的民间工艺精品。

著名画家作品 将周韶华、汤文选、冯今松、邵声朗等四位艺术家具代表性的作品作为收藏，以期推进湖北现当代艺术的发展。

特色活动

周末音乐会 将音乐演奏与绘画作品相结合，让观众在走进艺术馆的同时，尽享视觉与听觉的盛宴。

基本信息

地　　址：湖北省武汉市武昌东湖路三官殿1号
交通线路：乘14、108、402、411、552、578、709、701路至省博物馆站，乘605、712路至黄鹂路站
开放时间：淡季9:00～17:00　旺季9:00～17:30
闭 馆 日：星期一
邮　　编：430077
电　　话：027-86796002　86796067
传　　真：027-86796002
邮　　箱：bgs@hbmoa.com
网　　址：www.hbmoa.com

新四军军部旧址纪念馆

基本陈列

　　旧址复原陈列及《新四军在这里的诞生》展览　汉口新四军军部旧址原为日本侨民住宅。2002年该旧址被公布为湖北省文物保护单位。2006年武汉市人民政府拨专款按原貌修复,辟为纪念馆。馆内复原有叶挺、项英、郭沫若的办公室兼卧室,以及政治部、副官处、参谋处、军需处、军医处。同时举办有专题展览《新四军在这里诞生》,该展览共分为三个部分,通过运用声、光、电等技术手段,配以图片和实物(如新四军用过的枪支、绑腿、军号、地雷等及收缴日军的军刀、手枪等战利品)展示,真实地再现了新四军光辉的战斗历程。

基本信息

地　　址：湖北省武汉市汉口胜利街332~352号
交通线路：乘520、402、721、707、727、30、626、548、601、606路公交车至卢沟桥站,或乘712、电车3、549路公交车至永清街站
开放时间：9:00~17:00
闭 馆 日：星期三
邮　　编：430010
电　　话：027-82737255　82726420(投诉)
传　　真：027-82735576
网　　址：wwwn4.info

武汉市蔡甸区博物馆

基本陈列

《蔡甸区文物展览》 以新石器时代石器、春秋战国时期陶器和铜兵器、六朝时期陶器和青瓷器、唐宋时期铜器和瓷器及明清时期瓷器和书法为展示内容。

《蔡甸革命史》 以蔡甸区境内事件、历史、革命人物事迹为展示内容。

珍贵藏品

青铜剑 战国。环状茎首，中空至格，窄格，垂锷弧收，隆脊。

铜鐎斗 唐代。盆边带流口，附二柄，长柄鸭头形，短柄鸭尾形，下有三鸭足。色泽光亮，造型精美。

康有为五言联 清代。"大风吹地转 高浪蹴天浮"。纸本，长1.72米，宽0.43米。上联右下钤"南海康氏"，下联左中署款"康有为"，钤二印，上为"康有为"白文印记，下为朱文印记"维新百日出山丁卯春大地河遍四洲经三十六国行六十万里"。

青瓷兽足砚 唐代。兽蹄连足圆形砚台，砚堂圆形。

基本信息

地　　址：	湖北省武汉市蔡甸区蔡甸街龙家巷17号
交通线路：	汉阳区王家湾乘3101公交车至蔡甸，到龙家巷
开放时间：	9:00～16:00
闭 馆 日：	星期一
邮　　编：	430100
电　　话：	027-84948759
传　　真：	027-84942951
邮　　箱：	cdbwg@126.com

武汉市黄陂区博物馆

基本陈列

《古代历史文物陈列》 以"感悟灿烂的文明 追寻历史的记忆"为主题,采用地方通史陈列的方法,将200件精美文物,分新石器时代、商周时代、秦汉三国两晋南北朝时代、唐宋元明清时代四个单元进行展出。

《革命历史文物图片陈列》 以"英烈永垂不朽 伟绩万古流芳"为主题,分大革命时期、土地革命时期、抗日战争时期和解放战争时期四个部分。

珍贵藏品

青铜方鼎 西周。长方体,立耳,方唇,四圆柱足,四角有扉棱装饰,上部饰双尾龙纹,下部饰乳钉纹,内腹有铭文。

瓷豆 西周。口沿稍敛,折腹,喇叭形圈足,口唇部饰对称乳钉三个,器内施灰绿色薄釉。

真子飞霜镜 唐代。扁平葵形,龟纽,荷叶纽座。纽一侧竹林旁一人端坐,置琴于膝,另一侧树下凤鸟起舞,上方飞鹤祥云。纽下有荷池,池中伸出一荷叶,叶中匐伏出一龟,龟身和荷叶即为纽和纽座。

印花影青瓷钵 宋代。大口,口微内敛,圆弧腹,小圈足,器口有宽0.7厘米的芒口。胎色洁白,胎壁极薄。影青釉,青中泛绿,有开片。外腹上印五婴儿,衬卷草纹。

基本信息

地　　址：湖北省武汉市黄陂区前川大道37号
交通线路：黄陂车站乘1、2、61、62路公交车
开放时间：淡季10:00～16:00　旺季9:00～17:00
闭 馆 日：星期五
邮　　编：430300
电　　话：027-85933829　61007569
传　　真：027-85910915
邮　　箱：xie19750303@sina.com.cn

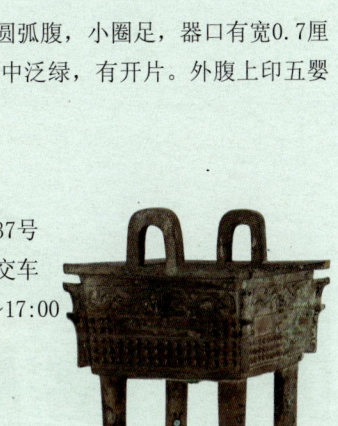

武汉市新洲区博物馆

基本陈列

《新洲文物精品陈列展》、《魏文伯古字画陈列展》、《问津书院景观复原展》等陈列布展内容,正在筹备运行之中。

基本信息

地　　址：湖北省武汉市新洲区博物大道城东路口

交通线路：武汉市新洲区车站至武汉港

开放时间：淡季9:00～11:00　旺季9:00～11:30,15:00～18:00

闭 馆 日：星期六、日

邮　　编：430400

电　　话：027-86921946

传　　真：027-89351666

阳新县博物馆

基本陈列

《阳新博物馆基本陈列》分为"馆藏文物展"、"大路铺遗址展"、"半壁山古墓展"三个展厅,共展出文物400余件。"馆藏文物展"展出从新石器时代至近现代的历史、革命文物;"大路铺遗址展",展出新石器时代晚期至商周古遗址出土的生产工具、生活用具;"半壁山古墓展",展览以棺椁为主体,复原出土的原貌,展品在主室和边厢存放。

珍贵藏品

连珠地青铜铙 商代。器身上大下小,两面饰有连珠地单线条组成的饕餮纹,饕餮双目呈圆形浮雕,鼓部中央饰有小形饕餮纹。

"鲁国之图"碑刻 宋代。孤品。长方形,额题隶书"鲁国之图"四字。碑身中部为鲁城图,城周围有河、川穿插环绕。城北自远而近,为泰山、徂徕山、肃然山、孔林、孔墓、子思墓等,均镌刻甚精。

银瓶 唐代。器身前后各饰有一只锦鸡,器身满饰莲花,荷叶,莲蓬,圈足上饰有双线菱形纹,间饰有圆点,器底部有铭文。

基本信息

地　　址:湖北省阳新县陵园大道11号
开放时间:淡季9:00～17:00　旺季8:30～17:00
邮　　编:435200
电　　话:0714-7323751

襄樊市博物馆

基本陈列

《襄樊古代历史文化展》 采取通史陈列的方式，分为史前、先秦、秦汉、三国两晋南北朝和隋唐至明清五个单元。共展出文物500多件套，有史前时期彩陶和泥塑艺术品，先秦时期精美的青铜器和玉石器，秦汉以后彩釉陶器、画像砖、铜镜和鎏金青铜造像等，真实地再现了襄樊悠久历史文明和独具特色的地方文化。

珍贵藏品

邦季鼎 春秋。方形附耳，直口，口沿外折，曲腹较浅，平底，三蹄足。耳面及上腹部饰窃曲纹，下腹饰垂鳞纹，足根纹饕餮纹，器内壁有铭文20字。

邓公牧簋 西周。盖沿、上腹饰窃曲纹，间以兽面纹，腹部及盖顶饰瓦纹。圈足饰三角雷纹。盖上有铭文六字"邓公牧乍尊簋"。

错金嵌玉鎏金鳖形铜带钩 战国。器身宽大，带面分前后两段：前段为鱼形，其头部镶嵌一块椭圆形玉饰；后段为鳖形，头部与鱼须相接，尾部上卷作钩，鳖身镶嵌一块弧形玉饰。通体用不同线条刻画出不同部位的特征，线条中间错金。

基本信息

地　　址：湖北省襄樊市襄城北街1号昭明台
交通线路：乘1、13、14路公交车至鼓楼商场、昭明台
开放时间：淡季9:30～16:30　旺季9:00～17:00
闭 馆 日：星期一
邮　　编：441021
电　　话：0710-3511443　3556533
邮　　箱：hbsxfsbwg@163.com

宜城市博物馆

基本陈列

《楚国车马陪葬坑》陈列 以罗家岗车马陪葬坑为主,宜城境内出土的车马器和东汉以前各个时期的车子构造图为辅,向观众展示了楚国车马陪葬的形制、葬式以历史上车子结构演变的轨迹。

《楚汉历史文物》陈列 分"玉石器"、"青铜器"、"陶瓷器"、"铜镜"、"兵器"五个部分,展出宜城境内出土的历史文物,较为清晰、形象地揭示了宜城地区的历史发展轨迹,展示了历史上生活在宜城这块土地上的先人们的聪明才智。

珍贵藏品

玉人 汉代。由一块淡绿色玉雕刻而成的舞女,身着长裙,左手举至头顶上,右手从腰部曲伸到身体的左侧,下肢微成"S"形。

铜敦 由器盖和器底两部分扣合而成,呈椭球形。器盖和器底的附件和纹饰相同,器盖口沿上附三个等距的呈兽面形的扣。

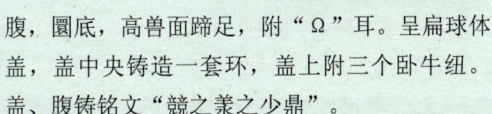

铜鼎 子口内敛,体宽,浅腹,圜底,高兽面蹄足,附"Ω"耳。呈扁球体盖,盖中央铸造一套环,盖上附三个卧牛纽。盖、腹铸铭文"竞之兼之少鼎"。

基本信息

地　　址:湖北省宜城市政府对面(中华路东端)
开放时间:淡季8:30～18:00　旺季8:00～18:30
闭 馆 日:腊月三十至正月初三
邮　　编:441400
电　　话:0710-4213834
传　　真:0710-4210846
邮　　箱:yong—8100@163.com

孝感市博物馆

基本陈列

《孝感出土文物陈列》 以通史陈列形式,展出孝感市七县、市、区近二十多年来出土、征集的历史文物。

珍贵藏品

秦陶量 战国。圆筒形,平底;口径18.5厘米、高9.1厘米。时代是秦昭王五十一年(公元前256年)。

石璋 商代。青石质,上窄下宽。上部呈凸字形,两层肩,一侧凿有四个齿牙,中有一圆孔。刃部为弧形,锋利。

提梁卣 商代。椭圆状,有四蹄形足,器身为二鸱鸮背立合体,造型精美。

青铜簠 春秋。长方形,盖、身相像,扣合而成,上下两侧腹部各附加有兽首耳,腹壁饰精美夔纹。

基本信息

地　　址:湖北省孝感市城站路87号
交通线路:2、5、7路公交车
开放时间:8:30～17:30
邮　　编:432000
电　　话:0712-2823004
邮　　箱:xb2823004@163.com

蕲春县博物馆

基本陈列

《蕲春近现代教授名人专题展》 主要展出以音韵训诂国学大师黄侃、著名文艺理论评论家胡风及辛亥革命先驱詹大悲、田桐、田桓等为代表的200余名蕲春籍教授、名人的照片、文字介绍，以及他们的著作、书信、手稿和科研成果等。

《蕲春博物馆馆藏古字画展》 展览分两部分：一是展出董其昌、董源、八大山人、曾国藩、成亲王、何绍基、张裕钊、李鸿章、刘松年、闵贞等20余名历代书画家的成名作品；二是展出了蕲春籍乃至鄂东地区部分文化名人及翰林书画家的作品。

珍贵藏品

成亲王对联 纸本红地墨书。上联"幽谷鹿过苔还静"，下联"深树云来鸟不知"，落款"成亲王"，钤"成亲王"篆体朱文三字方印。

何绍基对联 纸本绿地墨书。上联。"道心静似山藏玉"，下联"书味清如水养鱼"，落款"道州何绍基"，钤"何绍基印"篆体朱文方印，"子贞"篆体朱文方印。

闵贞山水四条屏 纸本。构图奇特，景色平近，山势雄秀奇逸，墨色苍润拙朴。落款"闵贞画"，钤"闵贞"和"正斋"篆体白文方印。

基本信息

地　　址：湖北省蕲春县漕河镇
开放时间：8:30～11:00，14:30～17:30
邮　　编：435300
电　　话：0713-7228945
传　　真：0713-7228945
邮　　箱：qcbwg@126.com

湖南省博物馆

基本陈列

《马王堆汉墓陈列》 1972～1974年发掘的长沙马王堆三座汉墓,是20世纪最重大的考古发现之一。本陈列展示的284件(组)文物,是马王堆汉墓出土文物的精华,涵盖政治经济、科技文化、宗教习俗和贵族生活风貌等各个方面,是了解2100年前汉初社会全貌的窗口。

《湖南商周青铜器陈列》 湖南商周青铜器在中国青铜文化中占有重要地位,从本陈列展示的72件铜器及与铜器伴出的11件玉器中,可以看到湖南地区青铜文化的发展脉络,了解中国青铜文化的丰富内涵。

《湖南名窑陶瓷陈列》 本陈列主要展示湘阴窑、醴陵窑、长沙窑所出瓷器,表现了湖南地区古代陶瓷艺术风采。

《明清书法陈列》 本陈列展示的明清时期的书法作品,是全国各地特别是湖南书法家演绎中国书法继承、创新和发展历程的缩影。

《湖南十大考古新发现陈列》 本陈列展示了10余年来我省最重要的十大考古新发现,其中,七项被评为当年全国十大考古新发现之一,三项被评为20世纪一百项考古大发现之一。

珍贵藏品

大禾人面纹方鼎 商代晚期。颜色碧绿,器身略呈矩形,口部略大于底部,两耳直立,四柱状足,足上部有兽面纹,器身外表四周饰半浮雕的人面,人面周围有云雷纹,额部两侧有角、下巴两侧有爪,是全国唯一以人面纹为饰的鼎。

马王堆一号墓"T"形帛画 1972年于长沙东郊马王堆一号汉墓出土。上宽下窄,画面从上至下分天上、人间和地下三部分,内容丰富、构图繁复,是我国目前发现保存最完整的,艺术价值最高的一副古代帛画。

特色活动

《马王堆汉墓陈列》半景画　位于二楼演播厅，是湖南省博物馆经典参观项目之一，极受观众欢迎。半景画再现了西汉初期长沙国风貌及给辛追送葬的种种情形。在多变的声光幻影中，楚汉相争纷飞的战火、古长沙繁华的风貌、轪侯家族钟鸣鼎食的生活场景和轪侯夫人葬礼的风光在观众面前得以重现，观众仿佛走进了汉时的长沙，一同见证汉时的雷鸣电闪、刀戈铮铮、古乐悠扬、轻歌婉转……

基本信息

地　　址：湖南省长沙市东风路50号

交通线路：112路、113路、131路、136路、146路、150路、302路、303路、704路、901路公交车

开放时间：9:00～17:00

闭 馆 日：星期一（法定节假日除外）及农历除夕

邮　　编：410005

电　　话：0731-4141533　4475933

传　　真：0731-4473133

邮　　箱：web@hnmuseum.com

网　　址：http://www.hnmuseum.com

韶山毛泽东纪念馆（故居）

基本陈列

《中国出了个毛泽东》 分"立志救国 追求真理"、"参加建党 唤起工农"、"创建人民军队 开辟革命道路"、"坚持团结抗日 领导延安整风"、"指挥大决战 缔造新中国"、"立国安邦 奠定基业""艰辛探索 建设强国"七个展厅，运用了大量的声光电等陈列手法和场景，生动地展现了毛泽东的光辉一生和丰功伟绩。

《风范长存——毛泽东遗物展》 精心遴选毛泽东的部分遗物，通过"勤政为民"、"清廉如水"、"博览群书"、"雅情逸趣"、"亲情·乡情·友情"五个部分，生动反映了毛泽东俭朴的生活，鞠躬尽瘁的工作作风，孜孜不倦的学习精神，高雅的情趣爱好和丰富多采的情感世界以及一代伟人博大的胸怀、高尚的情操和巨大的人格魅力。

《毛泽东一家六位烈士》 通过大量历史图片和文物、文献资料生动地反映了毛泽东一家六位烈士可歌可泣的光辉事迹。

珍贵藏品

龙纽大印 著名金石篆刻家邓散木雕刻的明黄色大印，顶部雕琢镂空双龙。

片真老空石砚台 国画大师齐白石将"不得与人"的珍爱砚台送给了毛泽东。

欧米嘎手表 重庆谈判期间，郭沫若把自己的手表送给了毛泽东，毛泽东一直用到临终前。

基本信息

地　　址：湖南省韶山市韶山冲
交通线路：韶山市汽车站乘旅游中巴
开放时间：9:00～17:00
邮　　编：411301
电　　话：0732-5685347　5685157（投诉）
传　　真：0732-5685713

刘少奇纪念馆

基本陈列

《刘少奇生平业绩陈列》 刘少奇同志纪念馆是完整、系统地介绍刘少奇生平业绩的传记性专馆，共有八个展厅，按刘少奇同志生平分为四个专题进行陈列，陈列面积1000多平方米，展线长240米，共有文物展品800余件。陈列的思想性、科学性和艺术性和谐统一，荣获"1999年全国十大陈列展览精品"奖。

珍贵藏品

收音机 20世纪60年代初期，一位日本朋友送给刘少奇主席的。刘少奇主席长期带在身边使用。

望远镜 1961年4月，刘少奇来湖南农村进行蹲点调查，历时44天，这部望远镜一直陪伴着他。

基本信息

地　　址：湖南省长沙市宁乡县花明楼镇炭子冲村
交通线路：宁乡汽车站—花明楼镇
开放时间：淡季8:00～17:30　旺季8:00～18:00
邮　　编：410611
电　　话：0731-7094027
传　　真：0731-7095060
邮　　箱：huaminglou@126.com
网　　址：http://www.shaoqi.cn

秋收起义文家市会师旧址纪念馆

基本陈列

《湘赣边界秋收起义文家市会师旧址辅助陈列》 以文家市会师为重点，主要分暴动、会师、进军三个部分。用精练的文字和相关文物、文献资料，将秋收起义这段历史生动地呈现在观众面前。陈列重点阐述了秋收起义受挫原因、文家市会师的意义——为中国革命找到了一条崭新的、通往胜利的道路。

珍贵藏品

长龙炮 秋收起义部队使用的长龙炮。
钟表箱 秋收起义前夕地下党传递情报用的钟表箱。
油灯 1927年9月19日晚，前敌委员会开会时使用的油灯。

基本信息

地　　址：湖南省浏阳市秋收起义文家市会师纪念馆
交通线路：从浏阳往南经浏文公路行50公里可达
开放时间：淡季8:00～17:00　旺季8:00～18:00
邮　　编：410315
电　　话：0731-3768005
传　　真：0731-3771919
邮　　箱：wenjiashijng@163.com

罗荣桓纪念馆

基本陈列

罗荣桓故居 异公享祠,建于清末(1914年)。坐西朝东,砖木结构,单层二进五开间设外廊,整座建筑重檐挑角,雕梁画栋。主要陈列罗帅青少年时期在家乡开展革命活动所使用的各种实物。

罗荣桓元帅生平业绩陈列馆 建于2002年。罗荣桓元帅生平业绩陈列馆,为庭院式建筑风格,设有序厅、尾厅、四间展室和罗帅办公室、卧室复原陈列室,用大量珍贵照片和历史文献、实物展出罗帅光辉的一生。

罗荣桓元帅铜像广场 占地面积80亩,共分为三级,铜像矗立于第三级广场的正中央。铜像座基上镌刻着由江泽民同志亲笔题写的"罗荣桓元帅铜像"。

珍贵藏品

罗帅在北京"东交民巷新八号"住所使用的棕绷床及床头柜、铁质军用保险立柜、办公桌椅及罗荣桓元帅骨灰盒均为一级文物。

特色活动

纪念馆建立了"八一林"和"缅帅园",为前来参观、凭吊、缅怀罗帅的各界人士提供了植纪念树的场所。参观者可以委托纪念馆代购树苗或自带树苗。在"八一林"或"缅帅园"栽下纪念树。

基本信息

地　　址：湖南省衡东县荣桓镇南湾村
交通线路：乘城关至高湖或荣桓镇的中巴可达
开放时间：淡季8:00～17:30　旺季8:00～18:00
邮　　编：421414
电　　话：0734-5458930
传　　真：0734-5239065

彭德怀纪念馆

基本陈列

纪念馆区域面积150公顷，这里有浓缩元帅光辉战斗一生的《彭德怀生平业绩》陈列；有佐证元帅实事求是、坚持真理高尚品德的彭德怀故居；有展示元帅勇往直前、无私无畏英勇气概的彭德怀铜像；有弘扬元帅光明磊落、刚正不阿伟大人格的德怀亭；有埋藏元帅铮铮铁骨的德怀墓。

珍贵藏品

黑色牛皮公文包 此公文包为彭德怀在上世纪50年代长期使用的，现皮质磨损脱漆，扣严重锈蚀，提手严重破裂。60年代彭德怀受难后，将此包赠与警卫员景希珍同志。

望远镜 完好稍旧。这架高清晰度望远镜是彭德怀在1955年担任国防部长出访欧洲八国时，德意志民主共和国友人赠送的。

基本信息

地　　址：	湖南省湘潭县乌石镇
交通线路：	湘潭西站乘至黄荆坪客车至瓦子坪站
开放时间：	淡季8:30～17:00　旺季8:00～17:30
邮　　编：	411209
电　　话：	0732-7838100　7838178
传　　真：	0732-7838100
邮　　箱：	pdhg100@163.com
网　　址：	www.pdhjng.cn

平江起义纪念馆

基本陈列

《平江起义史料陈列》、《彭德怀同志光辉业绩》、《滕代远、黄公略生平简介》、《光荣的平江起义团》 展览以事件发生为主线,以人物生平为脉络,采用以图片展示为主,配以文字说明,实物展示为辅的陈列方法。平江起义旧址按事件发生时部队营房、士兵宿舍和彭德怀同志住房等的状况进行复原陈列。

珍贵藏品

《分耕草册》 土地革命战争时期,平江县工农兵苏维埃政府亲仁小村竹山头。

公文包 滕代远在革命战争年代使用过的公文包。

松树炮 1928年3月,平江工农武装攻打县城时使用过的。长182厘米,口径65厘米,重18625克。

基本信息

地　　址：湖南省平江县天岳开发区东兴大道

交通线路：6、7路公交车

开放时间：8:00～12:00,13:00～17:00（16:00停止入馆）

闭 馆 日：星期一

邮　　编：414500

电　　话：0730-6286421

传　　真：0730-6231688

邮　　箱：www.huangyinggyy@163.com

任弼时同志纪念馆

基本陈列

《任弼时生平业绩陈列》 分为六个专题，展出了560余件（幅）珍贵文物和图片。陈列准确把握了主人公的个性特点，塑造了不同时期的空间形象，充分展示了任弼时同志在建团、建党、建军和建国四个方面的丰功伟绩。

《任弼时故居复原陈列》 任弼时从1904年出生至1920年离家求学，在故居度过了16年。故居始建于清末，属典型的江南院落民居。故居复原陈列对任弼时父母、任弼时和夫人陈琮英的卧室、家族的蒙学馆、农具屋、杂屋等按原景复原布展。

珍贵藏品

俄制留声机 1938年任弼时同志作为中共驻共产国际代表团负责人去莫斯科工作期间使用的留声机。

木制行军床 长方形，床宽70厘米、长195厘米、高43厘米。为木质框架上绷白色帆布的折叠行军床。木架上有"刘达"二字。

《毛塘任氏四修支谱》 共30本，民国八年冬月撰写。长方形，线装，直行，木刻印刷，黑色字体。记录了任氏的家世渊源。

电椅 1929年任弼时第二次被捕入狱，遭受国民党电椅的酷刑，但始终坚贞不屈，没有暴露自己的身份。

基本信息

地　　址：湖南省汨罗市弼时镇唐家桥
交通线路：在长沙东站、岳阳汽车站、汨罗汽车站都有长途车直达
开放时间：淡季9:00～17:00　旺季8:30～17:30
闭 馆 日：星期一、农历除夕及正月初一
邮　　编：414416
电　　话：0730-5750297
传　　真：0730-5750297
邮　　箱：rbsjng@163.com

贺龙故居和纪念馆

基本陈列

《贺龙元帅传奇的一生》 共分九个展厅，陈列内容分为七大部分，基本陈列内容分为：第一部分，执着的救国救民抱负；第二部分，卓越的无产阶级军事家；第三部分，杰出的新中国体育事业奠基者；第四部分，重要的军队和国防建设领导人；第五部分，永远活在人民心中；第六部分，功勋厅；第七部分，多媒体厅。展厅共陈列有历史照片520张。

珍贵藏品

纪念馆内有馆藏文物近2000件，其中国家级珍贵文物共有170件，其中有不少珍贵文物在全国是绝无仅有或独一无二的。

特色活动

红色节目演出 节目主题主要反映贺龙元帅的一生传奇，重点反映贺龙元帅在革命战争年代中"运筹帷幄，决胜千里之外"的军事指挥谋略，以及他亲临前线、英勇抗敌、不怕牺牲的革命精神；颂歌贺龙元帅的家人为革命抛头颅、洒热血的悲壮史诗，歌唱在革命战争年代流行的《洪湖水浪打浪》、《我们都要当红军》等革命歌曲。

基本信息

地　　址：湖南省张家界市桑植县洪家关乡洪家关村大桥组
交通线路：桑植县汽车站—贺龙纪念馆
开放时间：淡季9:00～16:00　旺季8:00～17:00
邮　　编：427100
电　　话：0744-6222394
传　　真：0744-6222394
邮　　箱：lchy2583@163.com

湘南暴动指挥部旧址纪念馆

基本陈列

《湘南起义史料陈列》集中反映朱德、陈毅在南昌起义之后，率部分起义军进抵湘南，策划智取宜章，以及相继组织郴县、耒阳、永兴、安仁、资兴等六个县的武装暴动，建立苏维埃政府、组建工农革命军和开展土地革命运动，一直到同毛泽东领导的秋收起义部队在井冈山会师的全部历史史料。展出图片325幅，实物186件，珍贵文献资料13件。

复原陈列 在宜章年关暴动指挥部旧址内。"旧址"是智取宜章时的指挥部，工农革命军司令部所在地，是整个湘南起义中仅存的一处革命遗址。

珍贵藏品

胡少海使用过的马刀 胡少海（又名胡鳌），宜章县岩泉乡人。他秘密参加了革命，是智取宜章的主要参与者之一。历任二十九团团长、红四军军委委员、第四纵队司令员、红二十一军军长等职。1930年牺牲。

谭新使用过的藤箱 谭新，宜章笆篱人，黄埔军校一期学员。1928年1月领导了笆篱暴动，暴动后，任工农革命军独立第三师参谋长。3月8日，在战斗中光荣牺牲。

基本信息

地　　址：湖南省宜章县中夏街26号
交通线路：宜章县城
开放时间：淡季8:30～11:30，15:00～17:00
　　　　　旺季8:30～11:30，15:30～17:30
闭 馆 日：星期一、农历除夕
邮　　编：424200
电　　话：0735-3721499　3724130（投诉）
邮　　箱：yzspb@126.com

中国人民抗日战争胜利芷江洽降旧址纪念馆

基本陈列

中国人民抗日战争胜利主体展览 展览以大量的实物、图片资料和珍贵的影视资料，全面反映了侵华日寇犯下的滔天罪行，和中华民族共同抵御外敌，最后取得抗战的全面胜利的史实，系统介绍了正面战场和敌后战场在抗战中发挥的重要作用，以及中国人民抗日战争在世界反法西斯战争中的历史地位和重要贡献。展览全面展示了"芷江受降"的全过程，以及"芷江受降"的历史地位，告诫后人要牢记历史，以史为鉴，面向未来。

珍贵藏品

受降纪念坊记碑 全面系统的反映了侵华日军投降的历史背景。

九屉办公桌 桌上铭刻"参加芷江受降典礼纪念"字样，是国内唯一保存的"芷江受降"的重要历史物证。

双人沙发 铭刻"参加芷江受降典礼纪念"字样，是"芷江受降"的重要历史物证。

木靠背椅 共15把。铭刻"参加芷江受降典礼纪念"字样，是"芷江受降"的重要历史物证。

特色活动

中国芷江·国际和平文化节 每两年举办一届国际和平文化节，以"芷江受降"为历史平台，反映全世界人民祈望和平的美好心愿。

基本信息

地　　址：湖南省芷江侗族自治县芷江镇七里桥村
交通线路：乘怀化—芷江公交车至受降旧址
开放时间：淡季9:00～17:00（16:20停止入馆）
　　　　　旺季9:00～17:40（17:00停止入馆）
闭 馆 日：农历除夕
邮　　编：419100
电　　话：0745-6821343　6822937（投诉）
传　　真：0745-6822937
邮　　箱：sxy_zj@126.com

湘鄂川黔革命根据地旧址纪念馆

基本陈列

《湘鄂川黔革命根据地革命斗争史主题展览》 纪念馆为四合井院落，东头是任弼时、贺龙、萧克卧室旧址；西头是湘鄂川黔省委礼堂旧址；北面是湘鄂川黔省委、省革委、省军区及其直属部门办公室旧址；南面是纪念馆主楼，内设展室三间，陈列着200多幅大型历史图片和100多件革命文物。

红军用过的物品 老红军张升初用过的皮包、张雁南用过的七星剑等革命文物。

珍贵藏品

领导人的题词 萧克、廖汉生、王恩茂等领导人为湘鄂川黔革命根据地旧址及纪念馆的题词。

基本信息

地　　址：湖南省张家界市永定区解放路41号
交通线路：1、2、6、7路公交车
开放时间：淡季9:00～17:00　旺季9:00～17:30
闭 馆 日：星期一（法定节假日除外）和农历除夕
邮　　编：427000
电　　话：0744-8224430
邮　　箱：0744jinianguan@163.com

《三大纪律、六项注意》颁布旧址纪念馆

基本陈列

三大纪律、六项注意颁布 1928年4月3日，毛泽东在沙田三十六担丘集合部队，向指战员颁布了三大纪律六项注意，当时的三大纪律是：第一、行动听指挥；第二、不拿工人农民一点东西；第三、打土豪要归公。六项注意是：一、上门板；二、捆铺草；三、说话和气；四、买卖公平；五、借东西要还；六、损坏东西要赔。三项纪律、六项注意后来发展为三大纪律、八项注意。陈列反映了"三大纪律、六项注意"的颁布和发展过程，以及第二次国内革命战争时期工农红军在桂东的革命活动事迹。

珍贵藏品

门板、凳子 1928年红军借用后归还的门板、凳子原物。

棉絮 1928年红军送给百姓的棉絮原物。

毛毯 1928年红军送给百姓的毛毯原物。

基本信息

地　　址：湖南省桂东县沙田镇万寿宫居委会

交通线路：乘沙田方向各路车均可

开放时间：淡季8:00～17:00　旺季8:00～17:30

闭 馆 日：除夕、春节

邮　　编：423500

电　　话：0735-8623214

传　　真：0735-8623214

邮　　箱：gdwwgls@163.com

广东省博物馆

基本陈列

本馆(旧馆)目前设有《广东历史大观》、《漆木精华——潮州木雕艺术展》、《广东珍稀动物展》、《馆藏古钱币稀品展》四个基本陈列,着重展示广东古代历史、传统工艺及珍稀动物资源。

《广东历史大观》 展览以出土文物展示为主,既有广东远古人类——马坝人的生活情景再现,又有广东青铜文化、汉代社会生活、古代科技成就等精彩内容,为观众铺陈出一幅浓缩的广东古代历史画卷。

《漆木精华——潮州木雕艺术展》、《广东珍稀动物展》 则采用现代声光技术、场景复原等手段,形象生动的展示了玲珑剔透、金碧辉煌的潮州木雕艺术和珍奇稀有的广东动物资源,具有鲜明的地方特色。**《馆藏古钱币稀品展》** 展出的是本馆230多枚商代至民国的稀有古钱币。国民党"一大"旧址设有**《鲁迅生平与纪念》**和**《中国国民党"一大"与国共合作史料陈列》**两个基本陈列。

2008年年底,广东省博物馆新馆落成后,将向广大观众推出全面反映广东历史文化、艺术和自然资源的基本陈列。

珍贵藏品

饕餮纹蟠螭纽铜盉 西周。1974年出土。纹饰繁密、精细,制作工艺精湛,是广东出土青铜器中的精品。

陈容《墨龙图轴》 南宋。陈容为福建长乐人，端平二年进士，官国子监主簿，善画墨龙。此图风格雄奇，笔法雄健，是传世珍品。

青花人物纹玉壶春瓶 元代。瓶底书釉下青花"又"字款。器形具有典型的元代风格。人物纹饰的玉壶春瓶非常稀有，本器堪称镇馆之宝。

广彩方罐双耳花插 清代。广彩瓷是将景德镇制的白瓷坯运至广州，施加彩绘，以供应外商，是对外贸易的产物，为清代广东所特有。

千金猴王砚 清代。为清代广东制砚名家郭兰祥以著名的端溪老坑石精制而成，因砚面有名贵石品鱼脑冻酷似猴王而得名。此砚石质优良、雕工精绝、流传有序，居广东三大著名端砚之首。

镂雕人物柱花卉纹十五层象牙球 清代。集圆雕、浮雕、剔地隐起、镂空通雕多种技法于一体，工巧艺高，有"鬼工球"之称，是清代广东牙雕的代表性作品。

特色活动

临时展览在展厅内设有互动区域，互动内容有拓片、复制文物、拼图等。

基本信息

地　　址：广东省广州市文明路215号

交通线路：乘543、236、184、80、54、40、11、50路公交车至越秀中路，541、125、12、65、101、104、106、183、215、221、236路公交车至文明路博物馆站；地铁一号线至农讲所站

开放时间：9:00～17:00

闭 馆 日：星期一

邮　　编：510110

电　　话：020-83832195　83815834

传　　真：020-83858600

邮　　箱：gdmoffice@tom.com

网　　址：www.gdmuseum.com

毛泽东同志主办农民运动讲习所旧址

基本陈列

《广州农民运动讲习所陈列》 农讲所是第一次国共合作时期开办的。从1924年7月至1926年9月,在广州共办了六届,主持人均为共产党人。第六届农讲所为配合即将进行的北伐战争而举办,毛泽东同志担任所长。它为中国革命事业培养了大批农民运动干部。

《农讲所旧址复原陈列》 恢复第六届农讲所时的原貌,包括毛泽东的办公室、图书馆教务部、值星室、庶务部、课堂、学生宿舍、膳堂。

《孔子平生与儒学》 介绍孔子的生平和儒家思想。

《中国科举文化》 介绍中国科举文化。

珍贵藏品

《农民问题丛刊》 毛泽东同志在农讲所期间主编的关于农民问题的书刊。

周恩来手迹 周恩来同志为农讲所的题字"毛泽东同志主办农民运动讲习所旧址"。

证章 为第六届农讲所学员所佩戴。

特色活动

番禺学宫开笔礼 学童开笔俗称"破蒙",表示少儿开始识字习礼,人生由此起步,有成套的固定程序。

基本信息

地　　址：广东省广州市中山四路24号
交通线路：地铁：农讲所站D出口；公交车：1、22、76、102、107、108、221、222、243、517、864路
开放时间：9:00～16:30
闭 馆 日：星期一
邮　　编：510055
电　　话：020-83333936
传　　真：020-83331790
邮　　箱：njsbgs@gznjs.cn
网　　址：www.gznjs.cn

三元里人民抗英斗争纪念馆

基本陈列

《三元里人民抗英斗争展》 以三元里抗英誓师地三元古庙为馆址，陈列有三元里人民抗英斗争中曾用过的三星旗、飞柬、螺号及战利品等，通过图片、文字、模型等展现抗英史实。

珍贵藏品

抗英誓师三星旗 呈三角形，黑地布制，上绣白色"三星"，牙边，原是三元古庙神旗。1841年5月29日，三元里民众于庙前会集誓师，决计御敌，即以庙内三星旗为令旗。

联络飞柬 宣纸墨书，内容为号召民众组织武装，共同抗敌。

基本信息

地　　址：广东省广州市广园中路34号
交通线路：278、187、105、103、111、60、185、36、818、294路公交车，地铁2号线
开放时间：9:00~12:00，13:30~17:00
闭 馆 日：星期一
邮　　编：510500
电　　话：020-86578325
传　　真：020-83560983
网　　址：www.guangzhoumuseum.cn

黄埔军校旧址纪念馆

基本陈列

《黄埔军校史迹展》 通过200多张照片，100多件文物，以"黄埔岁月"、"军校变迁"、"情系黄埔"三个部分，生动再现了黄埔军校的辉煌，和黄埔师生英勇奋战，不怕牺牲，在统一广东、建立广东革命根据地、北伐、抗日战争中所立下的彪炳青史的赫赫战功。

《黄埔群英油画馆》 与广东省美术家协会合作，创造性地用油画的形式再现黄埔军校的将帅和名人。共展出42幅油画作品，包括孙中山、廖仲恺、蒋介石、周恩来等黄埔名人，让人们从更感性、更具象的角度来认识英雄荟萃的黄埔军校。

珍贵藏品

郑洞国印 石质。郑洞国是黄埔军校第一期学生，1943年参加中国远征军，担任新1军军长，1944年9月升任中国远征军驻印度副总指挥。此印章是郑洞国任中国远征军驻印度副总指挥时使用的。

指挥刀 是李治魁在黄埔军校时用过的。李治魁是黄埔军校第二期毕业生，1926年北伐战争中在武昌城外牺牲。指挥刀曾伴随李治魁驰骋在统一广东和出师北伐的沙场上。

基本信息

地　　址：广东省广州市黄埔区长洲岛

交通线路：乘517、261、882、292、43路公交车至鱼珠码头，或乘262、137路公交车至新洲码头，转乘轮渡到黄埔军校

开放时间：9:00～17:00

闭 馆 日：星期一、农历除夕

邮　　编：510715

电　　话：020-82202278　83753901（投诉）

传　　真：020-82203564

邮　　箱：gemg1959@21cn.com

网　　址：http://www.hpma.cn/hpjx/txh.asp

海丰红宫红场旧址纪念馆

基本陈列

《海丰农民运动和苏维埃政权史记展》

珍贵藏品

日文教科书 日本宏文学院编辑。该课本是彭湃同志1918年留学日本，在早稻田大学时用的，书内的很多地方有他用日文写的注释，十分珍贵。

海丰县总工会印戳 铁质，长6.7厘米。海丰农民运动发展到1925年，农会组织相当完善，各行各业都成立了相应的工会组织，并有相应的组织章程和组织纪律规定。

彭湃的题词 彭湃为鼓励战友而题。质地为宣纸，内容为"为民前锋"四字，用毛笔墨汁书写。这是我馆保存的唯一一件彭湃同志的亲笔原件。

中国共产党党旗 海丰农民运动在彭湃同志的带领和中国共产党的领导下，取得了很大的成就，于1927年11月建立了全国第一个苏维埃政权——海丰县苏维埃政府。该旗为1927年苏维埃时期的党旗，是我党较早的一面旗帜。

留声机 1922年，彭湃刚开始发动农民运动时，用此留声机放音乐吸引周边农民，并通过宣传来唤醒农民觉悟，让他们知道"农民团结起，革命搞到底，你分田我分地，有田有地真欢喜"的革命道理。

基本信息

地　　址：广东省海丰县人民南路23号
开放时间：8:30～17:00
邮　　编：516400
电　　话：0660-6622370
传　　真：0660-6866083

叶挺纪念馆

基本陈列
叶挺生平事迹图、照片、实物室内展览。

珍贵藏品
叶挺使用过的名片
叶挺使用过的指挥刀
叶挺使用过的望远镜
叶挺使用过的课本

基本信息
地　　址：广东省惠州市惠阳区淡水叶挺中路
交通线路：3路公交车
开放时间：8:30～17:00
闭 馆 日：星期六、日
邮　　编：516211
电　　话：0752-3370155
传　　真：0752-3370155
邮　　箱：hzbwg@163.com
网　　址：www.yting.com

叶剑英元帅纪念馆

基本陈列

《叶剑英生平事迹陈列》 陈列分九个章节，以编年体与小专题相结合的形式，在对叶剑英的生平进行客观、真实介绍的同时，着重表现叶剑英在几个革命危难时刻的伟大贡献，充分向世人展现叶剑英伟大光辉的一生。

《共和国元帅图片展》 展出了11年时间，收到了良好的社会效益。

叶剑英故居及客家村落民居 叶剑英故居是普通的客家民居的代表。它向人们展示叶剑英生长、生活的环境，也是展示客家民风、民俗的极好场所。

珍贵藏品

叶剑英使用过的实物 有叶剑英使用过的汽车、劈刀、电话机等，还有从各地征集、复制的一大批文献资料。

社会捐赠的藏品 有大型珍贵木雕《至尊》、象牙雕塑等珍贵的社会捐赠藏品200多件。

政要、名流字画 有江泽民等党和国家领导人及老一辈无产阶级革命家的签名或题词，有社会名流捐赠的大批字画，表现了人民对叶帅的尊敬、怀念之情。

特色活动

红色军旅游 本馆和地方驻军联手，共同推出"魅力迷彩游"方案，以穿一身军人迷彩服，听一个叶帅故事，唱一首军营赞歌，重温一次入党誓词，献一个纪念花篮，看一部军事科教片，感受一次军旅锻炼，体验一次实弹射击的"八个一"系列活动为主题，用参与性、互动性、回味性、体验性的活动来吸引观众。

基本信息

地　　址：广东省梅州市雁洋镇
交通线路：梅揭高速、梅河高速、广梅汕铁路等
开放时间：8:00～17:00
邮　　编：514059
电　　话：0753-2826268
传　　真：0753-2827395
网　　址：www.yjyjny.com

鸦片战争博物馆（虎门炮台）

基本陈列

《林则徐禁烟与鸦片战争史实陈列》 该陈列生动形象地揭示了英国殖民者走私鸦片并进行武装侵略的罪行；反映了林则徐等人的历史功勋，讴歌了中国人民抗击侵略的民族气节和爱国主义精神。

《鸦片战争中英海战陈列》 该陈列着力表现鸦片战争时期，中英双方军力对比、攻防策略及中国军队英勇抗击英国侵略者的史实。"虎门海战半景画馆"以背景油画、地面雕塑为主，将虎门海战的惨烈、悲壮表现得淋漓尽致。

《虎门故事展览》 该展览生动再现虎门的历史沿革、风土民情、人文掌故等，是了解虎门历史与现实的重要窗口。

《全国禁毒教育基地展览》 由"毒品常识"、"中国政府禁毒史"、"青少年吸毒问题"、"当前毒品严峻形势"四大部分构成。

珍贵藏品

嘉庆十四年、道光十五年的铁炮 在抗击英国侵略者的战争中，发挥过重要作用。

"桑榆共卫"匾 东莞民间抗敌御侮的历史文物。

林则徐字画 林则徐不仅是个卓识远见的政治风云人物，也是一位书法家。其书法柔中含刚，端重稳健，一如人品。

基本信息

地　　址：广东省东莞市虎门镇解放路88号
交通线路：乘13路公交车可达虎门林则徐纪念馆；乘8A路公交车可达海战博物馆；乘2路、9路公交车或东莞市旅游大巴L1可达威远炮台管理点；乘5路、10路公交车可达沙角炮台管理点
开放时间：淡季8:30～17:00　旺季8:30～17:30
邮　　编：523900
电　　话：0769-85512065
传　　真：0769-85527770
邮　　箱：yb1839@126.com
网　　址：http://www.yb-china.dg.gov.cn

孙中山故居纪念馆

基本陈列

分为孙中山纪念展示区、翠亨民居展示区、翠亨农业展示区三处。**孙中山纪念展示区**包括孙中山故居纪念馆以及孙中山在翠亨村的其他历史遗迹。**翠亨民居展示区**展示了翠亨村清末民初各阶层的民宅和生活状况,再现了孙中山出生及其成长的历史背景。**翠亨农业展示区**展示水稻耕作、瓜果蔬菜种植、桑基鱼塘、家禽饲养、现代农业的无土栽培种植等珠江三角洲的农业生态。

珍贵藏品

"后来居上"横幅 是孙中山1921年题赠翠亨学校手迹的原件,反映了他对家乡教育事业的关心和支持。这也是孙中山唯一一幅为故乡的题字。

孙中山与家人合影 1912年5月孙中山辞去临时大总统职务后返乡家乡,在家门前与家人的合影,是孙中山在翠亨村的唯一一张照片。

故居建筑工料报价单 此件是1892年3月兴建翠亨孙中山故居时之建筑工料报价单。该单开列了孙中山故居兴建工程的规模、工料、工时、造价、结构等,是孙中山故居兴建情况的重要历史凭据。

《翠亨孙氏家谱》 此件记载翠亨孙氏由东莞迁居香山的概况,和1880年迁葬祖坟的原因与经过,及其五世至十三世祖之世次、名讳、配偶姓氏、生卒时间及葬地等。

基本信息

地　　址：广东省中山市翠亨村
交通线路：乘12路公共汽车,或乘市内旅游巴士
开放时间：9:00～17:00
邮　　编：528451
电　　话：0760-5501691
传　　真：0760-5503738
邮　　箱：sys@sunyat-sen.org
网　　址：www.sunyat-sen.org

广西壮族自治区博物馆

基本陈列

《古代铜鼓陈列》 铜鼓是中国南方古代少数民族具有代表性的历史文化遗产。广西以所发现的铜鼓种类齐全、数量逾千而居全球之冠。陈列共展出铜鼓60面，涵盖各个年代、各种类型的铜鼓。

《广西民族民俗展览》 荟萃了广西壮、瑶、苗、侗、水、仫佬、毛南、京、回、仡佬、彝等11个少数民族的民俗风情。大型民族建筑室外陈列（即民族文物苑）是《广西民族民俗展览》在室外的延伸，是博物馆的"动态展示"部分。苑内风景秀丽，分布着壮、瑶、苗、侗等少数民族的民居建筑。游客在苑内可以品尝到民族风味美食，欣赏到传统手工艺表演和民族歌舞表演。

珍贵藏品

人面纹羊角纽铜钟 西汉。1976年出土。通高19厘米、横径4厘米、纵径8.1厘米、底宽14厘米。钟呈半截橄榄形，上小下大，顶有羊角形纽，上端开长方形孔。正面铸人面纹，眼、鼻、口隐约可见。

翔鹭纹铜鼓 西汉。1976年出土。高36.8厘米、面径56.4厘米、足径67.4厘米。鼓面中心为太阳纹，十二芒，芒外七晕圈，主晕为衔鱼翔鹭纹，其余饰栉纹、勾连雷纹和锯齿纹。鼓身九晕圈，饰锯齿纹、圆圈纹、羽人划船纹和羽人舞蹈纹。足部一侧卧刻篆文"百廿斤"。

羽纹铜凤灯 西汉。1971年出土。通高33厘米、长42厘米、宽15厘米。灯作凤鸟形，顾首回望，以足、尾支撑灯身。通体细刻羽毛。背部有一圆孔，置长柄灯盏。口衔喇叭形灯罩。颈部由两段套管衔接，可自由转动和拆卸。灯罩与颈部及腹腔相通，腹腔中空，可以贮水。蜡烛燃烧时，烟灰经灯罩先入颈管，再入腹腔，最后溶于水中。

悬山顶干栏式铜仓 西汉。1971年出土。通高37.3厘米、长79.3厘米、宽42.7厘米。干栏式建筑。平面呈长方形，下为八根柱子。悬山顶，中间有瓦脊，瓦脊前后各铸有对称的十二行瓦垄，均作瓦板状。房屋前面正中设有双扇门，均有门环，可以闭合启动，并设有门槛。门前有走廊，围杆为二横一竖式。屋外四壁均有"十"字阴纹装饰。

特色活动

文物苑丰富多彩的民族表演 文物苑内有民族歌舞演出、山歌对唱。游客可以与演出者一起舞蹈、对歌，可以选购民族工艺品，可以参与做豆腐、酿酒等民族手工作坊演示，品尝各式各样的民族风味小吃。

基本信息

地　　址：广西壮族自治区南宁市民族大道34号
交通线路：乘11、23、30、33、63、205、211路公交车至文物苑站；或乘
　　　　　6、34、79、213路公交车到民族古城路口站
开放时间：9:00～17:00（16:00停止入馆）
闭 馆 日：星期一
邮　　编：530022
电　　话：0771-2832285　2847055（投诉）
传　　真：0771-2804084
邮　　箱：taoshaoyi@yahoo.com.cn
网　　址：http://www.gxmuseum.com

八路军桂林办事处旧址纪念馆

基本陈列

《永远的丰碑》 陈列以丰富详实的文物、图片资料，全面生动地再现了八路军桂林办事处在抗战的艰难岁月里，大力宣传中国共产党的抗日主张，动员、团结各阶层人民抗日；联系和领导南方各省及南洋一带中共地下党组织；为党中央和抗日前线收集、传递各种情报；代表党中央和中共南方局领导桂林抗日文化救亡运动等光辉史迹。

珍贵藏品

周恩来使用过的公文包 黑色，长方形，羊皮制作。周恩来曾带此公文包到过西安、太原、武汉、桂林、重庆、延安等地。

胡志明使用过的丝棉被 1938年底，胡志明任八路军桂林办事处救亡室主任，并以此为掩护积极从事越南共产党的组建工作。

特色活动

现场参与，模拟发报 在电台室这一场景中，摆放有发报机，观众可以参与模拟发报，从而提高参观兴趣，更好地融入展示内容。

基本信息

地　　址：广西壮族自治区桂林市中山北路14号
交通线路：乘1路、22路、99路、100路至凤北路口站，再步行200米
开放时间：淡季8:00～17:00　旺季7:30～17:30
邮　　编：541001
电　　话：0773-2822818
传　　真：0773-2835580
邮　　箱：guilin1121@sina.com
网　　址：http://www.bljgl.com

百色起义纪念馆

基本陈列

《百色风雷 两江红旗》 通过序厅、"起义厅"、"英烈厅"、"功臣厅"、"小平厅"五个部分,全面展示百色起义的过程和在中国革命史上的重要地位,突出邓小平同志的思想和丰功伟绩。

珍贵藏品

《敬告同胞书》传单 1925年,韦拔群以国民党广西省特别党部名义发表《敬告同胞书》,号召同胞们团结起来,"实行国民革命"。

《土地法暂行条例》 1930年5月1日颁布。《条例》的主要内容:一是没收土地的范围是地主反革命的土地;二是分配土地以出产之多寡即按产量来计算田亩;三是按人口平均分配;四是实行抽肥补瘦分配办法。

基本信息

地　　址:广西壮族自治区百色市城东路
交通线路:1、4、6、7、9路公交车
开放时间:8:45~16:00
闭 馆 日:农历除夕、星期一
邮　　编:533000
电　　话:0776-2824401
传　　真:0776-2850496
邮　　箱:bsqiyi@163.com
网　　址:http://www.bsqy.gov.cn

右江革命纪念馆

基本陈列

以550余幅照片、珍贵的革命文物及油画、图表、场景复原等，形象、生动地再现中国共产党领导右江人民进行艰苦卓绝的革命斗争，并取得胜利的光辉历程，讴歌了邓小平等老一辈无产阶级革命家在右江地区领导革命斗争的光辉业绩。

珍贵藏品

思林爱桑兵工厂造枪用过的老虎钳 右江工农武装于1929年12月在思林兰芳村秘密建立兵工厂。这把老虎钳就是当年造枪师傅用过的。

邓小平用过的马鞍 1930年邓小平离开龙州前往右江时，红八军为他配备一匹壮马，作为行军骑用。

特色活动

合唱红军歌曲，听讲革命故事 田东县平马镇百谷村是一个远近闻名的红军村，流传下来很多壮语"红军歌"。2005年，本馆举办"红军歌曲天天唱，革命传统代代传"文艺表演，邀请田东县平马镇百谷村老年合唱团给观众演唱当年的红军歌曲。

基本信息

地　　址：广西壮族自治区田东县平马镇南华路1号
交通线路：田东县汽车站左拐约300米
开放时间：8:30～11:30，14:30～17:30
邮　　编：531500
电　　话：0776-5222473
传　　真：0776-5229005
邮　　箱：wat9005@163.com

中国红军第八军革命纪念馆

基本陈列

龙州中国红军第八军革命纪念馆以《赤色龙州》为陈列主题，陈列共分21个部分，以反映邓小平、李明瑞、俞作豫等老一辈革命家组织、领导龙州起义，创建中国红军第八军，建立左江革命根据地的史实为内容，展示了龙州起义前的历史背景，龙州起义的爆发，创建中国红军第八军、建立左江革命根据地，以及驱逐法国驻龙州领事等各个历史事件，真实地反映了龙州起义和红八军的光辉战斗历程和丰功伟绩。

珍贵藏品

红八军帽徽　龙州起义时红八军将士使用。铜质，椭圆型，帽徽上面铸有五角星和镰刀锤子。

《工农兵报》　为当年红八军编印的机关刊物。现存为1930年2月12日刊，刊有《中国红军第八军目前实施政纲》、《中国红军第八军政治部为法帝国主义驻龙州领事馆无理照会告全国民众书》、《龙州全市工人第三次代表大会宣言》等文件、文章。

红八军印刷机　为当年红八军刊印《工农兵报》及宣传资料的印刷机，德国产。

基本信息

地　　址：龙州起义纪念馆：广西壮族自治区龙州县城东区独山大道
　　　　　红八军军部旧址：广西壮族自治区龙州县新街
交通线路：南宁—夏石—龙州
开放时间：8:30～11:30，14:30～17:00
闭 馆 日：星期一（节假日例外）
邮　　编：532400
电　　话：0771-8812446
传　　真：0771-8812446
邮　　箱：gxlzbwg@126.com

海南省博物馆

基本陈列

《海南历史陈列》 展示海南自旧石器时代至1950年海南岛解放二万多年间的历史进程。分为："拓荒大洲"、"迁徙融合"、"奇甸文物"、"近代琼崖"以及"琼崖丰碑"等五个部分。

《海南少数民族陈列》 主要反映海南黎族、苗族、回族三个世居民族的经济、文化。分为"谋生方式"、"家庭手工业"、"物质生活"、"人生习俗"、"文化艺术"、"宗教信仰"等六个部分。

《海南省非物质文化遗产陈列》 主要反映海南省各族人民世代相承的与群众生活密切相关的传统表演艺术、民族活动、礼仪、节庆、传统手工技艺等。

《海南馆藏文物精品展》 荟萃了海南全省各级博物馆馆藏精品文物200余件，分为"石器"、"铜器"、"陶瓷器"、"书画"四个部分。

珍贵藏品

《琼黎风俗图》 清代。纵33厘米、横30.5厘米，共十五开页。从建屋、纺织、耕种、对歌、嫁娶等角度，图文并茂地描绘了清代以来黎族的社会风貌，是一部珍贵的黎族画史。

龙被 清代。长220厘米、宽42厘米。龙被汇集了黎锦纺、染、织、绣四大工艺之特点，是黎锦中的精品，自汉代起一直为历代朝廷之贡品。龙被在黎族地区主要用于宗教活动、红白喜事等方面。

龙泉窑菱口刻花碗　明代。高7厘米、口径19厘米、底径6.5厘米。器形规整，釉色青润，为明代龙泉窑的精细之作。

乾璧杨檟行草立轴　清代。纵165厘米、横51厘米。该藏品书写的是明代海南大才子丘濬脍炙人口的七言律诗《五指山》。

特色活动

黎族打柴舞　打柴舞也称竹竿舞，是黎族民间最原始、最古老的舞蹈之一。打柴舞多在村场举行，地面平行放两根粗柴杆，两杆间距3米，在两根粗杆上横放三至五对木棍。跳舞时，木棍两端分别由两人相对执着，作上下、左右、分合、交叉击拍，发出强烈有力的节奏，舞者在木棍间跳跃表演。

基本信息

地　　址：海南省海口市国兴大道68号海南文化公园东侧
交通线路：43路、45路和33路公交车
开放时间：淡季9:00～17:00　旺季8:30～17:00
闭 馆 日：星期一
邮　　编：570203
电　　话：0898-68928907
传　　真：0898-68928907

重庆中国三峡博物馆

基本陈列

在重庆中国三峡博物馆的基本陈列中,您能欣赏到具有深厚人文底蕴的《壮丽三峡》,通过《远古巴渝》触摸绵绵不绝的历史文脉,在《重庆:城市之路》中感受重庆的沧桑巨变,追忆《抗战岁月》重庆作为战时首都那段血与火交融的历史。

专题陈列 《近现代名家书画》、《历代瓷器》、《历代钱币》、《汉代雕塑艺术》、《李初梨捐献文物》、《西南民族民俗风情》。

珍贵藏品

十大镇馆之宝 重庆中国三峡博物馆的十大镇馆之宝是经专家慎重推介,由广大市民投票选出的。其中东汉乌杨阙位列榜首,其他分别是:"巫山人"下颌骨化石、鸟形尊、偏将军印章、唐寅临《韩熙载夜宴图》、三羊尊、何朝宗制观音像、虎纽錞于、东汉景云碑、江竹筠烈士遗书。

特色活动

360度数字环幕电影《大三峡》 采用先进的展示手段,真实完美地再现了神奇三峡的秀丽景色,最大限度地保存和展现了三峡大坝蓄水前的三峡原貌。

《重庆大轰炸》半景画 通过半景画的形式,形象再现抗战时期重庆惨遭日军轰炸的悲壮和惨烈,讴歌重庆人民顽强不屈的抗争精神。

基本信息

地　　址:重庆市渝中区人民路236号
交通线路:乘103、105、112、122、181、215、421、868路等公交车至人民大礼堂站;轻轨2号线曾家岩站
开放时间:淡季9:30～17:00　旺季9:00～17:00
闭 馆 日:星期一
邮　　编:400015
电　　话:023-63679066　63869862
传　　真:023-63679014
邮　　箱:sxbwgbgs@126.com
网　　址:www.3gmuseum.cn

重庆红岩革命纪念馆

基本陈列

革命遗址复原陈列及《千秋红岩——中共中央南方局历史陈列》 以抗日战争时期和解放战争初期,中共中央南方局、八路军驻重庆办事处结庐红岩,艰苦坚持,创造性地贯彻执行党中央的抗日民族统一战线政策,艰难维系国共合作团结抗战大局,团结广大爱国民主党派和各阶层人士,为争取抗日战争的早日胜利和加快中国民主化建设进程而斗争,以及解放战争时期在国民党统治区建立第二条战线等彪炳千秋的史实为主要陈列展示内容,全面准确、形象生动地反映了中国共产党当年在渝组织革命活动的史实。

珍贵藏品

董必武题"红岩革命纪念馆"和"曾家岩分馆" 为董必武1959年9月亲书,红岩革命纪念馆的馆名由此而来。

童小鹏的照相机 是当年南方局批准购买的,中共中央南方局秘书处处长兼机要科科长童小鹏于1941年至1946年用此相机拍摄过许多重大历史事件和难得的场景,留下了许多珍贵的历史镜头。

《新华日报》印刷机 平板印刷机,1937年冬,中国共产党在武汉筹备出版《新华日报》时买进。从1938年至1947年,这台印刷机共使用了八个春秋。

基本信息

地　　址:重庆市渝中区红岩村52号
交通线路:乘265、261、210、808、318路公交车至红岩村站
开放时间:8:30～17:30
邮　　编:400043
电　　话:023-63300192
传　　真:023-63300192
邮　　箱:manage@hongyan.info
网　　址:http://hongyan.info

重庆歌乐山革命烈士纪念馆

基本陈列

《红岩魂》基本陈列　由"中美合作所"暨国民党军统集中营史实、白公馆、渣滓洞监狱等文物旧址和烈士陵墓等纪念地共同组成烈士陵园参观展示体系。着重展示了在抗战和解放战争期间遭国民党政府逮捕、关押直至杀害的红岩先烈的英雄事迹及有关历史事件。

珍贵藏品

挽联　140×400厘米。是1950年1月15日在重庆举行的杨虎城将军暨"11·27"被难烈士的追悼大会上，刘伯承、邓小平、张际春、李达题写的，悬挂在大会会场。

杨虎城将军的佩剑　长36.2厘米。钢制，剑身上刻有"成功成仁"字样。此剑是杨虎城将军任国民革命军十七路总指挥期间所用。

特色活动

《红岩魂》形象报告展演、《生命作证》情景剧　通过塑造的一个个鲜活的革命人物形象，形象生动地再现了他们为了争取革命胜利、人民解放、民族独立而斗争，甚至光荣牺牲的悲壮历史场面。

基本信息

地　　　址：重庆市沙坪坝区政法三村63号
交通线路：乘210、808、801、802路公交车至烈士墓站
开放时间：8:30～17:30
邮　　　编：400031
电　　　话：023-65345098
传　　　真：023-63300192
邮　　　箱：manage@hongyan.info
网　　　址：http://hongyan.info

刘伯承同志纪念馆

基本陈列

　　刘伯承同志纪念馆基本陈列分为"壮志英华　从戎救国"、"土地革命　屡建奇功"、"烽火抗战　尽显神威"、"解放战争　功勋卓著"、"开国元勋　再铸伟业"、"一代名帅　风范千秋"六个部分，歌颂刘帅的丰功伟绩。刘帅故居通过刘帅居住过的卧室等房屋和辅助陈列室，表现了刘帅少时的勤耕苦读，为他日后成为新中国开国元勋奠定了坚实的基础。

珍贵藏品

　　《给刘伯承同志的致敬信》条幅　1982年8月6日，中国共产党第十一届中央委员会第七次全体会议发出了《给刘伯承同志的致敬信》，高度评价了刘伯承同志的丰功伟绩，称赞他"不愧是身经百战的元帅，马克思主义的军事理论家，坚强的无产阶级革命家"。

基本信息

地　　址：纪念馆：重庆市开县汉丰镇体育路64号
　　　　　故　居：重庆市开县赵家镇周都村8社
开放时间：9:00～17:00
闭 馆 日：星期一
邮　　编：405400
电　　话：023-52222914
传　　真：023-52222914
邮　　箱：lbcjng@163.com

聂荣臻元帅陈列馆

基本陈列

《聂荣臻元帅生平事迹展览》 陈列馆庄严雄伟，馆区山清水秀，是全国爱国主义教育示范基地，国家AAAA级旅游景点。展览图文并茂，共展出3000多件文物、图片、文献资料，运用科技手段升华展陈水平，特别是卫星模拟发射演示，让参观者怀念聂帅，更感受祖国的强大。

珍贵藏品

红旗轿车 1966年国家给聂荣臻元帅配备的专用车，但聂帅从未公车私用。该车是聂帅廉洁奉公的历史见证。

元帅礼服 1955年共和国元帅授衔时所发，是聂荣臻元帅创建人民军队、领导武装革命戎马倥偬、功勋卓著的历史见证。

聂荣臻元帅陶艺塑像 该陶塑作品是广东省佛山市新石湾美术陶瓷有限公司的5位国家级陶艺大师为纪念中国人民解放军建军80周年精心创作而成，表达了全国人民对聂荣臻元帅的无比怀念之情。

特色活动

中国西昌卫星发射模拟演示 该装置真实表现卫星发射时的壮丽场景，给人以身临其境的感受，是激发观众爱国热情和科技热情的良好展示方式。

基本信息

地　　址：重庆市江津区几江街道办事处鼎山大道
开放时间：淡季9:00～17:00　旺季8:30～17:00
闭 馆 日：星期一
邮　　编：402260
电　　话：023-47562678　47564671（投诉）
传　　真：023-47562678　47574466
邮　　箱：jjnsg@163.com
网　　址：www.nrzys.com

赵世炎故居

基本陈列

故居和陈列室 赵世炎故居为砖木结构复四合院布局。正房坐北朝南,居中呈"T"字形,建筑面积712平方米,占地面积1605平方米,共有瓦房32间。前院东西厢房;后院东、西厢房;磨房面阔三间;碾房位于正房东侧。故居南面为赵世炎烈士塑像和凭吊广场,占地面积980平方米。塑像南侧陈列室,建筑面积200平方米,陈列着赵世炎同志生前活动照片、手迹、书稿及李鹏、朱琳同志捐赠的赵君陶同志的遗物等文物。

珍贵藏品

藤箱 1923年,赵世炎赴法勤工俭学时用的藤箱,用藤子编织而成,手工精湛。

赵世炎中学作文 赵世炎中学时期的作文,年代为1916年。

赵君陶使用过的皮箱 1942年,赵君陶使用的箱子,由牛皮做成。

基本信息

地　　址:重庆市酉阳县龙潭镇赵庄社区129号
交通线路:重庆—龙潭(火车)
开放时间:9:00～17:00
闭 馆 日:星期五
邮　　编:409800
电　　话:023-75312067
传　　真:023-75556022
邮　　箱:ran.huifang@163.com

四川省博物馆

基本陈列

《巴蜀青铜器》、《汉代陶石艺术》、《大风堂艺术》、《四川民族文物》等共十个基本陈列,全面地反映了巴蜀文化的辉煌,展品涉及面广,可视性强,有浓郁的地域文化特色。

珍贵藏品

水陆攻战纹铜壶 战国。盖上有三鸭形纽,并饰卷云纹、圆圈纹和兽纹。肩有兽面衔环双耳。通体用金银嵌错出丰富多彩的图像,以三角云纹为界带,画面分四层:第一层,习射和采桑;第二层,宴乐战舞;和戈射、习射;第三层,水陆攻战;第四层,狩猎和双兽桃形图案。采用绘画与雕刻相结合的技法,并以长篇人物故事组画的形式出现,开创了战国时期青铜器装饰艺术的新格局。

说唱陶俑 东汉。泥质灰陶,模制。头顶作椎髻,双目微闭,歪嘴吐舌,两臂上耸,左臂戴环饰。左手托小鼓,右手执槌欲击。上身赤裸,双乳垂至腰际。鼓腹,臀部后翘。宽肥的长裤垂落至臀,似有继续下落之势。

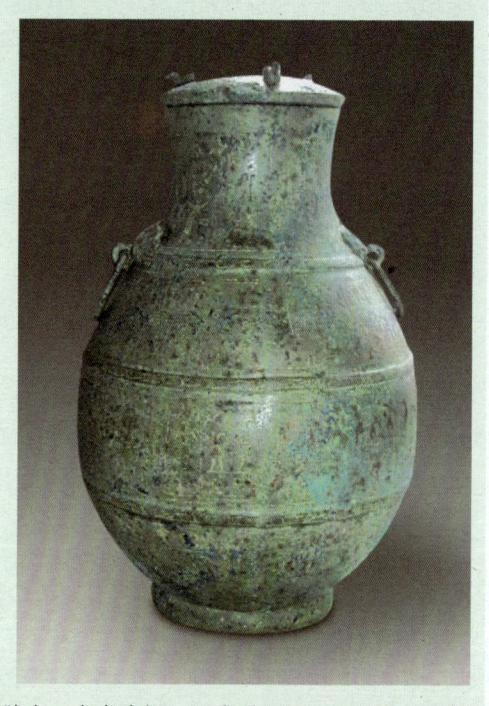

牛纹铜罍 西周。国宝级文物。覆豆形盖,顶饰以蟠龙,四周饰饕餮纹,以一宽眉大眼的人头为把手,盖身饰四牛相向而跪。器肩饰相向而跪的立体牛头双耳,牛尾间及腹下饰立体牛头。通体素地。该器纹饰简练、造型生动。

张大千临摹敦煌壁画《劳度叉斗圣变》 《劳度叉斗圣变》绘于敦煌莫高窟第196窟西壁的南北两侧,依据《降魔变文》绘制。经变讲述须达长者请释迦讲经,特意重金购买了太子祗陀的园地建精舍,引起六师外道同释迦弟子舍利佛的斗法故事。

特色活动

专家讲座 每月一次的文博专家讲座既是学术论坛,又是科普活动。

博物馆之友联谊会 定期举办博物馆之友联谊会,切磋文物知识,接受专家帮助。

基本信息

地　　址:四川省成都市浣花南路251号

交通线路:19路、35路、47路、82路、84路、407路、503路公交车

邮　　编:610071

电　　话:028-87336907　85226723

传　　真:028-85257921

邓小平故居陈列馆

基本陈列

《我是中国人民的儿子》 运用国际博物馆展示的成功理念和现代科技先进展示手段,全方位再现了小平同志光辉的一生。邓小平故居陈列馆是目前我国唯一一家以纪念邓小平同志为主题的博物馆。2005年,邓小平故居陈列馆展览荣获第六届全国博物馆十大陈列展精品评选特别奖。

珍贵藏品

工卡 1921年邓小平留法勤工俭学时,在工厂做工的登记卡。1997年5月,法国总统希拉克访华时,将它赠送给中华人民共和国主席江泽民。

"双猫"图 1984年,著名画家陈莲涛将此《双猫图》赠送给邓小平。

"红旗"牌检阅车 这辆车是1984年10月1日,在中华人民共和国成立35周年庆典上,邓小平检阅部队时使用的检阅车之一。

特色活动

三机联放数字电影 从不同角度展示小平音容风采、思想功绩和生活情趣的三部影片《风采篇》、《史诗篇》、《情趣篇》,给人以强烈的震撼,成为陈列内容的有益补充。

基本信息

地　　址:四川省广安市广安区协兴镇邓小平故里管理局
交通线路:乘8路公共汽车到邓小平故居站
开放时间:淡季8:30～17:30　旺季8:30～18:00
邮　　编:638003
电　　话:0826-2412393
传　　真:0826-2412369
邮　　箱:dxpglglj@sina.com
网　　址:www.dxpgl.cn

朱德同志故居纪念馆

基本陈列

纪念馆建筑面积3760平方米，展室面积2100平方米，大门前新建了朱德汉白玉塑像广场。馆内陈列《人民的光荣——朱德生平事迹展览》，内容丰富，有声、光、电、多媒体、影景合成、景观复原等高科技展示手段，具直观性、生动性、趣味性、参与性和系统性。

朱德家乡遗址原状陈列：朱德故居，朱德诞生地，朱德读书址——药铺垭私塾、席家砭私塾，朱德教书址——仪陇县立高等小学堂，朱德生父朱世林墓，朱德生母钟夫人墓，朱德故里碑，朱德题词纪念碑，朱德挖掘的琳琅井。

另有《朱德家史陈列展》、《朱德与母亲陈列展》、《朱德与故乡陈列展》专题陈列。

珍贵藏品

朱德生前使用过的遗物 遗物中有很多反映了朱德的生平业绩，如朱德参加中共七大的代表证，各种办公用品，俭朴的生活用品，外出视察时用过的拐杖，国际往来的赠品等等。在朱德阅读过的书籍中，有的已是传世孤本。有的书籍上面留有朱德的亲笔批注，反映了朱德在当时特定历史条件下的思想活动，对研究朱德思想的发展提供了重要的实物资料。此外，还有一批朱德的手稿。朱德爱好书法，喜欢赋诗作词，在长期的革命生涯中，留下了很多墨宝。这些手稿基本上未公开发表过，十分珍贵。

名人、名家书画作品 本馆收藏有邓小平、宋庆龄、赵朴初、钱松嵒、聂荣臻、徐向前、沙孟海、舒同、齐良芷、苏葆桢等名人名家书画作品两千多件，有专门的书画陈列室。

基本信息

地　　　址：四川省仪陇县马鞍镇大湾路
交通线路：仪陇县城—马鞍（51公里）
开放时间：8:30～18:00
邮　　编：637631
电　　话：0817-7555022　7555187
传　　真：0817-7555236
邮　　箱：yh7288111@163.com

朱德铜像纪念园管理处

基本陈列

《朱德足迹遍中华》 新中国建立后,朱德历任党、国家、军队的主要领导期间,虽然年事已高,仍然在1952年到1966年的15年里,从繁忙的领导工作中挤出时间,深入到27个省、市、自治区进行了130多次视察活动,为了社会主义革命和社会主义建设,经常不辞辛劳,深入基层,倾听群众呼声,进行细致的调查研究,并实事求是地及时向党中央、毛主席报告,提出了许许多多经得起历史检验的真知灼见。他的足迹踏遍祖国的山山水水,他的一生同中国革命的艰难历程和伟大胜利融合在一起。他那坚定的革命精神、求实的科学态度、崇高的道德品质、优良的思想作风,永远激励我们沿着中国特色社会主义道路阔步前进!

珍贵藏品

朱德铜像 1990年,中央军委赠送。朱德铜像于1991年11月落成揭幕,矗立在纪念园中央。铜像高4.2米、重2500千克,基座高2.8米,基座正面镶嵌着江泽民题写的"朱德元帅"四个压金铜字。

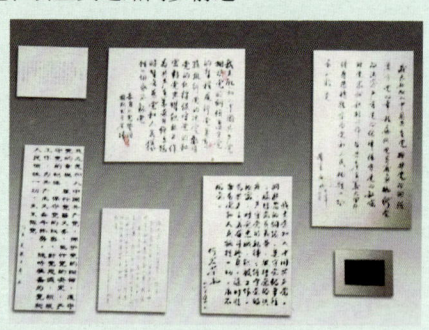

朱德、康克清金色头像 分别镶嵌在花岗石上,朱德头像下阴刻着"功昭日月"四个金色大字,康克清头像下阴刻着"誉满人间"四个金色大字。

基本信息

地　　址:四川省仪陇县金城镇西环路2号
开放时间:淡季8:30~18:00　旺季8:00~18:30
邮　　编:637600
电　　话:0871-7222848
传　　真:0871-7222848
邮　　箱:zdjnyxhq@163.com

宜宾市赵一曼纪念馆

基本陈列

《民族英雄赵一曼事迹陈列展览》

第一展厅：主要陈列老一辈无产阶级革命家朱德、陈毅、陈云、董必武、宋庆龄、何香凝、聂荣臻、郭沫若、张爱萍、邓力群等为赵一曼烈士的题词。第二展厅：主要展示赵一曼的成长道路。她在姐夫、共产党员郑佑之的帮助下，从一个"大家闺秀"走上革命道路，成为一名坚定的共产主义者，并坚定不移地追求革命真理。第三展厅：详细介绍了赵一曼在东北组织和领导工人运动，在林海雪原上与日军浴血奋战，抗击日寇的光辉业绩。第四展厅：展现赵一曼受伤被俘后，在医院治疗时向医务人员晓以大义，策反脱逃的传奇经历。再次被俘后，又受尽酷刑，仍昂首挺胸，毫不屈服！一曲悲壮的《红旗歌》响彻云霄。

珍贵藏品

《中山中学开校记》 今天是我们开校的第一天，……你的毛病第一粗心！第二不耐久，有始无终，第三动辄冒火！如不赶快觉悟改良，……且恐一事无成，兼愁短命。

"女子手工业社"木匾 桢楠木制成，长150、宽48、厚2.5厘米，左行楷书"女子手工业社"，每字27厘米见方。字体苍劲有力，匾有裂痕。

基本信息

地　　址：四川省宜宾市翠屏公园内

交通线路：乘1路、4路、5路、6路公交车至翠屏山下

开放时间：9:00～17:00

邮　　编：64000

电　　话：0831-8226665　8223055

黄继光纪念馆

基本陈列

《黄继光英雄事迹展》 黄继光英雄事迹展分五个部分展出,通过500余件实物、图片、组画、模型等,详细展示了黄继光同志从一个贫苦农民的儿子成长为一名中国人民志愿军特级英雄的光辉历程。突出地歌颂了他胸怀全局,奋不顾身,为了胜利用胸膛堵住敌人暗堡机枪口的英雄壮举和高度的爱国主义、国际主义、革命英雄主义精神。

珍贵藏品

老一辈无产阶级革命家的题词 党和国家领导人朱德、董必武、刘伯承、邓小平、郭沫若、谢觉哉、何香凝、张爱萍、秦基伟等的题词。

朝鲜友人赠送的礼品 金日成主席的题词、金日成主席赠送的金龙宝刀、镂空花瓶、人参酒、人参茶、人参精、双面锈等珍贵礼品。

黄继光的遗物 黄继光小时候用过的生活用具、站岗时用过的梭镖、曾经用过的转盘机枪、牺牲时穿过的血衣、牺牲地的坑木和泥土等。

基本信息

地　　址:四川省中江县凯江镇东河路下段1号
交通线路:2路公交车
开放时间:14:30～17:30
闭 馆 日:农历除夕
邮　　编:618100
电　　话:0838-7202597
邮　　箱:hjgjng@126.com
网　　址:www.hjgjng.com

万源保卫战战史陈列馆

基本陈列

万源保卫战战史陈列馆 是为纪念中国工农红军第四方面军在第二次国内革命战争时期,进行的艰苦卓绝,最终取得辉煌胜利的万源保卫战而修建的专题性纪念馆。现展出各种文物1000余件,展览分为七个单元,外加一个附展。七个单元分别为:"固军起义 革命烽火漫巴山"、"奇兵入川 红色苏区建川陕"、"迎敌围攻 收紧阵地御强敌"、"决战万源 撼天动地壮军史"、"全线反攻 横扫千年如破竹"、"踊跃支前 万源人民多贡献"、"精神永存 光辉伟业照千秋"。附展为"川军将领的归宿"。

珍贵藏品

石水缸 1933年红军入川以后既把它作为装水的水缸,又把它作为磨砺刀矛的磨刀石。在缸外壁上有红三十三军政治部雕刻的标语"工农弟兄们,你们不要被发财人所欺骗,只有坚决同发财人作斗争,才是唯一的出路!"

刘湘自叹歌 是一个活报剧,用非常幽默、诙谐的语句,反映了四川军阀刘湘战败沮丧的情况。

红军标语 万源保卫战期间,红军为扩大宣传,利用当地墓碑等书写了大量的石刻标语,鼓舞军民士气。据统计,现万源境内保存完好的石刻标语达381幅,展示出了其中的9幅。

基本信息

地　　址:四川省达州市万源市太平镇驮山路46号
开放时间:9:00～18:00
闭 馆 日:农历除夕
邮　　编:636350
电　　话:0818-8618286
传　　真:0818-8618286

陈毅纪念馆

基本陈列

陈毅故居 是一座依山而建的三重堂四合院。有大小房屋36间，为单檐悬山式小青瓦屋面。故居后山有御风台、诰命夫人墓、乡情园、石钟、石鼓、羊叉河等10余个景点。

故居文物陈列馆 距故居200米，于1987年建成。展示陈毅元帅的生平事迹，有展厅五个，分为五个时期18个单元全面介绍陈毅元帅的一生。

陈氏祠 是陈毅同志留法回国后居住的地方，称为第二故居。

陈毅纪念馆 位于乐至县城，有"帅乡入口广场"、"征途甬道群雕"、"元帅台瞻仰广场""松洁陈列观景楼"、"诗廊"等景点，安放了中央军委赠送的陈毅元帅铜像，馆内举办了陈毅元帅的生平事迹陈列，展出文物以建国后期史料为主。

珍贵藏品

邓小平题字 "陈毅故居"。

江泽民题字 "陈毅元帅"。

陈毅给父母的信 有信十余封，内容主要为家书。从信中可以表现出陈毅元帅的思想品质精神境界。

陈毅在中南海的用品等 有写字台、沙发、躺椅、台灯、电扇、服装等生活用品和办公用品。

基本信息

地　　址：四川省乐至县劳动镇故居村十社（故居）；四川省乐至县天池镇园林路（纪念馆）

交通线路：故居：从北门车站乘车至劳动镇；纪念馆位于县城中心

开放时间：9:00～17:00

邮　　编：641500

电　　话：0832-3336012

传　　真：0832-3336012

邮　　箱：xsk9962@163.com

红四方面军总指挥部旧址纪念馆

基本陈列

《巴山峰火》以"西征入川 创建苏区"、"运筹帷幄 决胜千里"、"传播真理 唤醒民众"、"发展生产 保障供给"、"战地血花 救死扶伤"、"巴山妇女 巾帼英雄"、"前仆后继 无私奉献"七个部分为主线,集中展示了第二次国内革命战争时期,红四方面军在川陕边境开展土地革命、武装斗争、建立政权、扩大红军、创建根据地的英雄史实。

珍贵藏品

川陕苏区"赤化全川、消灭刘湘"手榴弹 铜质。由两半构成,一半铸有"赤化全川"四字,另一半铸有"消灭刘湘"四字。

川陕苏区十大政纲壁书 粉壁墨书,竖长方形,纵157厘米、横96厘米。墨书"共产党十大政纲"及具体内容。

特色活动

表演节目 舞蹈:《红军留下灯一盏》、《红色天使》、《巴山红云》、《红云崖情思》、《不朽的红标》;歌舞:红军歌谣联唱;歌曲:《劝郎当红军》等。

基本信息

地　　址：四川省通江县诺江镇文庙街29号
交通线路：乘1路公交车至红军广场纪念馆
开放时间：淡季9:00～17:00　旺季8:30～18:00
闭 馆 日：星期一
邮　　编：636700
电　　话：0827-7239278　7231302（投诉）
传　　真：0827-7239278
邮　　箱：wgsjng@163.com

红军飞夺泸定桥纪念馆

基本陈列

结合了声、光、电等多媒体形式再现战斗场景。整个陈列馆是以中央红军长征路线为主线,又以红军飞夺泸定桥这个战役为重点,利用图片、史料、文物等内容结合多媒体形式来展现当年的战斗场景。

珍贵藏品

红军飞夺泸定桥时铺的桥板 现存三张,为民居杉木铺板,长约225厘米、宽分别为27、27、29厘米、厚约1.5厘米,叠缝拼合成一体。

红军十大政纲 书于九张凹凸槽拼接的壁板上,高30厘米、宽度12～18.5厘米。以墨汁竖排书写12行,"红军是工农自己的军队!取消一切苛捐杂税!打倒屠杀工农兵的刘湘、刘文辉!欢迎中央军弟兄拖枪来红军!……"此件取于红军飞夺泸定桥后,朱德同志居住的吊脚楼民房内。

朱德题写的馆名 行书四行"红军长征革命文物纪念馆 朱德 1958年5月28日朱德题"。白色花果暗纹金绫装裱。

基本信息

地　　址：四川省甘孜州泸定县泸桥镇丰碑路
开放时间：淡季8:30～17:30　旺季8:00～18:00
邮　　编：626100
电　　话：0836-3122117　3125432
传　　真：0836-3122117

苍溪红军渡纪念园

基本陈列

陈列有文物15件，文物资料85件，红军石刻标语41件，照片1093件，各类文献资料、书刊、回忆录、题词400余件，国家、省市领导及老红军书画作品35件。并有强渡嘉陵江战役声光电高科技演示场景和可供游客参与互动的设施。

珍贵藏品

毛泽东亲笔书信 写给苍溪籍老红军的亲笔信，内容为："罗光禄同志：请在今天到广州书店买一本书，叫做：哲学杂志，1959年11月～12月综合号，下午交我为盼。"

苍溪县苏维埃政府大印 当年，苍溪县苏维埃政府秘书张凯元同志冒着生命危险保存至解放后献给政府，原件现存放在中国人民革命军事博物馆。

红军石刻标语 当年，红军在苍溪境内的区乡城镇、山道路旁、农家村社到处刻满了石刻标语，据统计，不同内容的标语有800余幅，存放在本馆的标语原件有41件。

特色活动

纪念馆成立有专门的文艺演出队，在游客参观期间，演出一些有地方特色和红军时期的文艺作品，包括歌曲、舞蹈、小品和快板等，让游客在观看演出的同时也能接受革命传统主义和爱国主义教育。

基本信息

地　　址：四川省苍溪县红军渡
交通线路：乘1路公交车至红军渡站下车可直达纪念馆
开放时间：淡季8:30～17:30　旺季8:00～18:30
邮　　编：628400
电　　话：0839-5281001
传　　真：0839-5281001
邮　　箱：hongjundu2004@126.com
网　　址：www.hongjundu.com

贵州省博物馆

基本陈列

陈列面积约1200平方米，陈列内容以馆藏文物为主，展示贵州重要历史文物和民族文物。采用文物、图片、模型、复原场景和影像资料相结合的手法，运用现代展示手段，塑造一个具有时代感的现代陈列展示空间。通过对贵州较有优势的史前文物和标本，有重要影响的重大考古成果，有一定知名度的夜郎等不同历史时代的文物，以及具有深厚文化内涵的贵州少数民族文物和非物质文化遗产的展示，为观众备上一份科学文化审美大餐。

珍贵藏品

史前文物标本 贵州龙化石、海龙化石、鱼龙化石、海百合化石等。

历史文物 铜车马、立虎辫耳大铜釜、石寨山铜鼓、杨粲墓铜鼓、铜柄铁剑、鎏金铜鉴、一字格剑、明代金冠、彩釉陶俑仪队。

民族文物 施洞苗族女盛装、西江苗族女盛装、木祖鼓、施洞独木龙舟、鼓藏幡、傩面具、地戏面具、刺绣、蜡染、银饰、竹木生活用具。

特色活动

在展厅进行贵州非物质文化遗产展示；在展区进行民族工艺展示；定期在展区进行贵州少数民族歌舞表演。

基本信息

地　　址：贵州省贵阳市北京路168号
交通线路：1、2、12、14、15、30路公交车
开放时间：9:00～17:30
闭 馆 日：星期一
邮　　编：550004
电　　话：0851-6822232　6822236　6825674-8014/8827（投诉）
传　　真：0851-6822214
邮　　箱：gzmuseum@126.com
网　　址：www.gzwbxx.com

遵义会议纪念馆

基本陈列

遵义会议会址 原为国民党军第25军第二师师长柏辉章的私邸。1935年1月中央红军长征到达遵义后,红军总司令部驻在这座宅院。遵义会议期间,朱德、周恩来、刘伯承、彭德怀、杨尚昆、刘少奇、李卓然等住在这里。会址主楼各室的墙壁上有许多墨写的红军标语。

遵义会议陈列馆 为仿遵义20世纪30年代民居特色的二层建筑。陈列由序厅和"战略转移"、"遵义会议"、"四渡赤水"、"胜利会师"、"永放光芒"五部分组成,内容以中央红军长征为主线,以有关人物和事件为板块,以遵义会议和四渡赤水为重点,点、线、面有机串联起来,同时反映红军在遵义的活动和整个红军长征的概貌。

珍贵藏品

遵义会议会议室挂钟 遵义会议期间,这架钟一直挂在会议室,见证了遵义会议的召开。

中国工农红军第一军团总指挥部特务连印章 印章为梨木质,圆形,印体较矮,印文为篆体阳文:"中国工农红军第一军团总指挥部特务连"。

基本信息

地　　址:贵州省遵义市子尹路96号
交通线路:1路公交车
开放时间:8:30～17:45
邮　　编:563000
电　　话:0852-8222052　8250699
传　　真:0852-8257419
邮　　箱:zyhy35115@126.com

息烽集中营革命历史纪念馆

基本陈列

纪念馆分为序厅、四个展厅和缅怀厅六个部分，共展出各类珍贵图片350余幅，历史文物（含部分复制件）160余件。序厅以"烽火不息"为主题，对展出的内容作了概括；一展厅主要介绍军统在息烽的历史背景和息烽集中营的历史沿革；二展厅主要介绍狱中关押过的共产党员和革命志士的生平；三展厅主要介绍中共狱中地下支部领导共产党员和爱国志士在狱中同国民党反动派英勇斗争的光辉史实；四展厅主要介绍幸存者的回忆和开馆以来的教育活动开展情况；缅怀厅是缅怀革命先烈的主要活动场地。

珍贵藏品

黄显声就义处纪念碑碑文原稿 1950年，黄显声将军生前难友黄彤光、韩子栋、周科征、顾建萍等人在他就义处立一块纪念碑，碑文由顾建萍手书。

中正剑 是黄埔军校以校长蒋介石名义赠给毕业生的纪念品。

血压表 军统驻息医院所用血压表。

中山室成立纪念碑 是1943年军统驻息机构根据军统局特别党部《通知》，设立中山室时所立。

中山室匾 是集中营设立时周养浩亲笔书写在板面刻成的。

张露萍等七烈士遗物 1984年迁葬七烈士遗骸时出土的文物，有玉镯、红宝石指环等。

基本信息

地　　址：贵州省贵阳市息烽县永靖镇猫洞村
交通线路：息烽客车站乘息烽—阳朗公交车到息烽集中营
开放时间：淡季9:00～17:00　旺季8:30～17:30
闭 馆 日：星期一
邮　　编：551100
电　　话：0851-7700529
传　　真：0851-7700529
邮　　箱：jzy126.com

王若飞故居

基本陈列

王若飞故居纪念馆 是纪念和展示王若飞同志光辉事迹的专题性纪念馆。全部陈列共分八个部分，目前展览图片资料为125幅，实物资料47件，展线长330余米，以若飞精神"一切要为人民打算"作为布展主线。从多角度、多侧面展现了王若飞同志在各个不同时期的经历和参与的重大历史事件，突出了王若飞同志的历史地位和作用。

珍贵藏品

本馆陈列的照片、资料、实物，虽远不能完整地表现王若飞平凡而伟大的一生，但是可以引领我们走近王若飞，了解王若飞，从而激发我们热爱中国共产党、热爱社会主义祖国、热爱人民、热爱家乡的壮志豪情。

基本信息

地　　址：贵州省安顺市中华北路202号
交通线路：乘6路汽车到若飞广场
开放时间：9:00～17:00
闭 馆 日：星期一
邮　　编：561000
电　　话：0853-3251251
传　　真：0853-3251751
邮　　箱：dxkkjb@163.com

黎平会议会址

基本陈列

黎平会议会址的陈列采取基本陈列和辅助陈列相结合的方式作展示。会址第一进展厅主要展出前言,介绍了中央红军三次经过黎平的情况,中共中央政治局会议简介及红军过黎平路线图,羊角岩战斗遗址及红军桥历史照片。

会址第二进主要有中共中央政治局会议室、周恩来住室、朱德住室,历史文物陈列室,展出红军遗留的手雷、照相机、树皮饭盒;怀公平乡苏维埃政府公章、油瓶等实物;国民党关于围剿红军的电文,红军在黎平书写的标语等。

珍贵藏品

怀公平乡苏维埃政府公章 是1930年红军在水口成立苏维埃政府时的一枚公章。1973年在修建水口公路时经谢老才指点,在当年埋葬一名被枪杀红军战士的地方挖出几发子弹、衣服扣子及此枚公章。

树皮饭盒 是当年红军在黎平时送给一位老乡的。风镜是当年红军在黎平时送给一位眼睛不好的老乡的。

当年在黎平时遗留下来的手雷 当年红军兵工厂制造。

基本信息

地　　址:贵州省黎平县德凤镇二郎坡52号

开放时间:8:00～18:00

邮　　编:557300

电　　话:0855-6211498　13885515395

传　　真:0855-6221539

邮　　箱:w6221539@yahoo.com.cn

娄山关红军战斗遗址

基本陈列

娄山关陈列馆 以文物和照片、战斗沙盘及多媒体等展陈方式，展示了1935年2月中国工农红军在娄山关战斗的恢弘历史画卷。

娄山关红军战斗遗址 娄山关，自古为黔渝两地的必经之路，历为兵家必争之地。1935年2月，毛泽东、周恩来、王稼祥、张闻天、朱德率领红军，大战娄山关，取得了红军长征以来的第一次大胜仗。因此，娄山关载入了中国革命的史册，成为人们向往的革命历史圣地。新中国成立以来，各级党委、政府高度重视，先后投入数百万元，收集红军遗物，建设陈列馆，成立娄山关文物管理所，为前来瞻仰历史圣地的客人提供了服务。娄山关先后被评为全国重点文物保护单位、全国青少年爱国主义教育基地。

娄山关红军战斗遗址——小尖山战斗遗址，至今保持着原有的面貌。

娄山关的标志——1928年黄道彬书刻的娄山关石碑，现基本保存完好。

1973年，遵义地委行署在娄山关建造的大理石词碑，用396块云南大理石嵌成碑面，镌刻了毛泽东《忆秦娥·娄山关》手迹全文，泊金贴字，金灿夺目。

在红军战斗遗址，另有娄山关人行天桥、古代军事要塞城堡建筑和红军战斗纪念碑等景点可供瞻仰。

基本信息

地　　址：贵州省遵义市汇川区板桥镇娄山关村
交通线路：遵义—高坪—泗渡—板桥—娄山关，或遵义（高速路）—观坝—板桥—娄山关
开放时间：9:00～17:30
邮　　编：563000
电　　话：0852-8682021
邮　　箱：zyshcqlyj@126.com
网　　址：www.hcwhly.com

云南省博物馆

基本陈列

《滇国——云南青铜文明陈列》 以滇国青铜器为主的云南青铜文化具有极高的艺术水平和丰富的文化内涵。展览以现有科研成果为基础，配合现代化的展览陈列手段，恢复当时人们的生活面貌，揭示出云南青铜器的厚重历史内蕴，把灿烂的云南青铜文化展示在世人面前。

《南诏大理——佛光普照的大地》 云南是世界上独一无二的宗教博物馆。在众多的宗教中，尤以佛教影响最广泛、最有代表性。展览以大理三塔塔藏文物为主要展示对象，揭示了南诏、大理国时期"妙香佛国"的神韵。

《金玉满堂——云南省博物馆馆藏珍宝展》 展览分"金属工艺"、"珠宝玉器"、"雕刻工艺"三个部分，展出汉代葫芦金饰、明代金镶红蓝宝石冠、清末翡翠帐钩等文物。

珍贵藏品

金质阿嵯耶观音立像 大理国时期。通高28厘米，重1115克。1978年出土。观音为高发髻，头戴化佛天冠，面作女相，双眼微睁，沉静如水；上身袒露，下着长裙；手结妙音天印；赤足，足下有二方形榫。身后有一背光，银质，镂雕工艺，呈舟形。造像与背光，一前一后，一金一银，搭配恰当，相得益彰。

鎏金镶珠银质金翅鸟 大理国时期。通高18.5厘米,重125克。脸相凶狠,又称"金刚面"。头饰羽冠,颈部及尾羽怒张呈火焰状,尾羽上还镶有水晶珠五粒;鸟首高高昂起,怒目圆睁,逼视前方;两翅作展开欲飞之状;双足踏在莲花座上,足趾显得干扁而有力。器物构思巧妙至极,造型生动有趣,制作工艺精准,分别采用了铸造、焊接、鎏银、镶嵌等技术工艺。

牛虎铜案 战国时期。高43厘米、长76厘米、宽36厘米。1972年出土。该器主体为一头大牛,牛呈站立状,背部自然下落成案,尾部饰一只缩小了比例的猛虎,虎张口咬住牛尾;大牛腹下中空,横向套饰一头小牛。该器采用范模铸造,大牛和小虎一次成型,而小牛则是另铸,再焊接。牛虎铜案是古代滇族的一件祭器,造型集牛、虎于一体,甚是特异。

鎏金八人乐舞青铜扣饰 西汉时期。高9.5厘米、宽13厘米。1956年出土。滇族能歌善舞,乐舞扣饰反映的正是他们的一个乐舞场面。器物分为上、下两层。上层四人头戴冠冕,嘴作唱歌状,手作舞蹈状,是歌舞表演者;下层四人是伴奏的乐师,其中两人吹葫芦笙,一人吹短管乐器,一人抱一鼓形器作拍打状。

特色活动

开办学生第二课堂 在《滇国—云南青铜文明陈列》展厅一隅开设了文物知识小课堂,采用讲课、提问、竞答等方式,让学生接受文物知识的现场教授和培训,成为昆明地区中小学生学习历史文化知识和接受爱国主义教育的第二课堂。

基本信息

地　　址: 云南省昆明市五一路118号
交通线路: 5、26、98、10、52、84路公交车
开放时间: 9:00～17:00
邮　　编: 650032
电　　话: 0871-6179528
传　　真: 0871-6179528
邮　　箱: ynbwg@yahoo.com.cn
网　　址: www.ynbwg.cn

云南陆军讲武堂旧址

基本陈列

《云南陆军讲武堂校史》展览 云南陆军讲武堂始建于1909年，培养造就了一批杰出的军事将领，如朱德、叶剑英等。在护国运动、抗日战争、解放战争中，一大批讲武堂师生为国捐躯，舍身成仁，在近现代历史上产生了重大影响。

《辛亥革命在云南暨昆明"重九"起义》展览 1911年10月30日的昆明"重九"起义，推翻了清王朝在云南的封建统治。在起义中，作为主要军事力量的讲武堂广大师生，第一次向世人展示了这所近代军事学校卓越的教育成果。

《护国运动》展览 1915年，袁世凯阴谋复辟帝制，云南首先发动护国起义，组成三路讨袁护国大军出师。护国军在"叙泸之战"、"泸纳之战"、湘西战役、滇桂边境战斗中，英勇顽强、克敌致胜，粉碎了袁世凯复辟帝制的阴谋，有再造共和之功。

珍贵藏品

叶剑英元帅毕业证 叶剑英1917年考入云南陆军讲武堂第12期炮兵科学习，1918年毕业。

《讲武堂步科笔记》 1924年云南陆军讲武学校步兵科指定教材。一套四册，是讲武学校四大兵科（步、骑、炮、工）主要教材之一。

护国军刀 护国军刀为护国战争中护国军高级将领随身佩带的指挥刀。刀具全长94.5厘米、厚2.5厘米。

基本信息

地　　址：云南省昆明市翠湖西路22号
交通线路：乘100路、101路、133路至省科技馆站
开放时间：8:00～17:30
邮　　编：650031
电　　话：0871-5322488　5341134
传　　真：0871-5322488
网　　址：www.陆军讲武堂.cn

扎西会议纪念馆

基本陈列

《扎西会议附属陈列》 重点展示1935年中央红军长征集结扎西和扎西会议的相关文物、文字、图片。另开辟红军川滇黔边区游击纵队及云南游击支队革命史实陈列,展出相关文物、文字、图片。

珍贵藏品

《十大政纲》木板标语 是1935年中央红军集结扎西时书写在寺庙墙壁上的宣传标语。内容详细反映了当时党和红军的政策、方针、主张。

徐策使用过的马鞍 徐策(1902~1935年)湖北大冶人。1925年加入中国共产党。长征时任红三军团六师政委。1935年2月扎西会议后任川南特委书记兼纵队政委,随后任川滇黔边区特委书记、纵队政委兼司令员。1935年7月13日在威信牺牲。

特色活动

重走长征路 每年9月协助组织开展"走红军路,穿红军衣,吃红军饭,唱红军歌"为主题的活动。

基本信息

地　　址：云南省威信县扎西镇上街60号
交通线路：昆明、成都、重庆、贵阳等城市直达威信客车
开放时间：8:00~11:30,14:30~17:30
邮　　编：657900
电　　话：0870-6124704

彝良县罗炳辉陈列馆

基本陈列

《罗炳辉生平事迹展》 陈列内容以罗炳辉将军的生平事迹为主线,分为"矢志从容争自由"、"赴汤蹈火建奇功"、"肝胆相照为统战"、"千里江淮扫敌顽"、"血洒疆场炳青史"五部分布展,通过图片、文字和多媒体等声光效果,生动地再现了罗炳辉从奴隶到将军的传奇人生和伟大革命精神。

珍贵藏品

陈毅写给罗炳辉女儿罗镇涛的信 罗炳辉将军在山东临沂与世长辞后,陈毅给他女儿罗镇涛写了一封信,信中高度概括了罗炳辉将军光辉的一生,并鼓励和希望罗镇涛向自己的父亲学习,做一个优秀的人。

抗日战刀 罗炳辉将军在淮南与敌战斗中,缴获日本战刀一把。在后来的革命生涯中,这把战刀一直陪伴着罗炳辉将军。

基本信息

地　　址:云南省昭通市彝良县将军路八角亭
交通线路:昆明—昭通—彝良
开放时间:8:00～11:30,14:30～18:00
邮　　编:657600
电　　话:0870-5120544
传　　真:0870-5126669
邮　　箱:wtj128@163.com

滇西抗战纪念馆（腾冲县国殇墓园）

基本陈列

《极边第一城的血色记忆》 展览分为三个展厅，内容分为五个部分。共展出版面31版，照片168张，战斗序列图2张，抗战示意图9张，被日军残酷杀害的民众统计表1份，浮雕3幅，抗战实物139件，抗战书画作品42件。

珍贵藏品

陵园古建筑 忠烈祠为仿清祠建筑，悬挂有蒋介石、于右任题书的匾额及军事将领的题联。祠内镶嵌孙中山先生肖像，中华民国国旗和中国国民党党旗，有"天下为公"横额、"革命尚未成功，同志仍须努力"的遗训，中嵌"总理遗嘱"。

碑刻 有蒋介石签署的《国民政府军事委员会布告》，霍揆彰的《腾冲忠烈祠》，李根源的《告滇西父老书》，张问德的《答田岛书》碑。忠烈祠前嵌有蒋中正题、李根源书的"碧血千秋"石匾，右侧筑有《滇西抗战盟军阵亡将士纪念碑》。

纪念塔 呈方锥体，镌刻"远征军第二十集团军克复腾冲阵亡将士纪念塔"，正面刻 "民族英雄"，其余三面刻有"腾冲会战概要"。烈士墓塚呈辐射状排列，刻有阵亡将士的姓名及军衔。

特色活动

重光节 自1945年将9月14日腾冲光复日定为"重光节"以来，每年至此节日，全县各界人士自发或有组织地前往祭奠英烈。

基本信息

地　　址：云南省腾冲县腾越镇天成社区太极小区2号
交通线路：纪念馆位于腾冲县城西南一公里处
开放时间：7:30～19:30
邮　　编：679100
电　　话：0875-5133679　9253835（投诉）
传　　真：0875-5133679

西藏博物馆

基本陈列

《西藏历史与文化》 由四部分组成。其中"史前文化"、"不可分割的历史"直观地揭示了西藏自古以来就是祖国大家庭和中国领土不可分割的重要组成部分;"文化与艺术"、"民俗文化"向观众生动地展示了西藏悠久的历史和灿烂的文化。2001年推出的《藏北自然资源专题展》,通过藏北地区种类繁多的矿藏以及野生动植物标本,生动地展示了我区丰富的自然资源和奇伟壮丽的自然风光。2002年推出的"明清瓷器精品馆"在体现我国登峰造极的制瓷工艺的同时,更无可辩驳地证明了中央政府对西藏地方的有效治理史实。为迎接自治区成立40周年大庆而献礼的"元、明、清玉器精品馆",于2005年9月开放,首次全面、系统地将辉煌灿烂的中华玉文化展现给西藏人民。

珍贵藏品

双体陶罐 出土于昌都卡若遗址,造型洗练优美、饱满丰盈、构思巧妙,制作工艺纯熟,代表了卡若文化的制陶水平和卡若先民高超的器物造型能力,是新石器时代西藏陶器的代表和点睛之作,也是西藏博物馆的镇馆之宝。

五世达赖金印 五世达赖为了获得清朝中央政府的支持而进京朝觐顺治皇帝之后，顺治册封五世达赖所颁之印。该印系纯金铸就，重达8.5千克，印文为汉、藏、满、蒙四种文字篆刻"西天大善自在佛所领天下释教普通瓦赤喇达喇达赖喇嘛之印"。自此，历代达赖喇嘛均由中央政府认定。

贝叶经 贝叶经是用生长于南亚的贝多罗树的树叶制作而成的梵文经书。由于古印度人在制作贝叶经时采用了很多独特的药物处理方法，因而贝叶经不干裂、不卷曲、不虫蛀、不霉变，成为至今保存完好的稀世珍宝。是研究早期佛教史和佛教文化难得的第一手资料。

青花缠枝莲纹花觚 属佛龛供案上的五供之一，是清代乾隆年间的作品，由督窑官唐英监制。造型高大精美，青花纹饰秀丽流畅，是乾隆早期的标准器。成对保存，十分珍贵。

特色活动

青少年活动室 具有较强参与性和互动性：室内设有讲座区、游戏活动台、影视区、图书角等区域。这些项目，丰富了中小学生的第二课堂教育，使学生在轻松愉快的心情下学习知识，领悟道理，以达到寓教于乐的最佳学习效果。

基本信息

地　　址：西藏自治区拉萨市罗布林卡路19号
交通路线：109、106、98、86、200、201、203、204公交车
开放时间：10:00～17:30
闭 馆 日：星期一
邮　　编：850000
电　　话：0891-6835244　6812210
传　　真：0891-6812206
邮　　箱：tibetmuseum123@gmail.com
网　　址：www.tibetmuseum.com

陕西历史博物馆

基本陈列

《陕西古代文明》 内容分为史前时期、周、秦、汉、魏晋南北朝、隋唐、唐以后的陕西七个单元；重点突出史前和周秦汉唐，特别是唐文明的展示。如史前的陶器制作、周代的青铜器铸造、秦代秦俑军阵、汉代的长安城和张骞通西域、魏晋的民族融合和宗教、唐代宏伟的唐长安城宫殿建筑、精美的金银器、瓷器和玉器、千姿百态的陶俑、反映中外交流的具有异国情调的文物等。在艺术设计风格上，形式与内容协调而统一，艺术风格鲜明，做到雅俗共赏。总体风格雄浑大气，以体现陕西作为中华文明发祥地之一、十四朝国都所在地以及周秦汉唐灿烂辉煌的历史地位。

辅助展品采用丰富、新颖的现代展示手法，观众喜闻乐见。在基本陈列展厅内播放七部高清晰度短片：《文明的曙光》、《青铜的光辉》、《帝国之师》、《西去的使节》、《条条大路通长安》、《丝绸之路》、《倒注壶》。演示一批动画片，观众可以在"动漫世界"处点击电脑观看，内容有成语故事、文物知识和现代词语。展示唐长安城、汉张骞出使西域、唐丝绸之路光电演示模型等。

珍贵藏品

展出了3000件珍贵文物，多为国之瑰宝，如馆藏的五祀卫鼎、鎏金银竹节铜熏炉、"皇后之玺"玉印、鎏金舞马衔杯纹银壶、兽首玛瑙杯、黑釉"油滴"瓷碗、青釉提梁倒灌壶等；陕西新出土的眉县杨家村出土的四十二年逑鼎、逨盘、单五父壶，宝鸡益门秦墓出土的金器和玉器，秦始皇陵出土的铜水禽、彩绘跪射俑、文吏俑、划船俑，西安北郊出土的安伽墓石榻，西安灞桥区湾子村出土的释迦牟尼石佛立像等。同时本馆近年来征集的战国青铜龙和著名金石学家吕大临家族墓地出土文物也首次展出。

特色活动

定期举办文物知识讲座和学术交流等，加强观众与博物馆联系与互动。

基本信息

地　　址：陕西省西安市小寨东路91号

交通线路：乘5、19、24、26、27、30、34、401、521、527、610（游8）、701、710、721至翠华路

开放时间：淡季9:00～17:30（16:00停止入馆）

旺季8:30～18:00（16:30停止入馆）

闭 馆 日：星期一（法定节假日除外）

邮　　编：710061

电　　话：029-85253806

传　　真：029-85262216

邮　　箱：office@sxhm.com

网　　址：http://www.sxhm.com

西安事变纪念馆

基本陈列

《历史的转折——西安事变史实陈列》 设在张学良公馆北展室,采用照片、文物、景观、多媒体等现代陈列手段全面展现西安事变历史过程。

《赤诚爱国无悔情——张学良将军生平陈列》 设在张学良公馆中楼旧址楼二、三层里,以历史照片为主,展现张学良百年人生。

《虎将雄风一世豪——杨虎城将军生平陈列》 设在杨虎城公馆旧址楼的一、二楼里,以照片、文物展现杨虎城爱国人生。

《张学良将军公馆旧址复原陈列》 复原陈列了张学良办公及住址楼、东楼中共代表住址楼,再现西安时期张公馆历史原貌。

《杨虎城将军止园别墅旧址复原陈列》 主要复原杨虎城卧室、客厅及其相关部分,复原陈列面积约为300平方米。

珍贵藏品

蒋介石手谕 此手谕系1936年12月25日,蒋介石回南京前离开西安时给杨虎城、于学忠、王以哲、何柱国、缪征流、董英斌等各军、师长的手谕。意为他离开后万一发生事故,由杨虎城代处理,望东北军、西北军联合抗日、团结一心,共同维护西安事变和平解决的成果。

军官纪念刀 1934年12月3日,杨虎城在纪念坚守西安革命胜利八周年纪念会上,发给十七路军少校以上军官纪念刀每人一柄,少佐以上军官纪念章每人一枚。

基本信息

地　　址:陕西省西安市建国路69号张学良公馆
交通线路:乘7路、702路至建国路;5路、30路、606路至大差市
开放时间:淡季8:30～17:00　旺季8:30～17:30
邮　　编:710001
电　　话:029-87418265
传　　真:029-87418265
邮　　箱:1936xasb@163.com

八路军西安办事处纪念馆

基本陈列

八路军西安办事处旧址 位于陕西省西安市北新街七贤庄。它是1936年至1946年我党我军设在国民党管辖区西安的办事机构,在全国所有八路军、新四军办事处中成立最早,坚持斗争时期最长、影响最大。历经土地革命战争末期,整个抗日时期和解放战争初期。它的建立是中国共产党抗日民族统一战线的产物。它光荣的历史被载入中国革命的史册。

一号院原状复原陈列 是一处面积为1360平方米的工字型四套院土木结构的平房院落,遵照"保存原貌,以存其真"的方针,复原开放了接待室、办公室、会客厅、秘书室、救亡室、理发室、机要室、地下室和周恩来、朱德、叶剑英等同志住室,还复原了白求恩大夫等国际友人的住室,再现了八路军驻陕办事处的历史风貌。

三号院辅助陈列 用大量生动、翔实的历史照片、文献、图表和文物,分"团结御侮 共赴国难"、"西办功绩 永载史册"、"巍巍宝塔 中流砥柱"、"坚守阵地 完成使命"、"当年红色桥梁 今日传统课堂"五个部分,系统地对"八办"的历史背景、主要工作和历史地位作了全面介绍。

四号院专题展览 用大量珍贵的文物和历史照片,向人们讲述了美国著名作家、社会活动家海伦·斯诺在中国的革命活动。

基本信息

地　　址：陕西省西安北新街七贤庄一号
交通线路：乘610、102、103、11、4、107等路公交车至北新街站
开放时间：8:00～17:00
邮　　编：710004
电　　话：029-87214661　87283363
传　　真：029-87428582
邮　　箱：xabb@xabb1936.cn
网　　址：www.xabb1936.cn

延安革命纪念馆

基本陈列

展陈体系以延安时期的重点 采用编年体与专题相辅相成的方式,设置了六个单元。展陈充分吸纳了党史研究的新成果,着重体现了毛泽东思想和延安精神两个重点和内涵。

紧扣展陈内容突出单元主题 一是每个单元都紧扣各自的主题,在表现手法上有创意;二是结合各单元的内容,精选文物,精心组合,以文物突出主题;三是各单元都设置必要的场景,烘托主题,增强感染力和宣传效果。

运用声光电和多媒体技术突出展陈亮点 结合内容需要,采用场景复原、模拟实景、半景画、幻影成像、电视屏等多种形式,运用高科技手段,突出展现展陈亮点,增强可看性。

珍贵藏品

延安革命纪念馆共收藏31500多件革命文物,现展出300余件,最为珍贵的有毛泽东撰写《沁园春·雪》诗词时用过的小炕桌,转战陕北时骑过的小青马(标本),毛泽东为中央党校礼堂题词"实事求是"石刻,林伯渠、吴玉章、董必武等老一辈革命家在延安时期撰写的"怀安诗稿"手迹等等。这些文物从不同的侧面介绍了老一辈革命家的高风亮节及为中华民族的解放、独立、自由而鞠躬尽瘁,奋斗终身的光辉业绩。

基本信息

地　　址:陕西省延安市王家坪
交通线路:1、3、11、12路公交车
开放时间:淡季8:30～17:00(16:00停止入馆)
　　　　　旺季8:00～18:00(16:30停止入馆)
邮　　编:716000
电　　话:0911-8213666
传　　真:0911-8213666
邮　　箱:yagmjng126.com
网　　址:www.gmsdya.com

洛川会议纪念馆

基本陈列

洛川会议会址及毛泽东同志旧居 洛川会议旧址现存小院一座，内有坐北朝南砖砌窑洞两孔。左侧窑洞为当时的会议室，右侧窑洞为毛泽东旧居，旧址现藏等级文物20件，其中二级6件，三级14件，一般文物290件。会议旧址及毛泽东旧居，悬挂出席会议的领导人照片、会议原物如八仙桌、马鞍凳、条桌、太师椅等，再现当时开会的历史场景。

洛川会议史实陈列 全面展示洛川会议及会议前后的重要史实。展出的文献图片、革命文物等突出表现了其指导全民族抗战的重要意义和历史地位。

珍贵藏品

会议原物 有八仙桌、马鞍凳、条桌、太师椅以及李克农的持枪证、全面抗战形势图等。

特色活动

对团体游客在讲解中途穿插小舞蹈、陕北民歌。和部队、团体拉歌对唱。

基本信息

地　　址：陕西省洛川县永乡冯家村
交通线路：距洛川县城10公里处，紧临210国道
开放时间：9:00～17:00
邮　　编：727400
电　　话：0911-3861545
传　　真：0911-3861545

甘肃省博物馆

基本陈列

《甘肃古生物化石》 该陈列以地球生命演化史为主线,展出了甘肃境内发现的大量古生物化石标本。包括地球厅、海洋动物厅、恐龙厅、黄河古象厅四个展厅。分别介绍了地球与生命进化和地质时期古生代、中生代、新生代发现的各类古生物化石,以及它们的生活环境和相关知识。为了使展览与观众互动,陈列中用了许多声、光、电等现代化的高科技手段,使观众视觉、听觉、触觉等感官全方位地感受展览主题——生命历程。还有青少年喜爱的参与项目"与恐龙赛跑"、"与恐龙比体重"、"与恐龙合影"等。展出的珍贵化石有三叶虫、菊石、马门溪龙、剑龙、禽龙、鹦鹉嘴龙、黄河古象、铲齿象、和政羊、巨鬣狗、剑齿虎、古长颈鹿等。展览通过科学知识与艺术形式的结合,弘扬科学精神,普及科学知识,引导人们走进科学的王国,达到"寓教于乐"的宣传效果。

珍贵藏品

禽龙 属于中大型恐龙。甘肃发现的禽龙类化石有诺曼马鬃龙、巨齿兰州龙等。

鹦鹉嘴龙 甘肃省是我国发现和记述鹦鹉嘴龙最早的地区。1931年,杨钟健根据在河西发现的材料,建立了两个新种:奥氏和丁氏鹦鹉嘴龙。

三趾马 甘肃各地普遍发现各种三趾马化石。

黄河古象　1973年1月发现。复原装架后的黄河古象高4米、长8米，门齿长3米多，这是我国目前发现最大的一具古象化石。

特色活动

地球厅有直径1.5米的地球仪，立体塑造高山、平原、海洋等地形地貌；模拟地球自转速度旋转；海洋动物厅中的幻影成像，形象逼真的7种远古动物在眼前飞来飘去；恐龙厅有拼图游戏，观众可以任选一种恐龙，在屏幕上拼接，当骨骼按照暗示图案全部拼对时，音乐自动播放，并伴随播出一段该恐龙的画面，增加情趣和感性认识。在展览结束部分，布置了专为青少年观众参与的活动厅，互动项目有"与恐龙赛跑"、"与恐龙比体重"、"与恐龙合影"。

基本信息

地　　址：甘肃省兰州市西津西路3号
交通线路：乘1路、106路、58路公交车至友谊饭店站
开放时间：9:00～17:00
闭 馆 日：星期一
邮　　编：730050
电　　话：0931-2346308
传　　真：0931-2334106

兰州市博物馆

基本陈列

《兰州历史文物展》 以"弘扬兰州文物精华,展示百年兰州风情"为陈列宗旨,展出马家窑、齐家、辛店文化陶器,白衣寺塔藏文物,佛教造像,铜器,东汉明器等文物200余件,着重反映兰州远古先民所创造的古代文明,启迪人们对兰州黄河文明的认识和热爱。

《馆藏书画精品展》 共展出兰州地方书画名家作品37幅78件,展现了明清时期,独具地域特色的陇上书画的艺术魅力。

珍贵藏品

漩涡锯齿纹双耳彩陶鼓 泥质红陶。器物上端为直筒状,下端向外撇呈大喇叭状,大喇叭口边缘有突出的六个乳钉。它是目前所发现的年代最早的打击乐器之一。

卷夔纹青铜簠 西周。腹近似长方形,下有外撇的圈足。有兽首双耳,兽首下部至腹底处又有双珥。纹饰以卷体夔龙纹为主体纹饰,云雷纹衬底。

特色活动

经常举办诸如《民俗与传统——话说端午节》、《晚清民国时期兰州地区回族书法家作品展》等展览,从多角度让观众了解中国传统文化的丰富内涵。

每年不定期举办藏品鉴定鉴赏活动,义务为民间收藏者提供藏品鉴定咨询服务。

基本信息

地　　址：甘肃省兰州市城关区庆阳路240号白衣寺塔院内
交通线路：1路、58路、56路、127路、109路公交车
开放时间：淡季9:00～12:00,14:30～17:30
　　　　　旺季8:30～12:00,14:30～18:00
闭 馆 日：星期一
邮　　编：730030
电　　话：0931-8828555
传　　真：0931-8822620
邮　　箱：bwgzlschenhong@126.com
网　　址：http://www.lzmuseum.org

永登县博物馆

基本陈列

常设四个展厅,展出马家窑彩陶、两汉出土文物、鲁土司家传文物、佛教文物。

珍贵藏品

彩陶瓮 马家窑文化。高62厘米、腹围148厘米。肩颈部饰黑白二彩。

漆盘 明代。纵20.7厘米、横26.7厘米。夹泥胎,外有红漆,漆上雕刻有人物图案,表现松寿主题。

九龙黄袍 是清嘉庆皇帝赐予连城十五世土司鲁纪勋的。明黄色,绣九条龙,五明四暗,下摆绣江牙海水。

漆盘 清代。口径39.5厘米、底径28厘米、高6.5厘米。形如一顶倒放的帽,宽平沿、直腹、平底,盘沿绘四组相互间隔的图案,盘底绘以平檐建筑,其下有一鲤鱼跳龙门图案。

基本信息

地　　址:甘肃省永登县城关镇体育场路三馆一中心
开放时间:淡季9:30～12:00,14:30～17:00
　　　　　旺季9:00～12:00,14:30～17:30
闭 馆 日:星期天
邮　　编:730300
电　　话:0931-6422264
邮　　箱:ybwg2007@126.com

榆中县博物馆

基本陈列

《榆中县历史文物陈列展》 展出文物220件，以彩陶为主，并展出石器、骨器、铜器、铁器、金银器、玉器等。

珍贵藏品

旋涡纹双耳彩陶壶 马家窑文化半山类型。泥质橙黄陶。侈口，直颈，口沿有两小錾，溜肩，鼓腹，平底，腹有对称双耳。施黑红彩。颈部饰菱格纹，肩、腹饰四大旋涡纹内填菱格纹。纹饰精美流畅。

"一刀平五千"错金刀币 汉代。铜质范铸。圆首方穿，环部错金"一刀"二字，刀身模铸阳文"平五千"字样，币上钱文以垂针篆为主。

方氏像谱 明代。像谱以点金的工笔手法绘制人像，录入了十一代四十六位人物的生平年谱，堪称"镇馆之宝"。

石画六条屏 明代。有木框，下有足。画面主题为彩画，表现福禄寿喜内容，正面上部为人物故事，下部为诗句；背面上为人物故事，下亦为诗句，中间表现青绿山水，用色浓艳，线条流畅，有很高的艺术价值。

基本信息

地　　址：甘肃省榆中县城关镇兴隆路307号
开放时间：9:00～11:30，15:00～17:30
闭 馆 日：淡季星期一、二；旺季星期一；春节7天
邮　　编：730100
电　　话：0931-5221176
传　　真：0931-5221718

永昌县博物馆

基本陈列

历史文物展厅 展出我县各历史时期的珍贵文物，有新石器时代的彩陶，两汉时期青铜器、陶器等各类随葬用品，魏晋、隋唐时期的彩绘砖、佛像雕刻，宋元、西夏时期的生产生活用品，明清时期各类瓷器、铜器等文物精品167件。

珍贵藏品

彩绘龙虎画像砖 魏晋。砖体呈正方形，青灰色，质地粗。正面分上下两部分，绘龙虎图案，背景为云气纹，用黑红两种彩线描绘图案，形象优美简练，别具一格。

青龙山石刻造像 唐代。红褐色砂岩质地。立佛，背有身光，主尊高发髻，面容慈祥，眉间有白毫涂金。右肩袈裟，右手自然下垂，左手平置胸前（已残），立于半圆台座上。身光上部雕刻有四尊小佛像。造像比例匀称，底纹线条流畅。

青花人物梅瓶 明代。属永昌县城原城隍庙供品。口直细，圆唇吻，颈短，肩宽，腹修长。下腹内敛，微外撇。胎白釉青，青色线描彩绘。颈部起两道青花弦纹，肩部绘缠枝牡丹纹样，上腹绘云气纹样，腰腹绘山水人物图形，下腹绘波浪纹样。整个瓶体端庄别致，古朴大方。

德镇都督府银"當"牌 明代。原存于永昌钟鼓楼宝顶。银灰色，圆形，捶揲压制而成，上面压制楷书字体"德镇都督府'當'（疑为'赏'）"字样，圆周压制草叶纹样。光洁亮泽，是明代军中信物。

基本信息

地　　址：甘肃省永昌县东街阁老府院内
交通线路：钟鼓楼向东200米
开放时间：淡季10:00～16:00　旺季9:30～16:30
闭 馆 日：星期一
邮　　编：737200
电　　话：0935-7521003
邮　　箱：changjingbwg@sohu.com

天祝藏族自治县博物馆

基本陈列

《天祝县馆藏文物精品展》 共展出馆藏文物精品108件，着重体现天祝藏族自治县的民族民俗特色及历史风貌。展品以天祝县境内藏、土等少数民族的民族服饰、宗教器物、生活用品、生产工具为主要特色。

珍贵藏品

箆纹尖底瓶 新石器时代马家窑文化。夹砂红陶，直口，短颈，圆腹，尖底。口沿外有一圈附加堆纹，器表施黄色陶衣，肩腹部以下饰有箆纹。

褐釉剔花瓷瓶 西夏。敞口，卷沿，束颈，溜肩，长直腹，敛胫，浅圈足。器表施褐釉，胎较厚。腹部剔刻缠枝绕叶纹，上下辅以两圈莲瓣纹。造型独特，釉色光亮，花纹简洁明快。

铜牦牛 元代。青铜分段模铸而成，中空。铜牦牛形体高大，目视前方，牛口仰张，下齿外露，鼻孔圆开，似作鸣状。牛体的双角、颈、腹、背、尾部根据牦牛站立时的姿态而铸成曲线形，造型准确传神。

康熙御赐镏金马具 清代。马鞍为木质，鞍桥表面用景泰蓝装饰有云朵、花草等图案。马镫以及其他装饰物为铜质镏金，笼头、腹带用蚕丝编织，鞍垫为丝织，绣有四爪龙、海水、云朵、宝相花等。该器物是康熙赐予达隆寺的创建人、二世活佛纳智格•罗桑丹巴曲吉尼玛的。

基本信息

地　　址：甘肃省天祝县华藏寺镇天堂路25号文化大厦
开放时间：8:30～17:30
闭 馆 日：星期六、日
邮　　编：733200
电　　话：0935-3121416
邮　　箱：tztsb@163.com

肃南裕固族自治县民族博物馆

基本陈列

《文物精品展》 展出了自治县境内出土的各类精品文物200余件，从不同侧面反映了新石器时代至今自治县境内先民生产生活的轨迹。

《尧熬尔——中国裕固族展》 利用场景复原、文物实体和图片生动再现了裕固族古老的生产、生活、宗教等优秀的民族文化。

珍贵藏品

黑釉剔花缸 西夏。通高为78厘米、口径为58厘米，是目前甘肃省乃至全国保存最完整、体积最大的西夏瓷器。

太子碑 元代。是元朝太子喃嗒矢重修文殊寺时所立，用汉、回鹘两种文字撰刻碑铭，是研究古代少数民族历史不可多得的珍贵资料。

博物馆珍藏的文物还有唐代吐蕃时期的金银器、丝绸等文物143件，其中国家一级文物8件，具有显著的古代少数民族风格；民族文物中有康熙皇帝赐给裕固族大头目的传世龙袍，乾隆皇帝赐给马蹄的传世龙袍和包银镏金马鞍以及民族、宗教等文物，传统服饰、生产、生活用具，手工艺品都具有较高价值和民族特色。

特色活动

在《尧熬尔——中国裕固族展》中，观众可参与织褐子、打酥油等劳动技能的互动。

基本信息

地　　址：甘肃省肃南裕固族自治县红湾寺镇祁丰路9号
开放时间：9:00～17:00
邮　　编：734400
电　　话：0936-6124836
邮　　箱：snmp6124836@163.com

平凉市博物馆

基本陈列

《丝路遗珍——平凉佛道教文物艺术陈列》 分佛教文物、藏传佛教文物和道教文物三部分，展出各个时期不同类型佛教文物艺术品近200件，展示了丝路重镇平凉佛道教文物艺术的瑰丽面貌。

《文华物宝——平凉历史文物精品陈列》 分"曜石开天"、"古陶文明"、"青铜光华"、"美玉琳琅"、"雅瓷映辉"、"奇珍异彩"六个部分，系统展示了平凉悠远深厚的历史底蕴和灿烂丰富的文物资源。

珍贵藏品

博山神兽纹铜樽 东汉。博山形盖，子母口，直筒腹，腹中部有两只对称的铺首衔环，平底，三熊足。器表满浮雕龙、虎、凤及鸟首、人面形怪兽、熊等，工艺精湛，装饰手法细腻。

建宁元年诏书作鼎 东汉。子母口，扁球形腹，腹中部出宽板沿一周，上阴刻40字隶书铭文，圜底近平，三蹄足外撇。

基本信息

地　　址：甘肃省平凉市东郊宝塔梁
交通线路：乘3路、8路、10路公交车至电机厂
开放时间：淡季9:00～17:00　旺季8:30～17:30
闭 馆 日：星期二
邮　　编：744000
电　　话：13519331361
传　　真：0933-8613630

灵台县博物馆

基本陈列

《灵台文物专题陈列》 由序厅、《历代陶瓷》专题、《金华物萃》专题、《西周瑰宝》专题、《佛教艺术》专题和影视厅六大部分组成。各专题、各单元及看点串连成一条流畅的参观线,并适当采取了现代艺术表现理念,陈列展览整体达到了内容和形式的完美结合。

珍贵藏品

青铜器 西周。有光父鼎、乖叔鼎、夔纹铜鼎、兽面纹和直棱纹铜簋、璧纹铜鬲、并伯象首足甗、父戊铜爵等酒器、四孔一穿铜刀等兵器、车害、当卢等车马器,共计展出80件,是灵台西周历史的重要文物见证。

定窑折枝牡丹纹花口瓷瓶 宋代。瓷瓶为五瓣卷边花口,通体施白色化妆土,颈及腹部以褐彩绘对称折枝牡丹间一只蝴蝶。

基本信息

地　　址：甘肃省灵台县县城
开放时间：10:00～17:00
闭 馆 日：星期一
邮　　编：744400
电　　话：15825843382
传　　真：0933-3621402
邮　　箱：plltbwg@163.com

静宁县博物馆

基本陈列

《静宁历史文物展》 陈列分五个阶段。仰韶文化和马家窑文化是以彩陶为特色，齐家文化是以玉器为特色；商周至战国时期，分布宁静县的主要是寺洼文化，展出器物有马鞍口形罐和扁足鬲等；秦汉时期，主要展品是成纪故城内外出土的秦汉建筑材料，还有大量秦、汉至三国时的铜器、陶器、玉器、漆器等；魏晋至隋唐时期，展品体现出多民族特色，如仕女箜篌雕铜饰件略显唐代文化艺术的风采；宋元明清时期的文物主要有西夏印、铜火筒、宣德炉等。

珍贵藏品

蚕节纹玉琮 静宁七宝之一。质地精良，光洁润泽，形制规整，纹饰精美，技艺精湛，既充分体现了齐家文化高超的治玉水平，又反映了当时宗教礼俗，是齐家文化最具代表性的文物。

枝叶纹曲腹盆 保存完好，色彩鲜丽，主题纹饰与原始祈农活动有关，寓意深刻，为仰韶文化晚期石岭下类型的彩陶精品。

谷纹玉璧 汉代。玉质润泽，制作精良，保存完整，是研究汉代葬俗的珍贵资料。

基本信息

地　　址：甘肃省静宁县人民巷文化城院内
开放时间：淡季9:00～11:30，14:30～17:00　旺季9:00～17:30
闭 馆 日：星期一
邮　　编：743400
电　　话：0933-2521529　2528062（投诉）

酒泉市肃州区博物馆

基本陈列

《酒泉丝绸之路文物展》 重点从丝绸之路的起源与历史，张骞出使西域，公元前5世纪的东西文明大冲撞，丝绸之路上的贸易战争，早期丝绸之路上的中外商旅，丝路沿途农业与狩猎，音乐与舞蹈，罗马艺术在东方的影响，文明的西传与东渐，东西文化大融合等方面，全方位展示丝绸之路的伟大文明。

珍贵藏品

双耳舞人彩陶杯 新石器时代四坝类型文化。罐身分三层绘56个翩翩起舞的女子，人体主要部分由三个三角形组成，既简练，又生动，具有强烈的动感。

冥树灯 东汉。青铜铸造。灯柱上饰三层四出灯叶。灯叶、灯座皆饰有人物、动物组成的连续图案。特别是杂耍人物、凤、兽及人兽相斗的图案更显精美。

基本信息

地　　址：甘肃省酒泉市312国道酒泉—嘉峪关7公里处
开放时间：淡季9:30～11:30，14:30～17:00　旺季9:30～17:00
邮　　编：735000
电　　话：0937-2613307　2616129

瓜州县博物馆

基本陈列

《瓜州文物展》 为集历史、革命文物，人文地理、民俗风情、自然标本陈列于一体的综合性地方陈列。陈列包括新石器时代、魏晋两代、隋唐和宋元明清四个方面的内容。设计独特，构思精巧，特色鲜明，被誉为"西北五省区县级博物馆中一流水准的文物陈列"。共展出文物146件，壁画临摹品10幅，另有西湖南沙窝红柳长城（汉代）原大模型、唐瓜州锁阳城模型等展品，较系统地反映了瓜州4000年历史文化概况。

珍贵藏品

象牙佛 又名象牙造像，出土于榆林窟。外刻一尊骑象菩萨，双手持宝塔，做虔诚状；另有十个人像。造像中分为二，两边各25格，共刻50个不同情节的佛传故事，共有人像279个，动物、塔、车、马12个。雕刻精美，风格独特。

千手千眼观音绢画 五代。绘于绢质面料上。绢质精良，经纬细密。绢画的上部及下部已残缺不全。画面上的观音立于莲台上，头戴花纹金冠，身披璎珞，眉目清秀，双耳垂肩，神态安详。十八条手臂分别作法印，并各持花草、金刚杵、瓶、罐、经卷等佛宝、物品。观音像周围的千手千眼分六圈呈环状分布四周。

基本信息

地　　址：甘肃省瓜州县县府街55号
开放时间：8:30～12:00，14:30～18:00
邮　　编：736100
电　　话：0937-5522057
传　　真：0937-5522057
邮　　箱：gsaxbwg@163.com

庆阳市博物馆

基本陈列

《历史文物陈列展》 陈列基本囊括了庆阳地区各个时代的各类文物,上起原始社会,下至清代。陈列侧重于展现庆阳在各个历史阶段的文化面貌、文明成就及其发展演变脉络。

《革命文物专题展》 以本馆丰富而精湛的革命文物为基础,向观众们展示了无数的庆阳英烈为开拓时代文明,前仆后继的英雄事迹。

《陇东皮影艺术展》 详细展示了庆阳古老的皮影艺术文化,清晰剖析了庆阳皮影艺术得以保存和延续的基础和轨迹。

珍贵藏品

青玉大戈 商代。玉戈为青白玉雕琢而成,有少量褐斑。援体扁平,锋刃尖锐,直内有一圆穿,内有突起的齿状纹,内两侧有兽面纹,近阑处阴刻"乍册吾"三字,字迹纤细。

西汉"彭阳"铜鼎 球面盖,深腹,两侧有长方形的附耳,圜底,三马蹄足。腹中部饰凸弦纹一周,铜鼎盖上及口沿上各有阴刻铭文一组。

基本信息

地　　址:甘肃省庆阳市西峰区北大街15号

交通线路:乘1路车至大什字

开放时间:8:30～12:00,14:30～18:00

闭 馆 日:双休日

邮　　编:745000

电　　话:0934-8213759

传　　真:0934-8213782

庆城县博物馆

基本陈列

1.《庆城县历代史地概况》；2.《庆城县境内出土名碑、石雕艺术品》；3.《庆城县境内出土征集的古生物化石及史前时期的器物》；4.《歧黄医药文化》；5.《周代部分器物》；6.《馆藏各时代的文物精品》；7.《庆城县出土的唐代彩绘陶俑》；8.《庆城县军民在抗日战争和解放战争时期的遗物、遗迹》；9.《馆藏名人字画及拓片》；10.《庆城县近期发展成果》。

珍贵藏品

三孔玉刀　新石器时代。刃长42厘米、背长40厘米、宽9.7厘米、厚0.6厘米，重685克。

新莽铜诏版　汉代。长27.5厘米、宽25.3厘米、厚0.7厘米，重950克。

穆泰墓彩绘描金天王俑　唐开元十八年（730年）。通高120厘米。

基本信息

地　　址：甘肃省庆阳市庆城县中街普照寺广场东侧

交通线路：乘1、2路公交车至普照寺广场

开放时间：8:00～18:00

闭 馆 日：春节3天

邮　　编：745100

电　　话：0934-3222963

邮　　箱：ok_086@sina.com

庆阳市陇东石刻艺术博物馆

基本陈列

以石刻造像展览为主题,设有包括黄河古象展厅和历史文物展厅在内共10个展厅。

北魏石刻造像展厅 陈列北魏纪年铭文、佛龛、石像、造像碑等19件。造像面型方圆,面颊丰满、深目直鼻,具有古印度犍陀罗的艺术风格。

唐、宋(金)石刻造像展厅 共陈列唐、宋(金)石刻造像及唐代石塔、塔式皈依罐等33件。这一时期的造像均为单体圆雕。唐代石雕造像面相丰满、眉目清秀、体态自然、富有动感,其中释迦佛像尤为精美。

元、明、清石刻造像展厅 共陈列元、明、清代石佛像、千叶宝莲佛铜佛像、刻字石、画像石、石狮等佛、菩萨、弟子、罗汉造像及经幢、供床、香炉等97件。

历史文物展厅 陈列仰韶时期尖底瓶、陶罐、陶钵、铲足鬲、双耳罐等;西周时期铜鼎、铜戈铜镐、铜鹿、铜短剑等;汉代铜鼎、铜甑、铜钫等;唐代三彩罐、壶、三彩骆驼等;宋、元、明、清时期瓷瓶、瓷盘、瓷碗、瓷罐、瓷碟等;另有近代革命文物等。

珍贵藏品

馆内现有藏品2860件,其中国家三级以上文物709件。各类石刻总数量436件。除此之外,还珍藏有各个文化时期的陶器、铜器、瓷器、玉器、皮影、化石等文物,可为研究古代宗教、民俗、音乐、美术以及中西方文化交流,提供了珍贵的实物资料。

特色活动

举办佛事活动 以石刻造像为载体,每年举办大型佛事活动2次,小型佛事活动24次。

基本信息

地　　址:甘肃省合水县西华北街乐蟠西路
开放时间:8:30～18:00
邮　　编:745400
电　　话:0934-5521460　5524517
邮　　箱:3675155@163.com

通渭县博物馆

基本陈列

《通渭文物陈列》 是全国县级博物馆展示提升项目,由三个单元组成,展出文物233件。

《文明之旅》 展品从新石器时代开始到近代为止,撷取境内出土各个时期的代表性文物,集中展示通渭历史的发展概况。

《名流之列》 选取在各个时期取得杰出成绩的通渭历史人物,专题陈列展示,是为了让后人纪念并学习先贤。

《书画之乡》 通渭被文化部命名为"全国书画艺术之乡",历史上人才辈出,收藏颇丰。通过藏品的展示,充分阐明这一现象。

珍贵藏品

弧线网纹彩陶壶 石岭下类型。泥质红陶。颈部以下至腹部施黑色彩绘,纹饰为弧线网纹间弧线三角纹及锯齿纹。

变体鸟纹彩陶瓶 石岭下类型。通体施橙红色陶衣黑色彩绘。图案分二格局,颈部绘变形凤纹,肩至腹绘变形凤纹间变形鲵鱼纹、弧线三角纹、平行条纹。

平行线网纹彩陶壶 马家窑类型。施黑色彩绘,颈部绘五道平行线纹,肩部绘五组变形鲵鱼网纹,腹部绘四道平行线弦纹。器形饱满,彩绘精美。

漩涡纹彩陶双耳尖底瓶 马家窑文化。黑色彩绘,分三层,颈部绘平行条纹间圆点纹,肩部绘四组弧线叶形纹间圆圈纹,腹部绘对称漩涡纹、平行条纹,造型精美,彩绘流畅。

基本信息

地　　址：甘肃省通渭县平襄镇西街2号县城中心文化广场

开放时间：淡季9:30～11:30,15:30～17:30
　　　　　旺季8:30～11:30,14:30～17:30

闭　馆　日：春节、法定假日

邮　　编：743300

电　　话：0932-5552814

和政古动物化石博物馆

基本陈列

博物馆一、二期馆采用不同的展示方式。一期馆沿用传统展览方式，按照动物群和生活年代、动物特色，配以壁画和展板进行展示。二期馆主要以瀑布、小桥、流水、巨型山体、机械动物、动物雕塑、空间成像等现代化的展品和方式，来展示不同动物群及代表性动物的特点，真实地再现了不同历史时期古动物生活的原始生态环境。

珍贵藏品

晚新生代古脊椎哺乳动物化石 馆藏化石分属两纲7目110个属种，代表新生代晚期的4个不同哺乳动物群，分别为距今3000万年的巨犀动物群，距今1300万年前的铲齿象动物群，距今1000万年左右的三趾马动物群，200万年前的真马动物群。藏品占据了六项世界之最：独一无二的和政羊、最大的三趾马动物群化石产地、最丰富的铲齿象化石、最早的披毛犀头骨化石、最大的真马——埃氏马、最大的鬣狗——巨鬣狗。

特色活动

多媒体系统，触摸屏，互动游乐设施 设有100平方米的多媒体厅。观众可通过互动参与，亲身体验化石搜寻、称体重、比赛跑、机械动物、空间成像等项目。

基本信息

地　　址：甘肃省和政县城关镇梁家庄新村
交通线路：距和政县城1公里，乘县城至蒿支沟公交车可达
开放时间：淡季8:30～17:00　旺季8:30～18:00
闭 馆 日：星期一
邮　　编：731200
电　　话：0930-5523131　5524668
传　　真：0930-5523131
邮　　箱：hzbwg-5524668@126.com

临夏回族自治州博物馆

基本陈列

《临夏彩陶艺术》 展出新石器时代至青铜时代的马家窑文化、齐家文化、辛店文化、寺洼文化的彩陶。

《临夏民族文物》 主要展示穆斯林生活、生产、服饰、书画、文化艺术、民族手工艺品等。

墓葬陈列 是金代王吉墓葬的复原，主要展示古河州砖雕艺术的悠久历史。

珍贵藏品

水波纹彩陶盆 泥质橙黄陶。纹饰分三部分，上饰流畅起伏的水波纹，中部饰相连三角形弧线纹，底部饰三组弧线圆点纹，外壁饰流畅的羽状纹。

骨柄铜刃刀 弧形刃，较薄，镶嵌于骨头之中，骨头略磨光。

狩猎纹双肩耳彩陶壶 夹砂陶，侈口，直颈，折肩。壶身一面纹饰为相向的两个人，手持物，大步前行，中间有四个姿态不同的动物；肩部饰一人张开双臂，其两侧有姿态不同的动物五个，另有山形纹饰。

马福祥"虎"字 马福祥曾担任过蒙藏委员会委员长、安徽省主席、青岛市市长、绥远都统等职，被称为"戎马先生"。

基本信息

地　　址：甘肃省临夏市红园5号临夏州博物馆

交通线路：乘2、4、5、8路公交车至红园商厦，向北50米文化广场

开放时间：9:00～17:00

闭 馆 日：每年12月至次年2月

邮　　编：731100

电　　话：0930-6282579　6283929

邮　　箱：lxzbwg0930@163.com

八路军驻兰州办事处纪念馆

基本陈列

《原状陈列展览》 即党代表谢觉哉办公室、周恩来邓颖超居室、会议室、接待室等九间房屋和两个院落,反映当年办事处前辈的生活工作场景。

《八路军兰州办事处与甘肃抗战展览》 既是"原状陈列"的辅助说明,也是为庆祝抗日战争胜利60周年和世界反法西斯战争胜利60周年纪念活动而推出的展览。展览力求从最基础、最根本的层面,说明中国人民抗日战争的性质和最后胜利的前提和基础。

《铭记历史 毋忘国耻——日军飞机轰炸兰州及甘肃各地史料档案展览》 展览由"暴行实录"、"英勇反击"、"劫后遗档"、"回眸见证"四个单元组成。

《中国工农红军西路军事迹展》 展览分七个单元,全面反映中国工农红军西路军西征河西的历史。

珍贵藏品

谢觉哉的皮箱 1937年,谢觉哉由延安来到兰州八路军办事处,担任中共中央代表时所携带。

高金城的名片 高金城,民主爱国人士。1937年8月,他在张掖以开设福音堂医院为掩护,收容救治了200多名流落在河西的红西路军战士。1938年2月被国民党马步芳军队残忍地杀害。

基本信息

地　　址:一号院:甘肃省兰州市城关区酒泉路314号;二号院:甘肃省兰州市城关区甘南路700号

交通线路:乘102、71、31、8、149路公交车至南关

开放时间:8:30~17:30

邮　　编:730030

电　　话:0931-4660431　4662276　4662797　8469793

传　　真:0931-4662276

邮　　箱:huijunzhiwang@163.com

会宁红军长征胜利纪念馆

基本陈列

该馆有旧址原状陈列和《红军长征胜利》基本陈列,全面真实反映了各路红军长征的光辉战斗历程,生动再现了红军三大主力胜利会师的英雄史诗。

珍贵藏品

会宁红军长征胜利纪念馆是全国首批百个爱国主义教育示范基地、全国点文物保护单位、国家安全教育基地和国防教育基地。是一座集文物陈列和现代化多媒体展示为一体的纪念性展馆。馆内珍藏各类革命文物398件,其中一级文物5件,二级文物24件,三级文物269件。主要是红军三大主力在会宁会师期间红军将士的战斗用品和生活用具,真实再现了红军当年会宁会师的历史事实。珍贵的藏品有:文庙的大供桌、红军党员登记表、红军刷写的标语、朱德总司令使用过的拴马桩、铜壶等。

基本信息

地　　址:甘肃省会宁县会师路7号
开放时间:9:00～16:00
闭 馆 日:星期一
邮　　编:730700
电　　话:0943-3221155
传　　真:0943-3222565

哈达铺红军长征纪念馆

基本陈列

《红军长征纪念展》 哈达铺红军长征纪念馆占地2000平方米，运用光、电、声等多媒体陈展手段，以近千件文字版面和实物、资料，再现红军长征路上的艰苦卓绝，1935年红军突破腊子口防线进驻哈达铺后开展红色革命活动，以及党中央、毛泽东在哈达铺作出"到陕北去"的重大决策的史实和经过，突出了哈达铺是红军长征路上的"加油站"这一鲜明的主题。

珍贵藏品

川陕省苏维埃政府布币 川陕省苏维埃政府1933年发行。

中华苏维埃共和国银币 中华苏维埃政府1934年发行。

八仙桌、太师椅 红军长征时，毛泽东、周恩来、张闻天、贺龙、彭德怀、任弼时等使用过。

百将墨迹 为1955年被授予少将以上军衔的红军112位将军书写的墨宝。

基本信息

地　　址：甘肃省宕昌县哈达铺镇
交通线路：兰州、武都至哈达铺长途车
开放时间：淡季8:30～17:30　旺季8:00～18:00
邮　　编：748501
电　　话：0939-6171598
传　　真：0939-6171598

西夏博物馆

基本陈列

《西夏简史陈列》 陈列内容包括武威在西夏统治时期的政治、军事、宗教、文化、艺术等。

珍贵藏品

本馆珍藏着西夏文物3000多件，除了举世闻名的西夏碑外，还有反映当时高超建筑水平的国宝级文物木缘塔；造型简洁古雅，具有典型民族特色的西夏铜壶、金碗、金链；全国现存唯一的西夏容量器具金撮；记载西夏经济发展状况的西夏文书；反映西夏佛教发展的西夏泥活字版本佛经《维摩诘所说经》及各类西夏文经卷；记载西夏商业活动情况的西夏卜辞；反映当时贵族生活的西夏木版画；还有大量的西夏木器、瓷器、金属器皿和西夏文书等等。它们无不体现出武威悠久的历史和灿烂的文化，反映了古代武威劳动人民高超的艺术成就和聪明才智。

特色活动

西夏文汉译互动 由本馆专业技术人员或本地西夏文书法家、篆刻师向参观者提供的一项低偿服务活动。参观者根据个人喜好，可将自己姓名和自己喜欢的颂语（祈福语）、座右铭、经典短语等由专业技术人员译为西夏文，并治印或以汉夏文对照现场书写。

基本信息

地　　址：甘肃省武威市凉州区崇文街西夏博物馆
交通线路：海石公交101路至文庙广场
开放时间：淡季9:00～17:00　旺季7:30～18:30
闭 馆 日：春节前3天
邮　　编：733000
电　　话：0935-2228884
传　　真：0935-2221323
邮　　箱：lw_0583@163.com
网　　址：www.wwwenmiao.com

华亭县博物馆

基本陈列

《馆藏精品瓷器、石刻造像展》 以馆藏精品瓷器和北魏精品造像为主，安口窑瓷器为辅，共展出文物114件，分为三组：第一组为宋、夏、金、元瓷器，共18件；第二组为明、清、民国时期瓷器，共29件；第三组为明、清、民国至当代安口窑瓷器，共26件。石刻造像展分为三组：第一组为北魏至隋代石刻造像24件，第二组为宋、元造像8件，第三组为明、清造像9件。

珍贵藏品

现有藏品903件，其中一级文物16件，二级23件，三级61件。藏品分为陶瓷器、石刻造像、铜器、铁器、银器等十几个门类，以北魏、北周、隋代石刻造像和宋、金、元代瓷器为特色。

石刻造像碑 北周。通高84厘米、宽29厘米、厚8厘米，1990年出土。碑正面刻三龛，造像形象逼真，栩栩如生；背面刻铭文，纪年清楚，是研究北周时代佛教文化的重要实物资料。

磁州窑芦雁纹虎枕 金代。长33.8厘米、宽15.8厘米、高10厘米。1972年出土。现存世很少，是金代磁州窑之精品。

龙泉窑青釉镂空花瓶 元代。高19厘米、口径3.8厘米、底径6.4厘米，1994年出土。

基本信息

地　　址：甘肃省华亭县文化街中段
开放时间：淡季10:00～16:00　旺季9:00～17:00
闭 馆 日：星期二、三
邮　　编：744100
电　　话：0933-7721269

庆阳市陇东民俗博物馆

基本陈列

《历史文物展览》和《陇东民俗文物精品展览》 陇东民俗博物馆是2001年创办的一所民俗文物收藏、研究、陈列机构。展馆依山而建，为陇东土窑洞式样。目前展出有庆阳香包、剪纸、皮影、木偶、泥塑、农耕器具和历史文物等1000余件珍品，内容丰富，异彩纷呈；特别是以泥塑的形式对周先祖公刘在庆阳一带务耕种、行地宜、教民稼穑的场面展现，造形逼真，栩栩如生。

珍贵藏品

馆藏珍贵文物 西峰区博物馆有馆藏珍贵文物169件，其中二级文物20件，三级文物149件。

《石刻艺术展》陈列展出了17件明代古窑庙出土的黄砂岩石造像，其中7尊为二级文物。造像雕刻精美、沥粉描金，神态各异、造型逼真，衣纹流畅简洁、时代特征显明，是庆阳区域不可多见的明代石刻艺术。

基本信息

地　　址：甘肃省庆阳市西峰区民俗文化村小崆峒风景区内
交通线路：市内1路公交车终点站向东2公里
开放时间：淡季9:00～17:00　旺季8:00～18:00
闭 馆 日：春节七天
邮　　编：745002
电　　话：0934-8422713

环县博物馆

基本陈列

环县皮影展厅 展厅共分为两大部分：第一部分，精品皮影展，共展出明、清时期精品皮影400多件，展出内容有人物场景、花草树木、神仙鬼怪等。第二部分，综合皮影展，共展出明、清时期和现代皮影600多件，展出内容有环县皮影戏班所具备的皮影、环县著名艺人雕刻的皮影和其他省不同风格皮影。

珍贵藏品

帅帐、金殿等 清代。属于大片场景，雕刻精细，威武气派，具有很高的艺术和研究价值。

其他皮影 明、清、现代，环县皮影种类繁杂造型独特，主要有人物、神怪、动物、花草树木、将相府第、茅庵草舍、花园庭院、驹马轿车、亭台绣阁、座堂地狱等等，作品刀工娴熟，线条匀细，着色典雅、厚重，艳而不俗，具有很高的艺术价值。

基本信息

地　　址：甘肃省环县中环大道
交通线路：乘1路公交车至环县道情皮影博物馆站
开放时间：淡季9:30～11:30，15:00～17:00
　　　　　旺季9:30～11:30，15:00～17:30
邮　　编：745700
电　　话：0934-4421114

华池县博物馆

基本陈列

《华池历史文物陈列展》 华池县有着悠久的历史。我国发现的最早的旧石器就出土在华池县。这里发现新石器时代文化遗址43处，出土石器上百件，有玉铲、玉琮、玉璧等上百件。华池县还有光荣的革命传统，刘志丹、习仲勋在这里成立了华池县苏维埃政府。抗战和解放战争期间，华池县人民参军参战，支援前线，抬担架、搞运输、做军鞋，为赢得抗日战争的胜利和全国的解放作出了不可磨灭的贡献。

珍贵藏品

陶器 展出的有尖底瓶、陶罐、陶鬲、陶甑等。

玉石器 石器是人类进入原始社会的主要生产工具。展出的玉石器有玉璜、玉铲、玉璧、石斧等。

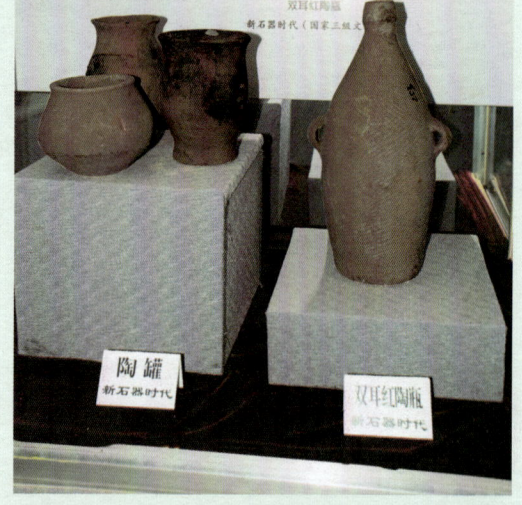

瓷器 本县出土的瓷器有宋瓷等，大多非常精美，有瓷枕、瓷碟、瓷盘等。

基本信息

地　　址：甘肃省华池县东山双塔森林公园
开放时间：8:30～12:00，14:30～18:00
闭 馆 日：国家法定节假日
邮　　编：745600
电　　话：0934-5122242

广河县齐家文化博物馆

基本陈列

齐家文化博物馆 是唯一一座以齐家文化命名的博物馆，主要展示在广河县齐家镇齐家坪遗址发掘的4000多年前的新石器时代文化遗存。展品以齐家文化文物为主，主要有陶器、玉器、铜器等650件，另有马家窑文化马家窑类型、半山类型、马厂类型以及辛店文化的陶器等200多件。

珍贵藏品

齐家文化三足鬲 通体打磨光滑，带流，大单耳，三个乳足匀称。

齐家文化彩陶瓮 侈口、鼓腹、平底。肩部饰有平行线纹，通体饰有网状三角纹及圆圈纹，造型美观。

齐家文化玉琮 青玉。内圆外方，是齐家文化出土物中罕见之宝。

马家窑文化彩陶瓶 侈口、双耳。通体打磨光滑。颈部饰有黑色平行线纹，肩腹部饰有漩涡纹及蝌蚪纹，造型美观。

基本信息

地　　址：甘肃省广河县城关镇西街29号广河县文化体育局
开放时间：9:00～17:00
闭 馆 日：春节期间、星期一
邮　　编：731300
电　　话：0930-5621920
邮　　箱：dong258.1314@163.com

成县博物馆

基本陈列

成县位于甘肃省东南部,两汉时期的文化历史非常深厚,留下了丰富的汉代文化遗产,最著名的有全国重点文物保护单位东汉摩崖石刻《西狭颂》。博物馆内的藏品也以汉代文物为主。陈列以汉代文物为主,突出汉代青铜器和绿釉陶器。青铜器又以鎏金铜器为主要特色,有鎏金棺饰、鎏金铜钵和铜饰、青铜镜等;绿釉陶器主要有陶俑、陶鸡、陶井、陶灶、陶盆和陶甑等。另外展出了一部分五代、宋、元时期的瓷器。

珍贵藏品

高圈足窃曲云纹铺首壶 战国。从口沿下颈部至足部通饰三角蝉翼纹、三角云纹、窃曲纹、宽带云纹。

圆形鎏金棺饰 四件,汉代。图案非常精美,有王公、阙门、朱雀、九尾狐、灵芝、怪兽和树等纹饰。制作工艺有鎏金、鎏银、錾刻等。

双鱼青铜洗 汉代。内底饰反向双鱼纹,鱼纹中间有"宜二千石"四字铭文。

耀州窑刻花狮头流执壶 五代。胎薄质细,釉色淡青泛绿,蹲坐状狮形流,腹部刻卷叶牡丹花纹。

基本信息

地　　址:甘肃省陇南市成县西大街莲湖边2号
开放时间:淡季10:00~16:00　旺季9:00~17:00
闭 馆 日:每年11月~12月
邮　　编:742500
电　　话:0939-3219101
传　　真:0939-3219101
邮　　箱:cxbwg@126.com

宁夏博物馆

基本陈列

《宁夏历史文物陈列》 是按照人类社会发展的先后顺序,以宁夏地区出土的文物为基础,来反映宁夏自原始社会至明清的历史概貌。

《西夏文物陈列》 主要集中了考古发掘的西夏文物精品,从文字、工艺、佛教、建筑等方面,揭示西夏文化的独特魅力,展示中华古文化的博大精深。

《宁夏革命文物陈列》 内容共从"早期中共宁夏党组织的建立及其活动"、"红军长征在宁夏"、"红军西征在宁夏"、"宁夏回族自治区的成立"等七个部分入手,再现了中国共产党在宁夏地区留下的光辉足迹和可歌可泣的感人故事。

《贺兰山岩画展》 包括"展览宗旨"、"宁夏贺兰山岩画简介"、"宁夏贺兰山岩画分布"、"宁夏贺兰山岩画自然环境"等十一个方面,试图将宁夏境内一万年前至元代的岩画、岩画研究成果,及其所衍生的种种文化现象,全面揭示给观众。

《回族民俗文物展》 通过颇具特色的回族民俗文物的展示,让观众在有限的空间内领略宁夏这个中国最大的回族聚居区所蕴涵的最本土且最具特色的文化底蕴。

珍贵藏品

现馆藏文物近40000件，其中三级以上珍贵文物4000余件，一级文物159件，西夏王陵出土的鎏金铜牛及刻有西夏文字的石雕人像、唐代胡旋舞墓门石刻等更属国宝级珍品。藏品鲜明的地方特色和民族特色，在全国博物馆中独树一帜。历史文物中，有旧石器时代晚期的石器；有新石器时代的彩陶和石器；有具有浓郁游牧民族风格的春秋战国时期的青铜器、马具和汉代匈奴透雕铜牌。特别是西夏文物的收藏为全国博物馆之冠，其中鎏金铜牛、力士石碑座、石雕龙栏柱、绿琉璃大鸱吻、木活字印刷的佛经、西夏文手书长卷等，都是弥足珍贵的稀世之宝。

基本信息

地　　址：宁夏回族自治区银川市兴庆区进宁南街76号

交通路线：乘17路、20路、25路、31路、32路、33路、45路、102路公交车，2路、4路、17路中巴车均可

开放时间：夏季8:15～18:00　冬季8:30～17:30

邮　　编：750001

电　　话：0951-5042945　5036497　5054743

传　　真：0951-5042945　5017389

邮　　箱：5054743@163.com　wangyincai@126.com

网　　站：nxmuseum.anytome.com

青海省博物馆

基本陈列

《唐卡艺术展》 "唐卡"一词为藏语译音,系指绘画、刺绣、剪贴在布帛上的佛画。唐卡绘画,以矿物颜料为主,内容十分丰富。该展集中展示了青海地区从明、清时期到现代的唐卡精品,并详细介绍各种唐卡的制作工艺。

《造像艺术展》 该展集中展示历代佛像精品80余尊。造像艺术是藏传佛教最为精湛的艺术形式之一。其铸造工艺精良,人物刻画传神,具有浓郁的地方民族风格。

《七彩经纬——藏毯工艺展》 该展分别从历史发展、藏毯工艺、畜毛资源三个方面介绍藏毯的情况。展出100余件展品,其中包括原始社会的陶纺轮、骨椎等工具,有世界上最早的毛织物,有80余幅各个时期的织毯标本,还有优质的织毯用畜毛标本及染料标本等。藏毯图案繁华秀丽,工艺精美。

珍贵藏品

铜鎏金观音造像 国宝级文物。由明朝皇帝赐给青海著名的瞿坛寺。像高146厘米,身姿婀娜,站立在莲花座上。衣饰线条流畅飘逸,面含微笑,表情慈和,遍体鎏金。其铸造工艺代表了明代的最高技术水平。

舞蹈纹彩陶盆 1975年出土。距今5000年。内壁绘有二组人物手拉手舞蹈的图案,一组13人,另一组11人。该器物构图巧妙、画面简洁、人物造型生动,是我国迄今发现最早的绘有人物舞蹈场面的画面,在艺术发展史上有极为重要的意义,也是研究中国原始社会人物风情的重要资料。

扎萨克印 "扎萨克"是蒙古语音译,意为"支配者"、"尊者",是清代蒙古族地区旗长的称呼。此印是蒙古29旗旗印之一,它是清朝政府管理青海蒙古各部,以及蒙古各旗在青海游牧的历史见证,为研究清代青藏地区的民族关系、政治制度提供了宝贵的实物资料。

敦煌经卷 该经卷系隋或唐初写就,是佛经《羯摩经》抄本。写本纸质较细,有韧性,经过染黄,略有水渍,按纸质色泽行字,皆合隋、唐规制。它用34张宽25.2～26.6厘米,长49.3～49.5厘米的染黄纸相互连缀而成,全长17米,共16790余字。卷首略有残缺。"羯摩"为梵文译音,意为"作业",《羯摩经》是一部有关佛教戒律和忏悔内容的经典。

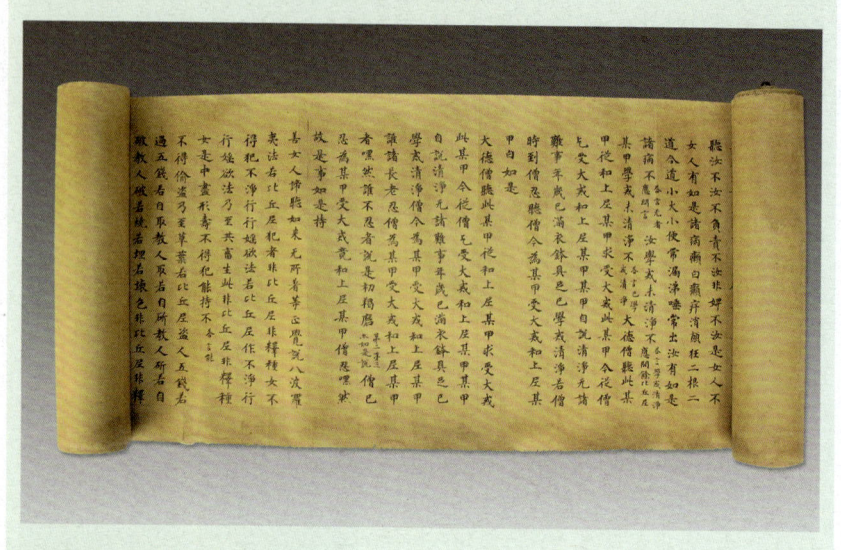

特色活动

歌舞表演 针对本馆历史文物陈列力求集知识性、趣味性和互动性于一体的情况,定期举办青海特有的土族、撒拉族歌舞表演,希望通过这样的活动来激发社会各界人士了解家乡历史文化的热情。

基本信息

地　　址：青海省西宁市西关大街58号
交通线路：9、25、12、18、40、2、84、85、31路等公交车
开放时间：淡季9:30～16:00　旺季9:00～16:00
闭 馆 日：星期一
邮　　编：810008
电　　话：0971-6118691
传　　真：0971-6118671
邮　　箱：qh.bwg@163.com

新疆维吾尔自治区博物馆

基本陈列

《找回西域昨日辉煌——新疆古代历史文物陈列》 较系统地反映了新疆从旧石器时代开始的各个时期的历史面貌，有力地证明了新疆自古以来就是中国领土不可分割的组成部分，自古以来就是多民族聚居的地方，自古以来就是多种宗教信仰流行的区域，同时又是古代丝绸之路的枢纽，世界文明的交融荟萃之处。

《新疆民族风情陈列》 从各民族的住房，服饰和生活用品及各民族的风俗习惯等方面，较系统地展现了维吾尔、哈萨克等12个世居少数民族绚丽多彩的民族民俗风情。

《逝而不朽惊天下——新疆古代干尸陈列》 展出举世闻名的楼兰美女等数具古尸及随葬精品文物。为研究体质人类学，民族学、考古学以及医学提供了珍贵的实物资料。

珍贵藏品

青铜武士俑 高40厘米。1981年出土。头戴高筒尖顶弯钩宽沿帽，上体裸露，腰系短裙，大眼高鼻，体格强健。据分析，该俑的身份当是公元前5世纪左

右,生活在今新疆伊犁地区的古代塞人武士。

"五星出东方利中国"锦护膊　汉代。长18.5厘米、宽12.5厘米。1995年出土。此锦的纹样和文字,是根据东汉时期广泛流行的五行学说而设计的。锦面上织出的虎、鸟、避邪(神鹿)等动物,也与五行学说中关于东西南北中五方的空间观念相联系。另有四个排布成四方形的圆环纹,可能是星象图的象征。

焉耆语《弥勒会见记》剧本残页　唐代。长27.5厘米、宽18.5厘米。1975年出土。共发现44页,均为两面墨书。剧本是一部大型分幕剧作,内容是说年已120岁的婆罗波婆离梦中受天神启示,想去拜谒释迦牟尼如来佛。但因年长,不能亲身前往,故派其弟子弥勒等十六人,代表他谒佛致敬。这是目前已知我国最早的剧本。

基本信息

地　　址：新疆维吾尔自治区乌鲁木齐市西北路581号

交通线路：7、51、66、303、311、532、906、910、912、913、928路公交车

开放时间：淡季10:30～18:00(17:00停止入馆)

　　　　　旺季10:00～18:00(17:00停止入馆)

闭 馆 日：星期一(遇国家法定节假日顺延)及农历的除夕和春节初一、初二;《逝而不朽惊天下——新疆古代干尸陈列》除以上时间外,星期四、日关闭

邮　　编：830000

电　　话：0991-4552826　4590099

传　　真：0991-4590099

邮　　箱：lweixj8@yahoo.com.cn

网　　址：www.xjmuseum.com/www.xjmuseum.com.cn

吐鲁番地区博物馆

基本陈列

出土文物厅 按照时代不同,划分为八个单元,集中反映吐鲁番地区社会历史发展过程和文明成果。展品上起旧石器时代,下至明清。

古尸陈列厅 展出从春秋战国时期至清代时期的古尸12具。这些古尸主要出自阿斯塔那—哈拉和卓墓葬群和苏巴什古墓群、洋海古墓群等。

巨犀化石陈列厅 展示的主要内容是1993年在鄯善出土的一具巨犀——"吐鲁番美丽巨犀"的化石骨架。这是目前世界上发现的最完整的一具巨犀化石骨架。

珍贵藏品

箜篌(竖琴) 车师时期的弹拨乐器。出自鄯善洋海墓地。由音箱、颈、弦杆和弦组成。音箱与颈连为一体,用整块胡杨木刻挖而成,杆首有明显的五道系弦痕。

镇墓兽 唐代。出自阿斯塔那古墓。泥塑,虎头、豹身、狐尾,作蹲坐状。头背插彩色木板,色彩鲜丽。

基本信息

地　　址:新疆维吾尔自治区吐鲁番市木纳尔路与沙河子路交界处东北角

交通线路:5、6、202路公交车

开放时间:10:00～19:00

邮　　编:838000

电　　话:0995-8522393　8522619(投诉)

传　　真:0995-8525582

邮　　箱:lan_lan1980@163.com

网　　址:http://www.turfanological.com

喀什地区博物馆

基本陈列

《新疆"丝绸之路"历史文物展》 通过"丝绸之路新疆段线路示意图",丝绸之路新疆段中道和南道相交汇处的喀什噶尔史前、汉唐、宋元、明清及民俗等文化陈列,来展示丝绸之路上的绿洲文化,及其与东方的黄河流域文化、西方的两河流域文化、北方的北方草原文化之间相互交融的密切联系。同时也向广大观众展示新疆丝路人民的生产、生活、文化艺术发展的轨迹,以及丝绸之路对世界文化的贡献。

珍贵藏品

石祖柄石杵 西周。高16.3厘米。平顶,顶下三个凸棱纹,凸棱纹下为杵体。

铜鍑 春秋。高57厘米、口径44.5厘米、足高16厘米。圆口,平折沿,弧腹,喇叭身,高圈足,环形双立耳。

饰缂丝边缘绢棉长袍 北宋。开襟,方领,窄长袖,掐腰,宽摆。颈、肩、前襟、袖口、下摆、后背下摆中央镶嵌缂丝编织的花草纹,由上、下两部分缝接而成。

基本信息

地　　址:新疆维吾尔自治区喀什市塔吾古孜路19号
交通线路:乘6、10、16、28路公交车至石榴转盘站,向北行走100米
开放时间:淡季10:00～19:00　旺季9:30～20:00
闭 馆 日:星期一
邮　　编:844000
电　　话:0998-2652629　2650563(投诉)
传　　真:0998-2654727
邮　　箱:kadiquwenwuju@163.com

和田地区博物馆

基本陈列

《和田古代文明陈列》 主要展出内容为：1. 新石器时代、铜器时代、早期铁器时代的与农业、畜牧业、手工业及商业交通发展有关的文物；2. 列入中国版图后和田地区范围内的精绝、戎卢、扜弥、渠勒、于阗、皮山等国政治、经济、文化交流有关的各种文物；3. 于阗佛教文化重要文物；4. 与和田本土发展的具有地方特色的纺织业、和田玉石文化、木器雕刻艺术等有关的重要文物；5. 伊斯兰教传入后和近代的各种重要文物。

珍贵藏品

"元和元年"锦囊 东汉。是于阗列入中国版图的重要历史见证物。

马钱、骆驼钱 东汉。别名为"汉-佉二体钱"（汉文和佉卢文铜钱），是东西方文化交流的代表性文物。

铜佛像 唐代。佛像刻有梵文佛经，是和田佛教文化的代表性文物。

玉猴 唐代。是中国玉石文化的载体。

基本信息

地　　址：新疆维吾尔自治区和田市北京西路342号
交通线路：乘2路、6路公交车至师专或医专站
开放时间：淡季10:30～13:30，16:00～19:00
　　　　　旺季10:00～13:00，16:30～19:30
闭 馆 日：星期三；农历除夕及正月初一、初二
邮　　编：848000
电　　话：0903-2960750
传　　真：0903-6182018
邮　　箱：xjhtdqwtj.wwj@163.com

木垒县民俗博物馆

基本陈列

《历史文物陈列》 展出馆藏的各种化石标本，石器时代和青铜时代的石器、陶器、骨器，以及汉、唐、宋、元、明、清各个时代的铜镜、石刻、草原石人等。

《民族民俗文物展》 展出哈萨克族的各种服饰和生产、生活用品，及各种手工刺绣织品，充分展示了哈萨克族民俗风情和民族工艺。

《古代钱币展》 展出木垒境内出土的原始贝币、秦半两、汉五铢，以及各个历史时期的钱币和古代新疆少数民族政权铸造的各类钱币，反映了木垒在各个历史时期的政治、经济、文化发展的情况。

珍贵藏品

青铜飞兽 长11厘米、高4.8厘米，重146克。造型优美，具有动感。

骨俑 女俑，通高7.5厘米。雕刻精致，恬静柔美。

彩陶罐 高16厘米、口径10厘米。红陶黑彩，敞口、细颈、鼓腹、带单耳。器身饰水波纹、弦纹、变形三角纹，口沿饰倒三角纹。

草原石人 原来都竖立在大型石堆墓上。

基本信息

地　　址：新疆维吾尔自治区木垒哈萨克自治县长乐西路78号
交通线路：木垒县长途汽车站斜对面
开放时间：淡季10:00～18:00　旺季9:30～20:00
邮　　编：831900
电　　话：0994-4822209
邮　　箱：xjmlbwg@163.com

伊犁州林则徐纪念馆

基本陈列

《林则徐在伊犁》 分为"林则徐的一生"、"世界禁毒先驱"、"林则徐在伊犁"、"浩然正气"四个部分。陈列以林则徐生平、谪戍伊犁事迹为主题，展示千余件文物，突出展现了林则徐伟大的爱国主义思想和世界禁毒先驱的丰功伟绩。

特色活动

组织巡回禁毒图片展览 林则徐纪念馆每年组织一批禁毒教育图片深入牧区、乡村巡回展览时间不少于三个月。

基本信息

地　　址：新疆维吾尔自治区伊宁市经济合作区福州路885号
交通线路：1路、9路、12路公交车
开放时间：淡季10:30～18:00　旺季10:00～18:30
闭 馆 日：星期一（节假日顺延）
邮　　编：835000
电　　话：0999-8123131　8222907（投诉）
传　　真：0999-8223617
邮　　箱：ylzbwg@126.com
网　　址：www.ylwwj.cn

八路军驻新疆办事处纪念馆

基本陈列

八路军驻新疆办事处纪念馆旧址是抗战时期中国共产党领导新疆民众抗日救国的办事机构所在地。陈云、滕代远、邓发、陈潭秋先后任我党驻新疆代表和八路军驻新疆办事处负责人。1943年9月,陈潭秋、毛泽民、林基路被新疆边防督办盛世才杀害。

《八路军驻新疆办事处旧址陈列》 再现了1937年~1942年,以陈云、邓发、陈潭秋、毛泽民、林基路等为代表的中国共产党人在新疆进行抗日救亡运动和不屈不挠狱中斗争的历史全貌。

珍贵藏品

陈潭秋生前穿过的皮大衣、皮帽 陈潭秋烈士(1896~1943年),湖北省黄岗县人,中共中央委员,湖北共产主义小组发起人和中国共产党创始人之一,历任中共武汉地方委员会书记、湖北省组织部部长、江西省委书记、江苏省委秘书长、中央组织部秘书、中央驻顺直省委代表、满洲省委书记、福建省委书记、中华苏维埃共和国临时中央政府粮食人民委员等职。1939年任中共驻新疆代表。1942年被盛世才逮捕入狱,1943年9月光荣牺牲,时年47岁。

基本信息

地　　　址:新疆维吾尔自治区乌鲁木齐市胜利路392号
交通线路:乘1路、104路、111路至延安路
开放时间:10:30~14:00, 15:30~18:30
闭 馆 日:星期一;农历除夕及正月初一、初二
邮　　编:830002
电　　话:0991-2321253
传　　真:0991-2321253
邮　　箱:hehongwei1212@163.com

中国工农红军西路军总支队纪念馆

基本陈列

《中国工农红军西路军总支队纪念馆基本陈列》 生动形象地再现了西路军兵败祁连山后,由李先念率领的西路军左支队400余人进驻迪化(今乌鲁木齐市),组建了工农红军西路军总支队,对外称"新兵营"的史实。"新兵营"成为我党在新疆培养和训练我军特种人才的基地。

珍贵藏品

党中央给西路军的电报 1937年,党中央给西路军发电报,指示前进方向是新疆或蒙古,并指派专人前往接应。

基本信息

地　　址:新疆维吾尔自治区乌鲁木齐市西后街37号

交通线路:乘919路至文庙

开放时间:10:30～14:00,15:30～18:30

闭 馆 日:星期一;农历除夕及正月初一、初二

邮　　编:830002

电　　话:0991-2321253

传　　真:0991-2321253

邮　　箱:hehongwei1212@163.com

毛泽民故居纪念馆

基本陈列

《**毛泽民故居复原陈列**》 毛泽民故居于1940年8月建成,为土木结构的两间半平房,同年烈士迁入居住,直至1941年7月迁出。1987年7月1日,故居维修后正式陈列展出《毛泽民生平事迹展》。2005年维修、扩建后,新增了烈士的铜像。

《**毛泽民生平事迹展**》 真实再现了毛泽民同志担任新疆省财政厅代厅长时的生活状况及工作环境。全面记录了毛泽民同志光辉的一生,突出反映了毛泽民同志自1938年~1943年为新疆各族人民的解放事业建立的不可磨灭的功绩。

珍贵藏品

毛泽民签批的公文及毕业证书 毛泽民同志在担任财政厅代厅长期间签批的公文,以及由其创办的财政专修学校签批的毕业证书。

基本信息

地　　址：新疆维吾尔自治区乌鲁木齐市明德路29号

交通线路：乘1路、3路、17路至南门

开放时间：10:30～14:00,15:30～18:30

闭 馆 日：星期一；农历除夕及正月初一、初二

邮　　编：830002

电　　话：0991-2321253

传　　真：0991-2321253

邮　　箱：hehongwei1212@163.com

昌吉回族自治州博物馆

基本陈列

《庭州历史文物陈列》 以出土文物为主,时代为序,分八个单元展示昌吉州自新石器时代至明清时代的历史沿革,并重点突出盛唐庭州的政治、经济和文化,具有浓郁的地方色彩。

《昌吉回族民俗展》 共分为九个部分,主要展示了回族饮食、服饰、居住、婚姻、节日、宗教信仰、丧葬、生产、传统艺术等方面的民俗。

珍贵藏品

金双鱼纹铜镜 金代。圆形平沿,中间为桥形纽,铸对称双鲤鱼。鲤鱼象征吉祥、预兆发达,此镜也反映了新疆古时的风俗。

土尔扈特银印 是1771年清朝政府为褒奖土尔扈特部首领率众回归祖国而赐的印玺。银印为方形,印背上有小型的虎纽。边款为汉文"乾隆肆拾柒年玖月礼字造",印文为满文和蒙文合璧,意为"忠诚的土尔扈特英勇之王"。

基本信息

地　　址:新疆维吾尔自治区昌吉市延安南路22号
交通线路:1路公交车
开放时间:淡季10:00～12:00,15:30～19:30
　　　　　旺季9:30～13:30,16:00～20:00
闭 馆 日:星期一
邮　　编:831100
电　　话:0994-2724077
传　　真:0994-2722836
邮　　箱:805922772@qq.com

伊犁哈萨克自治州博物馆

基本陈列

《草原·天马·游牧人——早期草原文化》 以石器时代、辉煌的青铜文明、原始的锄耕农业等为主线，展示有旧石器、细石器、青铜器、骨器、陶器等珍贵文物216件。

《哈萨克民族民俗展——游牧时代的草原文化》 分马背民族的兴起、繁盛的游牧时代、察合台汗国时期、明清时代几部分，另有伊犁吉林台、恰甫奇海出土的文物精品展览。民族民俗厅以哈萨克族民族、民俗展览为主，全面、直观地展示哈萨克族悠久灿烂的历史和文化。

珍贵藏品

阿尕尔生型青铜器 1976年在巩留县阿尕尔生发现了12件青铜器。这是典型的青铜时代生产工具，被称为阿尕尔生型青铜器。

昭苏波马古墓金银器 1997年10月在昭苏县波马古墓出土。有金面具、虎柄金杯、铠甲残片等。

阿力麻里瓷器 阿力麻里是察合台汗国时期的王都。1975年以来城址内出土了30多件元代瓷器，其中不乏官窑景德镇和龙泉窑烧造的精品。

特色活动

民间阿肯弹唱 不定期组织哈萨克族民间老艺人在民俗厅进行民间文化艺术交流，开展弹唱会，观众可参与。

基本信息

地　　址：新疆维吾尔自治区伊宁市飞机场路122号
交通线路：乘3路、13路公交车至月亮湾建材市场站
开放时间：淡季10:30～18:00　旺季10:00～18:30
闭 馆 日：星期一（节假日顺延）
邮　　编：835000
电　　话：0999-8236317　8222907（投诉）
传　　真：0999-8223617
邮　　箱：ylzbwg@126.com
网　　址：www.ylwwj.cn

塔城地区博物馆

基本陈列

《按塔城地区历史发展陈列》 分为"历史文物陈列"、"塔城民族民俗文化陈列"、"塔城地区革命历史文物陈列"、"塔城地区改革开放成就陈列"四部分。

珍贵藏品

四口陶罐　青铜时代。

青铜锛　早期铁器时代。

青铜镰　早期铁器时代。

重建塔尔巴哈台城刻文门板　清代。

基本信息

地　　址：新疆维吾尔自治区塔城市解放路

交通线路：乘1路公交车至红楼

开放时间：11:00～12:30，16:30～18:30

闭 馆 日：星期日、一

邮　　编：834700

电　　话：0901-6237031　6222735

传　　真：0901-6222735

网　　址：tcdqwwj@126.com

阿勒泰地区博物馆

基本陈列

博物馆总面积为1960平方米。展厅呈六角形，面积1080平方米，展出藏品文物298件。展厅中央的三角辐射型展柜，陈列出土和征集的文物及部分民风民俗文物，突出了石人、鹿石、岩画，彰显了地区特色。

珍贵藏品

石人 石人是亚欧草原的一种文化现象，出现于公元前1200年，于13世纪渐渐消亡。石人表现了祖先崇拜的观念，同时也具有祈求祖先保护意义。

鹿石 是立于墓地的碑状石刻，和墓主有着密切的关系。它可能是原始萨满教的产物，具有自然崇拜的含义。

岩画 岩画一般刻在半山坡或沟底的岩石上，内容复杂，寓意深奥，有动物、动物人物、车辆、人物生殖和交媾等内容。

铜鍑 是草原先民们用来烧煮祭祀物品的器具。

基本信息

地　　址：新疆维吾尔自治区阿勒泰市解放路
交通线路：乘1路、2路公交车至行署
开放时间：淡季10:00～13:00，16:00～19:00
　　　　　旺季9:30～13:30，16:00～19:30
闭 馆 日：农历除夕至正月初三
邮　　编：836500
电　　话：0906-6261700
传　　真：0906-2122947
邮　　箱：xjaltwwj@163.com

阿克苏地区博物馆

基本陈列

阿克苏位于新疆西部，是龟兹文化的发源地，历史文化悠久，文物资源丰富。有《出土历史文物》、《新疆古代货币》、《民族民俗文物》等三个专题陈列。其中《新疆古代货币》专题陈列是阿克苏地区博物馆的特色陈列。三大陈列全面揭示了阿克苏地区深厚的历史文化内涵，为打造"龟兹文化"、"多郎文化"两个文化品牌，推进地区旅游经济的发展，提供了坚实的基础。

珍贵藏品

单耳带流大彩陶罐 青铜时代。1999年出土。夹粗砂红陶，敞口、高领，束颈，溜肩，鼓腹平底，颈肩耳，窄流斜上翘。口、颈部饰三角纹，肩腹饰曲折纹，内口沿有窄条带纹。

青铜釜 春秋—战国。侈口，尖唇，弧腹，喇叭形高圈足，环形立耳，上有乳钉纹，腹部有一圈线纹。

驼纽铜印 汉代。高3厘米、底座3×3厘米。纽为卧驼，印座呈方形，印文为阴刻篆书"常宜之印"四字。

浮雕马首龙身鹰翼纹灰陶范 唐代。夹粗砂灰褐陶，模制。敞口，平沿，弧形斜腹壁，假圈足。口沿饰藤草纹，腹部主体纹饰为一个马首龙身鹰翼马蹄马鬃的动物。身上饰卷草纹，胫部饰勾莲纹，器底饰卷草纹。器内壁呈黑色，浅浮雕一人背影。

基本信息

地　　址：新疆维吾尔自治区阿克苏市东大街36号
交通线路：乘18路公交车至农一师党校站
开放时间：淡季10:00～19:30　旺季9:30～20:00
邮　　编：843000
电　　话：0997-2281400　2281306
传　　真：0997-2281400
邮　　箱：aksmili@163.com

库车县龟兹博物馆

基本陈列

库车古称龟兹,是汉代西域都护府和唐安西都护府所在地,是古代西域重要的政治中心和佛教传播中心。该馆分为**龟兹历史出土文物馆**、**龟兹佛教馆**、**龟兹古钱币馆**、**民族民俗馆**四个展厅,分别通过库车出土的大量文物和遗留的大量石窟壁画及佛教造像、历代钱币等,以及当今库车浓郁的民族风情和特色,向观众展示一个多民族、多元素的横贯古今的文化套餐。

珍贵藏品

线刻卵石华吉祥佛 唐代。为密教仪规供信徒修行礼赞忏悔用。卵石呈椭圆型,其上随形构图刻结跏趺坐于莲台上的华吉祥佛像。

泥塑彩绘供养人头像 唐代。像上施有一层白色底,上施彩绘,神态沉静安详,面部略带微笑,目光平视前方。

伎乐人物陶浮雕件 唐代。红陶制成。乐舞人坐于一两角突出之土台上,左手拿鼓,右手在胸前持琵琶。身边右侧有一打击乐器。

特色活动

民族歌舞表演 定期举行民族歌舞表演,如大型的麦西来甫舞蹈等,通过与游客互动,让游客走进这个神秘的歌舞之乡。

基本信息

地　　址:新疆维吾尔自治区库车县林基路街19号
交通线路:3路公交车
开放时间:淡季10:00～19:30　旺季9:30～20:00
邮　　编:842000
电　　话:0997-7220013
传　　真:0997-7220013
邮　　箱:xjkcwb@126.com
www.kcww.gov.cn

布尔津县博物馆

基本陈列

《草原游牧人》 主要展示各类石器、陶器、青铜器和各时期的草原石人、鹿石和岩画等一批珍贵文物，反映布尔津的历史发展进程。

《草原马背民族》 通过展示本县主体民族哈萨克族的民俗文物，系统反映了哈萨克族古老的生产生活、文化艺术和宗教信仰等生产生活特色。

《云间部落——图瓦人》 图瓦人是蒙古族一支古老的分支，在我国境内仅存于布尔津县禾木喀纳斯一带，人口不足两千人，至今依然保持着完整的游牧、狩猎的传统生活方式。该陈列通过展览反映图瓦人历史、社会发展的生产工具、生活用品等民俗文物，真实地反映了图瓦人传统的生活方式和古朴的民俗风情。

珍贵藏品

胡安德克皮大衣 清代官服。大衣的主人胡安德克是哈萨克族克列部落首领，也是勇猛的武士。大衣选用7张优质的鹿皮，采用哈萨克族传统的梳皮工艺加工。

乌梁海左翼扎萨克之印 此印造于民国七年（1918年），为北洋政府颁发给乌梁海蒙古部落的官印之一。印为鎏银，印文为汉文与蒙文合璧，汉文篆书"乌梁海左翼左旗扎萨克之印"12字。

草原石人 主要指墓地石人，是典型的山地草原居民遗存。石人的内在含义表现了对祖先崇拜的观念，也具有祈求祖先保护的意义。

特色活动

百日文化活动节目 每年举办两次，通过丰富多彩的节目，使各族群众在娱乐的同时，增强文物保护意识。

基本信息

地　　址：新疆维吾尔自治区布尔津县友谊峰北路
开放时间：淡季11:00～13:00，16:30～19:00
　　　　　旺季10:00～14:00，15:30～24:00
闭 馆 日：星期一
邮　　编：836600
电　　话：0906-6525193　6397858
传　　真：0906-6525453

富蕴县博物馆

基本陈列

富蕴县博物馆馆藏文物为260余件,展厅面积为1200平方米。有两个基本陈列:《草原游牧人》主要展览各类石器、青铜器和各时期的草原石人、鹿石和岩画等一批珍贵文物,再现了几千年来的生活场景;《草原民俗展》陈列通过展示本县主体民族哈萨克族的生产工具、生活用品等民俗文物,系统反映了哈萨克族古老的生产生活、文化艺术和宗教信仰等。

珍贵藏品

草原石人 主要指墓地石人,是典型的草原文物。石人表现了祖先崇拜的思想,具有祖先保护的含义。

鹿石 主要是指经过人工雕刻加工而成的一种碑状石刻,因雕刻有鹿的图案而得名。一般面东而立,反映了对太阳的崇拜。

岩画 是用彩色颜料绘制的图案画,图案或简或繁,有人物、动物、同心圆、人面纹、手印等内容。

基本信息

地　　址:新疆富蕴县赛尔江西路文化活动中心二楼
开放时间:淡季11:00～13:00,16:30～19:00
　　　　　旺季10:00～14:00,15:30～24:00
闭 馆 日:星期一
邮　　编:836100
电　　话:0906-8728693
传　　真:0906-8722243